natürlich oekom!

Mit diesem Buch halten Sie ein echtes Stück Nachhaltigkeit in den Händen. Durch Ihren Kauf unterstützen Sie eine Produktion mit hohen ökologischen Ansprüchen:

- mineralölfreie Druckfarben
- Verzicht auf Plastikfolie
- Kompensation aller CO_2-Emissionen
- kurze Transportwege – in Deutschland gedruckt

Weitere Informationen unter www.natürlich-oekom.de und #natürlichoekom

Wir danken der Nuclear Free Future Foundation
für die Förderung dieser Publikation.

Bibliografische Information der Deutschen Nationalbibliothek:
Die Deutsche Nationalbibliothek verzeichnet diese Publikation in der Deutschen Nationalbibliografie; detaillierte bibliografische Daten sind im Internet über www.dnb.de abrufbar.

© 2023 oekom verlag, München
oekom – Gesellschaft für ökologische Kommunikation mbH,
Waltherstraße 29, 80337 München

Lektorat: Maike Braun
Korrektorat: Petra Kienle
Satz: Christin Müller, Typografie und Produktion
Druck: Friedrich Pustet GmbH & Co. KG

Alle Rechte vorbehalten
ISBN 978-3-98726-000-1

HORST HAMM

Das unheimliche Element

Die Geschichte des Urans zwischen vermeintlicher Klimarettung und atomarer Bedrohung

Stoffgeschichten – Band 15

Eine Buchreihe des Wissenschaftszentrums Umwelt der Universität Augsburg in Kooperation mit dem oekom e.V.

Herausgegeben von Dr. Jens Soentgen mit Prof. Dr. Armin Reller

Stoffe überschreiten Grenzen: von Körpern, von Ökosystemen, von Staaten – Öl aus havarierten Ölplattformen breitet sich auf dem Meer aus; Stickstoffdünger und Pestizide diffundieren ins Grundwasser; Smog legt sich wie eine Glocke über Städte; Kohlendioxid aus der Verbrennung fossiler Rohstoffe und von brennenden Wäldern reichert sich in der Atmosphäre an; Mikroplastik verteilt sich im Meer. Wie nie zuvor wird in unserer Gesellschaft über Substanzen und ihre Nebenwirkungen diskutiert.

Deshalb stellen die Bände der Reihe Stoffgeschichten einzelne Stoffe in den Mittelpunkt. Sie sind die oft widerspenstigen Helden, die eigensinnigen Protagonisten unserer Bücher. Stoffgeschichten erzählen von Stoffen, von ihren faszinierenden Eigenschaften und Neigungen, aber auch von Abenteuern, von Zufällen, von Unfällen, vom Handeln und Unterlassen von Menschen, durch die ihre Geschichten geprägt werden. Sie berichten von den globalen Wegen, die viele Stoffe hinter sich haben, und blicken von dort in die Zukunft.

»Uran« ist der 15. Band der Reihe. Als das Uran im Revolutionsjahr 1789 durch den deutschen Chemiker Martin Heinrich Klaproth isoliert und getauft wurde, schien es zunächst kein besonders aufregendes Element zu sein. Nur seine Schwere fiel auf; es war lange Zeit der wenig beachtete letzte Außenposten im Periodischen System der Elemente, das Element mit der höchsten Ordnungszahl. Man nutzte es vor allem als Glasfärbemittel, es verleiht Gläsern einen fluoreszierenden grünen Schimmer, der besonders im Jugendstil sehr populär war.

Dass sich in diesem grauen Metall ein wahrhaft umstürzendes Potenzial verbarg, kam erst 1896 an den Tag. Man fand heraus, dass Uranerze eine bislang unbekannte Art von Strahlung aussenden, sie erwiesen sich als radioaktiv. Auf den Spuren dieser Radioaktivität fanden Forscherinnen und Forscher den Schlüssel zur modernen Materietheorie. Die Radioaktivität wurde rasch praktisch verwendet, zunächst – und bis heute – in der Medizin. Als 1938 die Kernspaltung entdeckt wurde, durch die bislang ungeahnte Energiemengen entfesselt werden können, zeigte das Uran ein neues, ambivalentes Gesicht. Manche hofften nun auf die Lösung aller Energieprobleme, andere versprachen, dass Kernwaffen Kriege für immer unmöglich machen würden.

Uran ist ein Stoff der Macht, der unlösbar mit der Geschichte des 20. Jahrhunderts verbunden ist und auch im 21. Jahrhundert weiterhin eine zentrale und hoch umstrittene Bedeutung haben wird. Seine Geschichte vom schillernden Glasfärbemittel zur atomaren Bedrohung wird von Horst Hamm, aufbauend auf einer jahrelangen intensiven Beschäftigung mit dem Stoff, ebenso engagiert wie kenntnisreich erzählt.

Im Februar 2023,
Jens Soentgen

INHALT

EINLEITUNG

Uran – ein zwiespältiges Verhältnis

Uran hat heute einen sehr ambivalenten Ruf. Das Element, das 1789 aus dem damals alltäglichen Bergbauabfallprodukt Pechblende extrahiert wurde, läutete ein neues Zeitalter ein – das Atomzeitalter. Die Radioaktivität war zu dieser Zeit noch nicht bekannt und Uran verwendete man lange vor allem dazu, Glasgefäßen eine schillernde Farbe zu geben. Erst mit den Entdeckungen von unter anderem Marie Curie wurde die zerstörerische Kraft von Uran nach und nach offensichtlich – was in der Entwicklung der Atombombe gipfelte.

Der erste Grund für den ambivalenten Ruf von Uran ist also schlicht die Bombe. Ohne Uran gäbe es keine menschengemachte Kernspaltung und keine Atombombe. Seit die USA mit den Bomben auf Hiroshima und Nagasaki der Welt ihr Zerstörungspotenzial vor Augen geführt haben, leben wir Menschen mit der Möglichkeit, uns selbst auszulöschen. 70.000 bis 80.000 Menschen wurden nach einer Schätzung von US-Experten am 6. August 1945 von der Hiroshima-Bombe sofort getötet[1], Greenpeace spricht sogar von 140.000 Sofort-Toten und Hunderttausenden, die »in den darauffolgenden Monaten, Jahren und Jahrzehnten den Folgen der Strahlung« erlagen.[2]

Was Uran so zerstörerisch macht, sind seine physikalischen Eigenschaften. Denn Uran gehört zu den Elementen, die – ohne jedes Zutun von Atomphysiker*innen – ganz natürlich zerfallen. Mit jedem Zerfall setzen Uran und seine ebenfalls instabilen Zerfallsprodukte gefährliche radioaktive Strahlung frei. Das Zerfallsprodukt Radon etwa gilt als zweithäufigste Ursache für Lungenkrebs. Thorium, das in der Zerfallsreihe an zweiter Stelle steht, erhöht die Krebsgefahr für Lunge, Lymphknoten, Knochenmark, Leber und Milz und ist wahrscheinlich auch für Tumore von Bauchspeicheldrüse und Dickdarm verantwortlich. Polonium wiederum ist nicht nur radioaktiv, sondern gleichzeitig extrem toxisch. Das Element mit der Ordnungszahl 84 bestimmte die Berichterstattung in den Medien, als der russische Kreml-Kritiker Alexander Litwinenko im Jahr 2006 auf rätselhafte Weise damit vergiftet wurde und kurz darauf daran starb. Der russische Geheimdienst FSB soll den Mord in Auftrag gegeben haben, berichtete der *Spiegel* Jahre später und zitierte dazu einen britischen Untersuchungsbericht: »Die FSB-Operation zur Tötung von Herrn Litwinenko ist wahrscheinlich von Herrn Patruschew [seinerzeit Leiter des FSB und seit 2008 Sekretär des Sicherheitsrats der Russischen Föderation] und auch Präsident Putin gebilligt worden.«[3] Nicht die politischen Verstrickungen, die der Agentenmord nach sich zog, sind an der Stelle entscheidend, sondern die Giftigkeit des Uran-Zerfallsprodukts Polonium. Denn Bergarbeiter*innen kommen damit alltäglich in Kontakt, wenn auch nicht in der hohen Konzentration wie der russische Ex-Spion – und auch nicht übers Essen oder Trinken. Alexander Litwinenko soll das Gift in den Grüntee gemischt worden sein.

Bis zum Ende der 1950er-Jahre wurde Uran fast ausschließlich militärisch genutzt, sprich zum Aufbau der Atomwaffenarsenale, mit denen sich Ost und West gegenseitig in Angst und Schrecken versetzten. 1986 hatten die USA und die Sowjetunion 23.254 beziehungsweise 40.723 atomare Sprengköpfe in ihren Arsenalen[4] – so viel wie in keinem Jahr zuvor und danach. Beide Länder verfügten über die Möglichkeit, ihren Gegner zigfach restlos zu vernichten – und die gesamte Menschheit gleich mit. Dieses Zerstörungspotenzial schwingt beim Blick auf den Rohstoff Uran immer mit. Die atomare Aufrüstung war nach dem Zweiten Weltkrieg die treibende Kraft für den Uranbergbau in Afrika und Nordamerika, aber auch in Asien und Europa – und machte damit die atomare Abschreckung in den Jahrzehnten des Kalten Krieges überhaupt erst möglich. Mit den Drohungen des russischen Präsidenten Wladimir Putin, die Atombombe auch im Krieg gegen die Ukraine einzusetzen, ist ein Atomkrieg schlagartig wieder in unser Bewusstsein gerückt.

Mit Uran verbindet man in der heutigen Zeit aber nicht nur die Atombombe. Auch für die Energiegewinnung in Atomkraftwerken wird das Element benötigt. Mit seiner Rede *Atoms for Peace* am 8. Dezember 1953 skizzierte der damalige US-Präsident Dwight D. Eisenhower die Atomkraft für den Frieden: eine Welt, in der mithilfe einfach zu gewinnender und billiger Energie durch Atomkraft paradiesische Zustände herrschen sollten. Die Rede löste eine heutzutage unvorstellbare Atomeuphorie aus. Politiker*innen in allen Industriestaaten sahen ein goldenes Atomzeitalter kommen und bemühten sich, die Atomkraft in ihren Ländern zu ermöglichen (siehe Kapitel 3). Am 25. März 1957 gründeten Belgien, Deutschland, Frankreich, Italien, Luxemburg und die Niederlande deshalb zeitgleich mit der Europäischen Wirtschaftsgemeinschaft EWG (dem Vorläufer der heutigen EU) die Europäische Atomgemeinschaft, kurz EURATOM. Ihr Ziel war es, die friedliche Nutzung der Atomkraft in den Mitgliedsstaaten der EWG zu etablieren, um mit ihrem Energiereichtum Wohlstand für alle zu schaffen. Dementsprechend begann in Deutschland die kommerzielle Nutzung der Atomkraft nur wenige Jahre später: 1962 mit dem Versuchsatomkraftwerk Kahl in Unterfranken. Sein Bau kostete umgerechnet 17 Millionen, sein Rückbau später 150 Millionen Euro.[5] Seine Leistung betrug 15 Megawatt. So viel erbringt heute eine moderne Offshore-Windturbine.

Bereits in den 1970er-Jahren wich diese Anfangseuphorie für Atomkraft der Ernüchterung – billig war die Energie aus den Atomkraftwerken nicht und sie hatte das Potenzial für große Umweltkatastrophen, was Tschernobyl der ganzen Welt vor Augen führte. Heute neigt sich die Atomwirtschaft ihrem Ende zu und führt derzeit eher einen verzweifelten Abwehrkampf – gegen die wachsende Schar der Atomkritiker*innen und vor allem gegen die erneuerbaren Energien, die ihr überall auf der Welt den Rang ablaufen. Selbst im autoritären China, dem einzigen Land, das in den letzten Jahren in großem Stil neue Atomkraftwerke gebaut hat und in dem es keine Hemmnisse durch Behörden und keine Proteste auf den Straßen gibt, hat sich der Wind gedreht: Es werden keine neuen AKWs mehr geplant. »Ausgestrahlt«, könnte man sagen, wäre da nicht die Bombe. Weil derzeit alle Atommächte ihre Nuklearwaffen modernisieren und dafür auch Atomkraftwerke und Uran brauchen, setzen sie weiter auf diese immens teure Technik. »Es gibt drei Gründe, warum weiter an Atomkraft festgehalten wird«, sagte Alex Rosen, Vorstand von IPPNW-Deutschland (Internationale Ärzt*innen für die Verhütung des Atomkrieges) im Jahr 2019, »die Bombe, die Bombe und nochmals die Bombe«.

Während die Atomkraft umstritten ist und es seit den 1970er-Jahren mindestens so viele Kritiker*innen wie Befürworter*innen gibt, ist die Nuklearmedizin bis heute ausschließlich positiv besetzt. Und das ist einfach zu erklären. Auch die Nuklearmedizin benötigt Radioaktivität und atomare Zerfallsprodukte oder die dabei frei gesetzten Neutronen, sie hat also ebenso viel Potenzial für Umweltkatastrophen wie die Atomkraft. Aber sie hilft vor allem, Krebsdiagnosen zu stellen und Tumore zu behandeln – und verspricht damit Heilung oder zumindest ein längeres Leben (siehe Kapitel 4).

Entscheidend bleibt, dass Uran ein sehr zwiespältiges Image hat: Uran ist Heilsbringer und medizinisches Hilfsmittel, hat aber ein hohes Zerstörungspotenzial und ist der Rohstoff für Atombomben. Das Element steht damit gleichzeitig für Leben und Tod. Außerdem liefert Uran enorme Mengen an Energie, die zivile Atomkraft ist aber eine Hochrisikotechnologie. Dass Uran irgendwo abgebaut werden muss und Bergarbeiter*innen mit ihren Familien in den Abbaugebieten ionisierender Strahlung ausgesetzt sind, ist in der hiesigen Öffentlichkeit praktisch kein Thema. Auch nicht, dass 70 Prozent des weltweit bislang geförderten Urans vom Land indigener Völker stammen und deren Lebensgrundlagen durch den Abbau zerstört werden. Die ungelöste Endlagerfrage dagegen, das Ende der atomaren Kette, polarisiert unsere Gesellschaft. Eine eigens dafür gegründete Bundesgesellschaft für Endlagerung soll bis 2031 einen Standort für ein deutsches Endlager festlegen – im Konsens mit der dann ausgesuchten Region. Und irgendwann Mitte des Jahrhunderts soll mit dem Bau dieses Endlagers, das vor allem die radioaktiven Überreste von Kernenergiereaktoren beinhalten wird, begonnen werden. Ob das so kommt? Zukunftsmusik!

Dieses Buch zeigt die verschiedenen Facetten von Uran und die damit verbundene Spaltung unserer Gesellschaft: von seiner Entdeckung bis heute, von seiner Verwendung als Verschönerungselement bis hin zur Atombombe.

KAPITEL 1

Die Entdeckung des Urans

Die Entdeckung des Rohstoffs Uran geschah zufällig – durch den Abbau eines anderen Elements. Silber war über Jahrhunderte ein Schatz, der im Mittelalter in verschiedenen Regionen Europas zu Wohlstand und Entwicklung führte. »Silberrausch und Berggeschrey« löste auch im östlichen Erzgebirge eine Silberader aus, die Kaufleute 1168 bei Christiansdorf in der Nähe des heutigen Freiberg in Mittelsachsen entdeckt hatten. Mit der industriellen Entwicklung kamen ab 1600 weitere Metalle hinzu, die dem Erzgebirge über Jahrhunderte den Bestand als Bergbauregion sicherten, wenn Silberadern ausgeschöpft waren: Wismut, Zinn, Kupfer und Eisen.

Immer wieder stießen die Bergleute auf grünlich-schwarze bis schwarz schimmernde Gesteinsschichten. Mitunter wiesen sie einen fettigen Glanz auf, meistens wirkten sie ziemlich matt. Und gleichgültig, ob sie in Nierenform daherkamen oder als würfelförmige oder auch oktaedrische Kristalle: In jedem Fall waren sie nicht sehr beliebt, denn sie signalisierten das Ende einer wertvollen Erzader. Die Kumpels nannten das Gestein »Pechblende« und verwiesen damit auf die pechartige Farbe des Minerals. Man könnte auch schlicht sagen: »Pech gehabt, Männer! Sucht gefälligst woanders weiter.« Schluss, Aus und Ende der gewinnbringenden Förderung. Was damals niemand wusste: Pechblende enthält das heute sehr wertvolle Element Uran, weshalb das Gestein später auch unter dem Namen Uraninit bekannt wurde.

Pechblende kann heutzutage beispielsweise im Mineralogischen Museum der Universität Bonn besichtigt werden: Unter der Inventarnummer 40.326 ist ein faustgroßer und grau-schwarzer Mineralienbrocken ausgestellt, der von roten Dolomit-Adern durchzogen ist. Nicht offen und zum Anfassen, sondern in einer Vitrine aus Bleikristallglas, die die schwache Strahlung abschirmen soll, die von allen uranhaltigen Mineralien ausgeht.[1] Das Exponat stammt aus Jáchymov, dem ehemals böhmischen St. Joachimsthal, in dem die erste europäische Uranmine entstand. Man kann also mit Fug und Recht behaupten, dass dieses eher unscheinbare Stück Erz auch den Beginn des Uranbergbaus markiert.

Die etwa 2,30 Meter hohe und einen Meter breite Uran-Vitrine enthält noch etliche andere Stücke, die Fachleute und Laien gleichermaßen in Staunen versetzen. Da sind gleich drei uranhaltige Gesteinsbrocken aus der Shinkolobwe-Mine ausgestellt (siehe Seite 27). Unter anderem in jener Mine, die seit Anfang der 1900er-Jahre bis 1960 unter belgischer Kolonialherrschaft stand, wurde Uran für die erste Atombombe der USA abgebaut.

»Wir haben gerade zum Thema Uran aber auch einige ganz besondere Stücke zu bieten«, betont Museumsleiterin Anne Zacke voller Stolz, als sie mich durch die Museumsräume führt und auf einen Fulgurit aufmerksam macht, ein sogenanntes »Blitzröhrchen«, das ich ohne den direkten Hinweis kaum eines Blickes gewürdigt hätte. Fulgurite – von Lateinisch *fulgur*, Blitz – entstehen vor allem durch Blitzeinschläge oder große Energieentladungen in Gestein oder Sand und bilden sich in Bruchteilen einer Sekunde. Das Exponat in der Vitrine gehört wahrscheinlich zu einer Vielzahl kleiner Fulgurite, die am 16. Juli 1945 entstanden sind, als die USA bei Alamogordo in der Wüste New Mexicos ihre erste Atombombe zündeten. Das aus einem Fingerhut voller Sand geformte Kieselglas in der Vitrine mit Uranexponaten trägt damit den Beginn des atomaren Schreckens in sich.

Direkt neben der Vitrine mit dem Fulgurit und nicht zu übersehen ist ein Uranwürfel mit einer Seitenlänge von etwa fünf Zentimetern ausgestellt. Das Exponat an sich ist zwar auch nicht besonders auffällig. Allerdings ist es in einem eigenen Panzerschrank ausgestellt, der vorne – vergleichbar einer modernen Eingangstür – eine eingelassene Glasscheibe hat. »Kritische Stücke« besagt dann auch noch sein Titel. Die Erklärung offenbart seine Bedeutung: Der unscheinbare Kubus ist einer von ehemals 664 Würfeln, die im Rahmen des Uranprojekts zur Atomforschung und möglichen Entwicklung einer deutschen Atombombe von der sogenannten »Urangruppe« um Werner Heisenberg am Kaiser-Wilhelm-Institut in Berlin-Dahlem während des Zweiten Weltkriegs genutzt wurden. Die dortige Anlage wurde aufgrund der ständigen Bombardierungen und des Vorrückens der Roten Armee 1944/45 nach Süddeutschland verlagert und unter einem Bierkeller in der Nähe der Schlosskirche in Haigerloch, 25 Kilometer südwestlich von Tübingen, wieder aufgebaut. Anfang März 1945 lief der letzte Großversuch, ohne dass die Urangruppe damit einen »kritischen Zustand« erreicht hätte. Vor Kriegsende versteckten die NS-Wissenschaftler*innen die noch verbliebenen Uranwürfel und das schwere Wasser, das sie für ihre Forschung benötigten. »Eine amerikanische Geheimdienstmission, die seit 1943 und bis Oktober 1945 klären sollte, wie weit Nazi-Deutschland mit seiner Kernforschung vorangekommen war, entdeckte den Keller schließlich und fand auch die verbliebenen Würfel«, weiß Museumsleiterin Zacke. »Die Wissenschaftliche Abteilung der Militärverwaltung in Koblenz hat dem Museum 1954 den Würfel übergeben, der jetzt bei uns ausgestellt ist.« Er ist einer von fünf Würfeln, die es heute noch gibt und die beispielhaft dafür stehen, dass Nazi-Deutschland kurz vor Kriegsende um Jahre hinter der US-amerikanischen Atombombenentwicklung zurückstand und noch lange keine Atombomben hätte bauen können (siehe Kapitel 2).

Zurück ins ausgehende Mittelalter. Damals waren Erzadern mit Pechblende, von der wir heute wissen, dass es sich um eine uranhaltige Schicht handelt, wertlos. Wie hätten die Bergleute auch ahnen können, dass Jahrhunderte später genau an denselben Orten Geolog*innen und Ingenieur*innen alles tun würden, um auch noch den letzten Rest Uran aus dem Boden zu holen? Entsprechend den mittelalterlichen Lehren ging man damals noch davon aus, dass die Welt ausschließlich aus den vier Elementen Erde, Wasser, Luft und Feuer bestand.

Das änderte sich erst mit der Entdeckung der chemischen Elemente. Hennig Brand machte 1669 mit Phosphor den Anfang. Der Hamburger übte sich in verschiedenen Berufen – als Soldat, Apotheker und schließlich Chemiker. Der alchemistischen Lehre folgend suchte er, wie viele seiner Zeit, den Stein der Weisen: Er hoffte, einen Weg zu finden, um aus unedlen Metallen edle zu machen, vor allem Gold. Eher durch Zufall entdeckte er dabei Phosphor.[2] Wie Uran ist auch Phosphor ein Element, das gleichermaßen Leben und Tod bringen kann. Als Bestandteil von Pestiziden oder Brandbomben wirkt das Element tödlich, als essenzieller Nährstoff versorgt es alle Lebewesen mit Energie.[3]

Martin Heinrich Klaproth entdeckt Uran

1789, über hundert Jahre später, isolierte Martin Heinrich Klaproth aus dem dunklen Mineralgestein Pechblende erstmals das Element Uran. Das allerdings war kein Zufall. Klaproth hatte zwar nie studiert und kam aus ärmlichen Verhältnissen. Aber mit etwas Glück und der Heirat einer Frau, die aus einer vermögenden Familie stammte, konnte er seinen Wissensdurst befriedigen und sich selbst viel Wissen aneignen. »›Martin Heinrich Klaproth […] ist ein sprechender Beweis, wieviel ein kräftiger Geist durch ruhige, aber gewissenhafte und beharrliche Thätigkeit einem Geschicke abgewinnen kann, was ihn zur Mittelmäßigkeit oder Niedrigkeit bestimmt zu haben schien‹«, fasste sein Zeitgenosse, der Chemiker und Mathematiker Ernst Gottfried Fischer (1754–1831), Klaproths Leben in einer Denkschrift der Berliner Akademie der Wissenschaften zusammen.[4] Überspitzt könnte man sagen, dass

Klaproth ein lebendes Exemplar des Doktor Faust ist, den Johann Wolfgang von Goethe in seinem großartigen Drama als Kunstfigur mit einem nicht enden wollenden Wissensdrang unsterblich gemacht hat: »Wer immer strebend sich bemüht, den können wir erlösen«, stellt der Chor der Engel letztendlich fest, ehe er dem unendlich Suchenden ein Leben in höheren Sphären verheißt.[5]

Martin Heinrich Klaproth hatte einen vergleichbaren Wissensdurst. Er lernte zunächst das Apothekerhandwerk und die Grundlagen der Chemie als Lehrling in Quedlinburg und arbeitete als Apothekergehilfe in Hannover, Berlin und Danzig, ehe er 1780 mit dem Geld seiner Frau die Löwen-Apotheke im heutigen Nikolai-Viertel in Berlin kaufte.[6] Die Selbstständigkeit erlaubte es ihm, wann immer er wollte seinem Entdeckerdrang nachzugehen. Und der war groß.

Bereits 1788 war Klaproth, der nicht eine Vorlesung an einer Universität besucht hatte, Mitglied der Akademie der Wissenschaften in Berlin geworden. Damit verbunden war eine Professur für Chemie an der Berliner Artillerieschule. 1789 gelang es ihm, aus Pechblende, das als Abfallprodukt aus der Erzgrube Georg Wagsforth bei Johanngeorgenstadt im Erzgebirge stammte, Uran zu isolieren. Er führte dazu etliche Versuche mit Salzlösungen, Essig- und Schwefelsäure durch, stellte nebenbei zitronengelbe Salze her und machte die Entdeckung, dass Uran »der Phosphorsalzperle bei der Verglasung eine grüne Färbung verleiht«.[7] Diese Beobachtung führte später dazu, dass Glasmanufakturen Farben aus Uran herstellten und Uran somit erstmals genutzt wurde.

Klaproth stellte auch fest, dass das Material, das er aus der Pechblende isoliert hatte, »was auch immer es war, mit Blei vergesellschaftet war. Als er die Lösung erhitzte, entstand eine Art gelbes Kristall, das der Apotheker noch nie gesehen hatte. Klaproth fügte Wachs und ein wenig Öl hinzu, um einen schweren, grauen Rückstand zu isolieren.« Er betrachtete das neue Element als eine seltsame Art von Halbmetall.[8] »Die Zahl der bisher bekannten 17 Metalle hoffe ich anjezt durch ein neues vermehrt zu haben, welchem ich den Nahmen Uranit beylege«, schrieb Klaproth selbst über seine Entdeckung.[9] Dem neu entdeckten Element gab er ein Jahr später nicht etwa seinen Namen, um sich damit zu schmücken oder für immer bekannt zu machen, sondern er benannte es nach dem wenige Jahre zuvor entdeckten Planeten Uranus: Uranium.

Nach der Entdeckung von Uran entschlüsselte Klaproth weitere Elemente oder trug zumindest dazu bei: Zirconium, Titan (Wiederentdeckung), Cer, Tellur (erste Darstellung) und Strontium (parallel mit dem schottischen Arzt und Apotheker Thomas Charles Hope).

Uran als Rohstoff in voratomarer Zeit

Zu Beginn des 19. Jahrhunderts wurde Uran erstmals als Nebenprodukt in englischen, böhmischen und sächsischen Minen gewonnen. Mit dem Schwermetall konnten Keramiken bemalt und sogenanntes Vaselineglas hergestellt werden. Die Zugabe von Uran machte die bemalten Gegenstände besonders, denn unter UV-Licht, das für das menschliche Auge nicht sichtbar ist, beginnen Urangläser zu fluoreszieren und zu leuchten. Dann erscheint eine sonst eher farblos wirkende Glasdose plötzlich in grellem Neongrün oder ein zunächst unscheinbares Wein-Set mit einem faden braun-grünen Stich unter dem UV-Einfluss des Sonnenlichts orangefarben mit wogendem Grün. Eine Verwandlung, die vermutlich häufig für staunende Gesichter sorgte. Uran erfüllte dadurch den uralten Wunsch, sich den Alltag etwas zu verschönern und sein Zuhause kulturell aufzuwerten.

Die böhmischen und sächsischen Glashütten, die sich die Erkenntnis zunutze machten, dass Glas und Gläser durch Uranverbindungen gelb-grün leuchtend in Szene gesetzt werden konnten, professionalisierten im Laufe des 19. Jahrhunderts die Nutzung der Uranfarben. Mal war es ein blaßgelb, dann ein eher bernsteingelb oder ein dunkles apfelgrün gefärbtes Glas, das Käufer*innen und Kund*innen in Verzückung versetzten.

Franz Xaver Anton Riedel hat der Nachwelt eine besonders schöne Geschichte hinterlassen, wie seine Glasfarben zustande kamen: Sein Großvater hatte bereits Mitte des 18. Jahrhunderts in Nordböhmen eine Glashütte gegründet. Franz Xaver Anton war wohl nicht nur ein exzellenter Graveur und Glasschleifer, ihm war es auch als Erstem in der Geschichte der Glasherstellung gelungen, verschiedene Glasfarben herzustellen: zwei fluoreszierende Farben – Gelb und Grün. Als Zugabe waren Uranoxid und ein paar weitere Elemente entscheidend, die dazu führten, dass der Farbton mal eher gelb oder eher grün ausfiel. Das Rohmaterial Uran stammte aus den böhmischen Bergwerken in Sankt Joachimsthal und aus Příbram, die damals beide noch zur Habsburger Monarchie gehörten.

Der Entdecker der neuen Glasfarben war wohl auch ein Romantiker: Seine Frau hatte die beiden Töchter Anna und Eleonore zur Welt gebracht. Nun kam dem Glasfachmann die charmante Idee, seinen strahlend schönen Glasfarben die Namen Anna-Gelb und Eleonoren-Grün zu geben und damit auch seine Töchter zu verewigen.

Urangläser wurden nicht nur in Böhmen und Sachsen hergestellt. Auch in Frankreich, Belgien, England und in den Vereinigten Staaten nutzten Glasereien die Vorteile von Uranoxid und machten leuchtende Glasprodukte zu einem Verkaufsschlager. Es gibt auch heute noch wunderbar geschliffene und verschnörkelte Trinkgläser aus dieser Zeit, kunstvoll verzierte Karaffen, Glasfläschchen mit Zerstäubern, edle Schalen, gläserne Zitronenpressen, Glasknöpfe, Edelsteinimitationen und schließlich ganz normale Vasen und Teller aus Uranglas. Die Glasmanufakturen kreierten eine Vielzahl von Alltags- und Kunstgegenständen, die den Haushalt verschönerten und zum Leuchten brachten.

Bis 1898 wurden an die 15.000 Tonnen Uranglas hergestellt, allein im Jahr 1896 waren es 600 Tonnen. Der großen Menge und der faszinierenden Farbenpracht entsprechen die verschiedenen Namen, die sich mit der Zeit entwickelten: »Im angloamerikanischen Raum gibt es zum Beispiel Canary (aus cornischem Erz) oder Vaseline glass, dem das französische Verre canari oder Verre d'urane entspricht. Im deutschen Sprachraum werden neben Bein-, Alabaster-, Opal-, Bernstein- und Topasgläsern auch die Bezeichnungen Annagrün-, Eleonoren-, Jade-, Reseda-, Erbsen-, Pompadour-, Seladon-, Smaragd- und Chrysopras-Glasschmelzen benutzt.«[10]

Über ihre Rezepturen bewahrten die Glashütten zumeist Stillschweigen. Jede hatte ihren eigenen Chemiker, dessen Aufgabe nicht nur darin bestand, bei jeder neuen Charge für die richtige chemische Zusammensetzung des Glases zu sorgen, sondern auch die Rezeptur von einer Generation an die nächste weiterzugeben. Wobei auch hier gilt: keine Regel ohne Ausnahme. »Vermutlich im Jahr 1890 gab der Chemiker Otto Matzialek dem Glasfabrikanten Franz Welz in Klostergrab bei Teplitz-Schönau den Hinweis, Selen für die Färbung von Glas zu verwenden. Eine neue Farbe, die so genannte Changeant-Farbe, entwickelte dieser aus dem Gemenge von 120 Gramm Selen und 225 Gramm Uranoxid. Die Rezepturen ließ er patentieren und verkaufte sie an Glashersteller bis nach England.«[11] Dort wurde dann folgendes Rezept für changeantfarbenes oder gelbrosa schillerndes Glas weitergegeben: 100 Kilogramm Sand, 12 Kilogramm Pottasche, 19 Kilogramm Soda, 14,5 Kilogramm Marmor, ½ Kilogramm Salpeter, 300 Gramm Uran, 160 Gramm Selen und 250 Gramm Arsenik. Alles gut verrührt und entsprechend erhitzt und geschmolzen, verbunden mit dem Hinweis: »Mehr Selen verstärkt die rosa und orange Farbe.«

Wenn die Glasmanufakturen keine anderen Substanzen als Uran beimischten, fluoreszierten Gläser und Karaffen jedoch ausschließlich grün. Dafür gibt es eine einfache Erklärung: Uranatome schwingen mit einer Frequenz von 612,5 bis 522,5 Terahertz und senden dementsprechend eine elektromagnetische Strahlung mit der Wellenlänge von 490 bis 575 Nanometer aus – die Wellenlänge der Farbe Grün.[12]

Über Radioaktivität und eine mögliche Gefahr, die von den Urangläsern ausgehen könnte, war damals noch nichts bekannt. Da die Strahlung der Urangläser nicht höher ist als die natürliche Strahlung der Umgebung, besteht durch sie in der Regel keine Gefahr einer radioaktiven Kontamination. Die Stärke der Uranglasstrahlung, gemessen mit einem Geigerzähler, ergibt nur schwache Werte. Gefährlich ist allerdings, dass alpha- oder betastrahlende Atome durch organische Säuren, wie sie in Getränken und Speisen vorkommen, aus dem Glas herausgelöst werden, sich in menschlichen Organen absetzen und dort krebserregend wirken können. Man sollte also eher den Anblick genießen und nicht unbedingt aus Urangläsern trinken oder essen. Und wenn doch, dann am besten nur ein Glas Wasser.[13]

Das Geheimnis der Radioaktivität

Nachdem Martin Heinrich Klaproth 1789 das Uran entdeckt hatte, blieben die Eigenschaften des Elements noch rund anderthalb Jahrhunderte ein Geheimnis. Es zu entschlüsseln, begann mit einem Versuch von Henri Becquerel. Der Pariser Physikprofessor glaubte, dass Uranmineralien und Urangläser auch Röntgenstrahlen aussenden können, wenn man sie mit Sonnenlicht beleuchtet. Also verpackte er eine Fotoplatte lichtdicht, legte ein Uranmineral darauf und platzierte es im Sonnenlicht. »Und siehe da: Das Urankalziumsulfat schwärzte die Fotoplatte.«[14] Die Tage darauf war der Himmel über Paris bedeckt. Becquerel ließ seine Versuchsanordnung in einer Ecke liegen, entwickelte die Fotoplatte »in der Erwartung, er würde sehr schwache Umrisse finden«, und schrieb in einem Bericht: »›Die Umrisse zeigten sich im Gegenteil mit großer Intensität.‹ Die Schwärzung hatte also auch ohne viel Licht stattgefunden – ja, Becquerel zeigte kurz darauf, dass sie auch im völligen Dunkel stattfindet.« Nicht die Sonne hatte die Strahlen verursacht, sie kamen direkt aus dem Stoff selbst. »Dies war die Entdeckung der Radioaktivität«, fasst Jens Soentgen die Erkenntnis Becquerels zusammen.[15]

Die Fachwelt nahm von Becquerels Erkenntnis jedoch kaum Notiz. Ganz anders die aus Polen stammende Physikstudentin Marie Curie. Die junge Frau suchte nach einem Dissertationsthema und entschied sich für die geheimnisvollen Strahlen Becquerels, von denen sie gehört hatte. Ihr Mann Pierre entwickelte die notwendigen Messgeräte, um das Mineral Pechblende genauer zu untersuchen. »Nach wenigen Wochen ist sie sicher, dass die Intensität der Strahlung der in den Proben enthaltenen Uranmenge entspricht und von nichts anderem beeinflusst wird.«[16] Am 12. April 1898 trug sie ihre Erkenntnisse der Französischen Akademie der Wissenschaften vor.

Marie Curie und ihr Mann Pierre gaben der Strahlung den Namen »Radioaktivität« – vom lateinischen *radius*, Strahl – und wurden 1903 gemeinsam mit Henri Becquerel mit dem Physik-Nobelpreis ausgezeichnet. Nebenbei identifizierte Marie Curie während ihrer Arbeit 1898 auch zwei neue Elemente, denen sie den Namen Radium (wegen seiner Radioaktivität) und Polonium (zur Ehre ihrer polnischen Heimat) gab. Beide sind als natürliche Zerfallsprodukte von Uran in der Pechblende enthalten. Dafür erhielt Marie Curie wenige Jahre später den Nobelpreis für Chemie. Sie ist bis heute die einzige Frau mit zwei Nobelpreisen und neben dem US-amerikanischen Chemiker Linus Pauling der einzige Mensch, der diese Auszeichnung in zwei verschiedenen Kategorien erhalten hat.

Mit der Entdeckung von Radium vermutete Marie Curie, dass das radioaktive Material eine große Wirkung in der Krebstherapie haben könnte. Sie gründete deshalb 1911 das Institute du Radium in Paris, das heutige Curie-Institut – ein Forschungszentrum, das seit Jahrzehnten in Biophysik, Zellbiologie und Krebsforschung zu den führenden der Welt gehört. In den Anfangsjahren verfügte das Institut lediglich über zwei separate Laboratorien. Eines hatte die Aufgabe, die Physik und Chemie radioaktiver Elemente zu erforschen. Das zweite sollte die medizinischen Anwendungsmöglichkeiten der Radioaktivität voranbringen. Marie Curie wird deshalb immer wieder als die »Mutter der Strahlentherapie« bezeichnet. »Es wurden Institute gegründet, die nach der neuen Heilmethode arbeiteten«, schrieb Marie Curie in ihrer 1922 erschienenen *Selbstbiographie*. »Es ist leicht zu begreifen, wie wertvoll für mich die Überzeugung ist, daß [...] dank dieser Erfindung menschliches Leid gelindert werden kann.«[17]

»Radium galt fast als Allheilmittel, sogar gegen Krebs«, schreibt auch die Journalistin Stephanie Cooke in ihrem Buch über die Geschichte des nuklearen Zeitalters. »Im Jahr 1916 behauptete die Zeitschrift Radium, das Material sei ›absolut ungiftig‹, und obwohl nicht alle daran glaubten, kamen die Warnungen vor den Strahlungsrisiken für ihre Opfer zu spät, darunter die ›Radium-Girls‹, die Ziffernmalerinnen der United States Radium Corporation, Forscher und Patienten. Marie Curie selbst erlitt wegen der Strahlenvergiftung eine Fehlgeburt, und schließlich erlagen sie und später auch ihre Tochter Irène den Folgen der Strahleneinwirkungen.«[18] Beide starben an Leukämie. 1929 bezeichnete der Literary Digest Radium als den »gefährlichsten Stoff der Welt«. Inzwischen nimmt wahrscheinlich Plutonium diesen zweifelhaften Spitzenplatz ein.

Die Erforschung von Uran und seinem Zerfallsprodukt Radium kann in seiner Bedeutung für den Fortschritt von Wissenschaft und Menschheit nicht hoch genug eingestuft werden: Sie »hat zu einer neuen Chemie und zu einer neuen Physik geführt, sie erneuerte die Astronomie, sie half geologische Fragen zu lösen, sie ist für die moderne Archäologie unentbehrlich. [...] Indem wir das Uran, das Thorium, das Polonium, das Radon und schließlich das Radium und sein Verhalten verstehen lernten, erschloss sich der innere Zusammenhang des periodischen Systems der Elemente. Zahlreiche alte Rätsel der Naturwissenschaft konnten nach der Entdeckung der Radioaktivität gelöst werden.«[19]

Die Eigenschaften von Uran und seinen Zerfallsprodukten

Heute wissen wir, warum Uran und seine Zerfallsprodukte von ganz alleine zerfallen, also radioaktiv sind. Im Periodensystem ist Uran mit der Ordnungszahl 92 gelistet. Warum? Weil im Kern jedes Uranatoms 92 elektrisch positiv geladene Protonen enthalten sind. In der Atomhülle schwirren außerdem gleich viele negativ geladene Elektronen. Hinzu kommt eine dritte Gruppe winzig kleiner Teilchen, die sich ebenfalls im Atomkern befinden: die Neutronen. Sie sind elektrisch neutral und stoßen sich deshalb weder ab, noch ziehen sie sich an.

Alle Elemente, die mehr Protonen enthalten und eine höhere Ordnungszahl als Uran haben, werden Transurane genannt. Sie alle sind von Natur aus radioaktiv, weil sie – wie Uran – ohne jedes Zutun zerfallen. Von Neptunium und Plutonium, die nur noch in Spuren vorkommen, gibt es auf der Erde aber keine natürlich vorkommenden Transurane mehr. Der Grund: ihre extrem kurze Halbwertszeit von wenigen Sekunden bis zu einigen Minuten, in denen sie ganz zerfallen. Uran ist damit praktisch das größte natürlich vorkommende Element.

Warum verhält sich Uran aber nicht wie Sauerstoff oder Kupfer, die beide nicht radioaktiv sind? Der Grund ist schlicht die Größe des Elements. 92 positiv geladene Proton-Teilchen sind auf engstem Raum zusammengepfercht. Sie alle sind positiv geladen und stoßen sich gegenseitig ab – wie die beiden gleichpoligen Seiten von zwei Magneten. Jedes einzelne Proton ist sozusagen des nächsten größter Feind. Und jedes drückt und schubst das andere so gut es kann, bis es schließlich zum Zerfall kommt. Dabei brechen Teilchen aus dem Atomkern aus, um es diesem zu ermöglichen, in einen stabileren Zustand zu wechseln (was bei Uran allerdings eine Zerfallskette nach sich zieht, da die nachfolgenden Elemente, in die sich Uran wandelt, selbst wiederum instabil sind). Man kann es auch so sagen: Ein Uranatom ist schlicht zu groß und allein deshalb instabil.

Dass nicht mehr passiert und es nicht schon im Normalzustand zur Explosion kommt, liegt an den Neutronen, die sich ebenfalls im Kern befinden. Sie vergrößern zwar die Enge im Urankern, aber gleichzeitig schaffen sie auch Stabilität, denn sie wirken wie ein Puffer zwischen den sich abstoßenden Kräften. Man kann es sich vielleicht wie in einem überfüllten indischen Reisebus vorstellen: Alle Insassen werden nicht gerührt, aber kräftig geschüttelt, sorgen aber durch die Enge gegenseitig dafür, dass die meisten ihren Sitz- oder Stehplatz beibehalten und so am Ziel ankommen, ohne während der Fahrt aus dem Bus geschleudert zu werden. Und wenn dann doch ein Proton abhandenkommt, entsteht aus Uran Protactinium – mit nur noch 91 positiv geladenen Protonen.

Zurück zu den Neutronen: Ihre Zahl im Kern eines Uranatoms ist nicht gleich, aber entscheidet darüber, um welches Isotop es sich handelt. Isotope sind Atome mit der gleichen Anzahl an Protonen, aber unterschiedlich vielen Neutronen. Es gibt drei verschiedene Uranisotope: Uran-238, Uran-235 und Uran-234. Wie kommt es zu dieser Namensgebung? Ganz einfach: Uran-238 hat 146 Neutronen, zählt man die 92 Protonen hinzu, kommt man im Kern auf 238 Elementarteilchen, daher der Name Uran-238. Die beiden anderen Uranisotope haben dementsprechend drei beziehungsweise vier Neutronen weniger. Im Uranerz kommen diese Isotope im immer gleichen Verhältnis vor. Uran-238 dominiert mit einem Anteil von rund 99,3 Prozent, Uran-235 kommt auf rund 0,7 Prozent und Uran-234 nur auf verschwindend geringe Spuren. Der große Anteil der Uran-238-Atome ist jedoch nicht spaltbar. Sie können also durch von Menschen angestoßene Prozesse nicht in ein anderes Element verwandelt werden, sondern nur Uran-235 mit seinem Anteil von 0,7 Prozent. In sogenannten Anreicherungsanlagen (siehe Kapitel 8 / Lingen und Gronau) wird dessen Anteil daher auf 3 bis 5 Prozent für die zivile Nutzung in Atomkraftwerken erhöht. Und für Atombomben auf rund 90 Prozent.

All das wusste Marie Curie noch nicht, als sie erkannte, dass mit Uran beziehungsweise seinem Abbauprodukt Radium Krebserkrankungen geheilt werden können. Mit Radium wurden jedoch nicht nur neue Erkenntnisse gewonnen und menschliches Leid gelindert, es wurde auch eine Menge Geld gemacht: »Amerikanische Ärzte bezeichneten es als Wundermittel gegen Krebs, und einige rieten ihren Patienten, eine schwache Radiumlösung zu trinken, die unter dem Namen Liquid Sunshine verkauft wurde«, umschreibt der Wissenschaftsjournalist Tom Zoellner die Geburtsstunde der Radium-Therapie. »Für ein Gramm davon konnte man 175.000 Dollar erhalten, das Dreißigtausendfache des Goldpreises.«[20] Radium gehörte damals zu den wertvollsten Stoffen der Welt.

Gibt man bei Google die Stichworte »Liquid Sunshine« und »Radium« ein, stößt man sofort auf ein altes Plakat, das Zeugnis für diese ungeheure Nachfrage abgibt: »World's greatest health drink«, kann man dort lesen, »der beste Gesundheitstrunk der Welt«. Wer ihn einmal getrunken hat, wird nicht mehr davon lassen, suggerierten die damaligen Werbefachleute. Man kann es auch einfach dadurch auf den Punkt bringen, dass diejenigen, die nach einer Krebsdiagnose den baldigen Tod vor Augen hatten, sich zumindest erhofften, einige Lebensjahre mehr zu erhalten.

Dass Radium selbst krebserregend war und gesunde Menschen damit erst Krebs bekamen, war zu Beginn des 20. Jahrhunderts noch nicht bekannt.

Der Kongo – ein gigantisches Zwangsarbeiterlager

Um überhaupt Radium als Zerfallsprodukt von Uran nutzen zu können, mussten die Nuklearmediziner*innen erst an den Ausgangsstoff herankommen. Dazu bot sich Belgisch-Kongo an. 1915 wurde in einer Savannenlandschaft, die von sanften Hügeln und Akazienbäumen geprägt ist, ein Uranvorkommen entdeckt, das seinesgleichen sucht: Das Erz der Shinkolobwe-Mine enthielt einen Anteil von bis zu 65 Prozent Uran, so viel wie keine andere Mine auf der Welt, die seither eröffnet wurde, und machte die lukrativen Geschäfte mit Radium überhaupt erst möglich.[21]

Betrieben wurde die Shinkolobwe-Mine von der 1906 von englischen und belgischen Unternehmen gegründeten Bergbaufirma Union Minière du Haut Katanga. Binnen weniger Jahre entwickelte sich das neu gegründete Unternehmen zu einem Bergbaugiganten, der die Schätze hob, die es in der afrikanischen Savanne fand: Kupfer, Wismut, Kobalt, Zinn, Zink und schließlich Uran in geringer Tiefe. »Unter einem Teppich aus Gras lag ein goldener Boden«, schreibt der Journalist Tom Zoellner.

Im Süden des Kongo entstand damals eine kleine Bergbauindustrie. Während bisher einzig der Fluss Kongo den Transport von Gütern über größere Strecken ermöglichte, bauten die Belgier zwischen 1898 und 1912 die Boma-Tshela-Bahn, die den Atlantik mit dem Landesinneren verband, und später weitere Bahnverbindungen.

Die dampfenden Kolosse im Herzen Afrikas erleichterten die Ausbeutung von Mensch und Natur: Um Shinkolobwe aus- und das Uranerz abzubauen, »riss Union Minière den Hügel ab und begann mit dem Tunnelbau unter Tage, wobei mehr als tausend afrikanische Arbeiter gezwungen wurden, nach dem reinsten Uranerz zu graben, das je auf der Erde gefunden wurde. Die Arbeiter mussten Säcke mit dem samtschwarzen Gestein mehr als zwanzig Kilometer weit zum Eisenbahnknotenpunkt tragen, von wo aus die Säcke zum Hafen und dann per Ozeandampfer nach Belgien verschifft wurden.«[22] Man kann sich die Kolonie Belgisch-Kongo – sie ist immerhin 75-mal so groß wie seine europäische Kolonialmacht – am besten als gigantisches Zwangsarbeiterlager vorstellen: Dafür sorgte zunächst König Leopold II., dem der Kongo bis zu seinem Tod im Jahr 1909 als Privateigentum gehörte. Den Afrikaner*innen wurden brutale Schläge, Handamputationen und sogar Enthauptungen angedroht, wenn sie nicht genügend Elfenbeinstoßzähne oder Bauholz sammelten, um die Quoten der belgischen Unterdrücker zu erfüllen. Die Region war mit Kautschukbäumen bedeckt und König Leopold belieferte nicht nur die neu entstehende Automobilindustrie, sondern deckte auch den Bedarf für Fahrradreifen, elektrische Isolierung, Telefonkabel, Dichtungen und Schläuche. Um die Jahrhundertwende verließen mehr als sechstausend Tonnen Kautschuk den Kongo, geerntet von Afrikaner*innen, denen Schläge, Gefängnis, Entführung, Mord und systematische Vergewaltigung drohten. Denjenigen, die als faul galten, wurden von Leopolds Sicherheitsorganisation, der Force Publique, Hände und Unterarme abgehackt. Besonders fleißige Sicherheitsleute sammelten manchmal Körbe mit abgetrennten Händen, um ihren Vorgesetzten zu beweisen, dass sie fleißig die Ernte »gefördert« hatten.[23]

Nach dem Tod Leopolds wurde die Herrschaft der Force Publique zwar eingeschränkt, aber nicht beendet. Dementsprechend blieben auch der Abbau von Uran und die Ausbeutung der Shinkolobwe-Mine ein grausames Unterfangen. Mehrere Jahrzehnte später sollte von hier der Großteil des Urans stammen, das für das Manhattan-Projekt und die Entwicklung der ersten Atombomben erforderlich war.

KAPITEL 2

Zeitenwende: Die Entdeckung der Kernspaltung

Am Kaiser-Wilhelm-Institut für Chemie (KWI) in der Boltzmannstraße in Berlin-Dahlem gelang im Dezember 1938 der nächste Meilenstein, der ein neues Zeitalter einläuten sollte: Der Chemiker Otto Hahn und sein Assistent Fritz Straßmann bestrahlten Uran mit Neutronen und stellten fest, dass dabei Energie entwich und Spaltprodukte wie Barium entstanden.

Atome zu zertrümmern und aus einem Atom ein anderes zu machen, indem man die Zahl der sich im Atomkern befindlichen positiven Teilchen geringfügig veränderte, war der Atomphysik damals nicht neu. Dem neuseeländischen Physiker Ernest Rutherford war es bereits 1919 an der Universität Cambridge gelungen, Stickstoff mit Alphastrahlen zu beschießen und damit in Sauerstoff zu verwandeln. Gut zehn Jahre zuvor hatte er sein Atommodell veröffentlicht, demzufolge negativ geladene Elektronen um einen positiv geladenen Kern schwirrten wie Falter in der Nacht um eine Laterne. Niels Bohr verfeinerte dieses Modell schließlich und stellte dar, dass die Elektronen nicht willkürlich, sondern auf geregelten Bahnen um diesen Kern zirkulierten. All das waren Voraussetzungen für die erste Kernspaltung am KWI in Berlin-Dahlem. Dass ein Atomkern jedoch grundsätzlich gespalten und die darin enthaltene Energie freigesetzt werden könnte, hielt die Wissenschaftsgemeinde damals für schlicht unmöglich. Otto Hahn wollte das Gegenteil beweisen.

Dabei hatte der Wissenschaftler eigentlich das Ziel, aus Uran Radium herzustellen. Dass beim Beschuss mit Neutronen Barium herauskam, ein nur gut halb so großes Element, überraschte ihn selbst. Er informierte die Physikerin und Jüdin Lise Meitner über seine Entdeckung, mit der er lange zusammengearbeitet hatte und die wenige Monate zuvor nach Schweden emigriert war, wo sie am Stockholmer Nobel-Institut für Physik an der Schwedischen Akademie ihre Arbeit fortsetzen konnte. Sie war es, die Wochen später die physikalische Erklärung für die erste Atomspaltung lieferte und den Begriff »Kernspaltung« dafür einführte. Die Büchse der Pandora war geöffnet: Otto Hahn hatte der Menschheit die Möglichkeit gegeben, eine Waffe mit einer ungeheuren Zerstörungskraft zu kreieren. Für seine Entdeckung wurde er 1944 mit dem Nobelpreis für Chemie ausgezeichnet.

International schlug die Entdeckung in verschiedener Hinsicht ein wie eine Bombe. Was ließ sich damit grundsätzlich machen oder auch anrichten? Wozu war Hitler-Deutschland, das neun Monate nach Hahns Entdeckung Polen überfiel und den Zweiten Weltkrieg auslöste, mit dieser Erkenntnis in der Lage? Würde es die von der Nazi-Propaganda in späteren Kriegsjahren immer wieder angekündigte Wunderwaffe tatsächlich geben? Hatte Deutschland die wissenschaftlichen und technischen Voraussetzungen, um eine Atombombe zu entwickeln? Und wo standen die anderen Staaten und Kriegsteilnehmer?

»Ich kann mich noch sehr lebhaft an den ersten Monat, den Januar 1939 erinnern, in dem ich begonnen habe, in den Pupin-Laboratorien [in New York] zu arbeiten, weil die Dinge sich damals sehr schnell zu entwickeln begannen«, berichtete der Wissenschaftler Enrico Fermi 15 Jahre später über die Reaktion, die Hahns Entdeckung in den USA ausgelöst hatte. »›Damals hielt Niels Bohr Vorlesungen an der Princeton University, und eines Abends kam Willis Lamb begeistert zurück und erzählte, dass Bohr große Neuigkeiten verkündet hatte. Dabei handelte es sich um die Entdeckung der Kernspaltung und eine Übersicht, was die Entdeckung zu bedeuten hatte. Etwas später in diesem Monat gab es ein Treffen in Washington, D. C., auf dem die mögliche Wichtigkeit des neuen Phänomens der Kernspaltung zum ersten Mal halb ernst als potentielle Quelle von Kernenergie diskutiert wurde.‹«[1]

Bereits am 2. August 1939 – einen Monat vor Deutschlands Überfall auf Polen – schrieb Albert Einstein an den damaligen US-Präsidenten F. D. Roosevelt: »Das neue Phänomen würde auch zum Bau von Bomben führen, und es ist vorstellbar – obwohl weit weniger gewiss – dass auf diesem Wege extrem starke Bomben eines neuen Typs konstruiert werden können. Eine einzige Bombe dieser Art, auf einem Schiff befördert und in einem Hafen explodiert, könnte sehr wohl den ganzen Hafen zusammen mit Teilen des umliegenden Gebiets zerstören.«

Die in die USA geflüchteten ungarischen Juden Leó Szilárd, Edward Teller und Eugene Wigner trauten Hitler-Deutschland ebenfalls zu, eine Atombombe zu bauen, und warnten eindringlich davor. Alle drei Physiker waren wenig später maßgeblich an der Entwicklung der ersten US-amerikanischen Atombombe beteiligt. Sie wussten auch, warum sie warnten: Bereits mit der Annexion des Sudetenlands im Herbst 1938 hatte das Deutsche Reich Zugriff auf die Uranminen im böhmischen St. Joachimsthal, dem heutigen Jáchymov – damals neben der Shinkolobwe-Mine in Belgisch-Kongo das einzige bekannte Uranvorkommen der Welt.

Was die Forscher*innen auf der anderen Seite des Atlantiks nicht wissen konnten, war die wissenschaftliche Wirklichkeit in Deutschland am Vorabend des Zweiten Weltkriegs. Die Deutschen hatten zwar bereits im April 1939 eine Arbeitsgemeinschaft für Kernphysik gegründet, heute unter dem Namen Uranverein besser bekannt. Der Verein brachte die hundert führenden deutschen Wissenschaftler auf diesem Gebiet zusammen, darunter beispielsweise Werner Heisenberg, Otto Hahn und Carl Friedrich von Weizsäcker. Viel mehr ist aber nicht passiert.

Zum Bau eines sogenannten Uranbrenners, eines ersten deutschen Kernreaktors, soll Werner Heisenberg zwar bereits Ende 1939 eine Theorie entwickelt haben. Er skizzierte damals, wie man einen solchen Reaktor bauen könnte, soll dabei aber noch zahlreiche Dinge nicht bedacht und Fehler gemacht haben. »So war er überzeugt, dass ein Reaktor sich selbst auf einem bestimmten Temperaturniveau stabilisieren würde, das nur vom Grad der Anreicherung des seltenen, allein mit thermischen Neutronen spaltbaren Urans-235 abhängt. Er hat dabei übersehen, dass bei der Spaltung Uran-235-Atome verloren gehen, die zur Aufrechterhaltung der Kettenreaktion ersetzt werden müssen.«[2]

Von solchen Fehlern ganz abgesehen: Weil die deutsche Heeresleitung seit Beginn des Krieges ohnehin davon überzeugt war, dass sie ihre Ziele mit konventionellen Waffen erreichen würde, trieb sie die propagierte Wunderwaffe selbst nicht wirklich voran. Und die in der Urangruppe vereinten Wissenschaftler hatten wohl letztlich auch keine Ambitionen, große Erwartungen zu wecken. Das hätte vielleicht für sie selbst gefährlich werden können, wenn sie einmal ins Leben gerufene Wünsche nicht erfüllt hätten. »Es gab keinen echten Plan für irgendwelche Arbeiten«, sagte einer der beteiligten Wissenschaftler nach Kriegsende. »Ich konnte während der ganzen Zeit, in der ich gearbeitet habe, eigentlich immer das machen, was ich wollte.«[3] Einen genauen Plan zur Verwirklichung einer deutschen Atombombe hat es dementsprechend wohl nie gegeben, obwohl die Deutschen ab Mai 1940 zusätzlich über 3.500 Tonnen Uran verfügten, das aus Belgisch-Kongo stammte und im besetzten Belgien beschlagnahmt worden war.

Die USA gingen mit einer ganz anderen Zielstrebigkeit zu Werke. Sie erfuhren von Berechnungen englischer Wissenschaftler*innen, denen zufolge ein paar Kilogramm Uran-235 ausreichen sollten, um eine Sprengwirkung zu erzielen, die mehreren tausend Tonnen TNT entspricht. Daher schlug die US-amerikanische National Academy of Sciences vor, den Bau der Atombombe mit großer Entschlossenheit anzugehen. US-Präsident Roosevelt und seine Administration machten am 6. Dezember 1941, einen

Tag vor dem japanischen Angriff auf Pearl Harbor, den Weg für die Entwicklung der ersten Atombombe frei.

150.000 Mitarbeiter*innen arbeiteten daraufhin unter Hochdruck und strengster Geheimhaltung am sogenannten Manhattan-Projekt. Der Physiker J. Robert Oppenheimer bekam die wissenschaftliche Leitung übertragen, insgesamt 1,9 Milliarden US-Dollar standen zur Verfügung. Gibt man diese Zahl in einen Inflationsrechner ein, so entspricht dieses Budget einer Summe von aktuell rund 32 Milliarden US-Dollar.

Bereits am 1. Dezember 1942, nicht ganz ein Jahr später, war unter der Tribüne des Football-Stadions der Universität Chicago ein erster Versuchsreaktor fertiggestellt worden: Chicago Pile-1, kurz CP 1. *Pile* lässt sich am besten als Haufen oder Stapel übersetzen. Skizzen der Anlage zeigen, warum ein derart unscheinbarer Name gewählt wurde: 360 Tonnen Graphit waren in vielen Lagen übereinandergeschichtet worden. Die gesamte Halle war voll von schwarzem Staub. Die Arbeiter*innen in der Halle bekamen schwarze Hände und Gesichter und sahen aus wie Kohle-Kumpel nach der Schicht. In die Graphit-Blöcke waren Löcher gebohrt worden, die mit 5,4 Tonnen reinem Uranmetall und weiteren 45 Tonnen Uranoxid gefüllt worden waren. Damit ließ sich die Kettenreaktion starten. Ein Steuerstab aus Kadmium, der von außen in den Reaktor hineinragte, unterband die Kettenreaktion zunächst, weil er die frei werdenden Neutronen im wahrsten Sinn des Wortes eingefangen hatte.

Der amerikanische Physiker George Weil hatte am 2. Dezember die Aufgabe, den Steuerstab aus Kadmium mit der Hand millimeterweise herauszuziehen. Kadmium unterbindet als Neutronenfänger jegliche Kettenreaktion. Indem Weil den Stab langsam herauszog, kam »nach und nach eine nukleare Kettenreaktion in Gang« – die erste kontrollierte nukleare Kettenreaktion der Welt.[4] Sein Chef Enrico Fermi wiederum gab am Telefon die Nachricht an seine Kolleg*innen an der Harvard University verschlüsselt weiter: »Der italienische Seemann hat die Neue Welt erreicht.« Die Rückfrage »Wie verhielten sich die Ureinwohner?« beantwortete der Physiker Fermi mit: »Sehr freundlich!« Da wusste man in Harvard: Experiment gelungen![5]

Nebenbei bemerkt: Dass Fermi den in Genua geborenen Christoph Kolumbus als Code genommen hat, um die Nachricht vom geglückten Experiment zu übermitteln, passt ins Geschehen der Neuzeit: 1492 begann die Übernahme indigenen Landes durch Europa. Die USA führten 1945 diese Okkupation auf ihre Weise fort: Im Norden von New Mexico, in unmittelbarer Nachbarschaft der Tewa-Pueblos Santa Clara und San Ildefonso wurde die erste Atombombe namens Trinity entwickelt und dann in der Wüste White Sands im Land der Western Shoshone getestet. Für die weiteren Bomben, abgesehen von Hiroshima und Nagasaki, wählte das US-Verteidigungsministerium sowohl die Heimat der Western Shoshone in Nevada als auch die Südseeinseln der Polynesier. Für Uranabbau und Atommüll sollte das Land der Indigenen künftig herhalten müssen.

Die erste Atombombe zündete das US-amerikanische Militär schließlich am 16. Juli 1945 in der Wüste White Sands in New Mexico auf dem Territorium der Western Shoshone Nation. Noch heute sagen deren Nachfahren immer wieder: »We are the most bombed nation in the world«, »wir sind die am meisten bombardierte Nation der Welt«. Denn auf der hundert Kilometer nordwestlich von Las Vegas errichteten Nevada Test Site ließen die US-Militärs 928 Atombomben detonieren, davon 100 oberirdisch.[6]

Mit den Atombomben auf Hiroshima und Nagasaki endete das Manhattan-Projekt. Die Welt hat die atomare Apokalypse damit bereits erlebt. Sie begleitet uns seither als permanente Drohung, die erst verschwinden wird, wenn Nuklearwaffen geächtet, verboten und verschrottet werden.

KAPITEL 3

Atomkraft: Die Euphorie der ersten Jahre

Am 8. Dezember 1953 entwirft der damalige US-Präsident Dwight D. Eisenhower mit seiner berühmten Rede *Atoms for Peace* vor der Generalversammlung der Vereinten Nationen die Vision, mithilfe von Atomkraft Medizin, Landwirtschaft und Stromversorgung zu revolutionieren. Politiker*innen in allen Industrienationen waren geradezu elektrisiert und sahen ein Goldenes Atomzeitalter kommen.[1] Es sollten zwar nicht Milch und Honig fließen, dafür aber schier unendliche Energiemengen. Denn die Spaltung eines Kilogramms Uranbrennstoff setzt rund 24 Millionen Kilowattstunden Wärmeenergie frei[2], ein Kilogramm Steinkohle dagegen nicht einmal zehn. Ja mehr noch: Die neue Form der Energie sollte auch noch unendlich kostengünstig sein. Lewis Strauss, Vorsitzender der US-amerikanischen Energiekommission, fasste die Erwartungen 1954 in der Verheißung zusammen, Kernenergie werde »too cheap to meter« sein, also so billig, dass es sich nicht mehr lohnen würde, den Verbrauch überhaupt noch zu messen.[3]

In England, Frankreich, den USA, der Sowjetunion, in Japan und auch in Deutschland wurden deshalb bereits in den 1950er-Jahren Millionen D-Mark, Dollar, Yen und Pfund für Forschungsreaktoren bereitgestellt und bald darauf erste kommerzielle Anlagen in Betrieb genommen. Die Bundesrepublik richtete 1955 sogar ein Bundesministerium für Atomfragen ein, der damalige CSU-Vorsitzende Franz-Josef Strauß wurde ganz offiziell zum ersten Atomminister gekürt. 1957 wurde das Bundesministerium für Atomfragen in Bundesministerium für Atomkernenergie und Wasserwirtschaft und 1962 schließlich in Bundesministerium für Wissenschaftliche Forschung umbenannt. Bemerkenswert bei all den Namensänderungen: Das Ministerium für Atomfragen ist der offizielle Vorläufer des heutigen Ministeriums für Bildung und Forschung. Oder anders gesagt: In der zweiten Hälfte der 1950er-Jahre sahen die verantwortlichen Politiker*innen in der Atomkraft und im Rohstoff Uran die Zukunft der Menschheit. Nicht die Atomkonzerne RWE und Bayernwerk, die 1962 mit dem Versuchsatomkraftwerk Kahl den ersten kommerziellen Meiler Deutschlands ans Netz brachten, drängten seinerzeit auf den Bau von Atomkraftwerken, sondern umkehrt: Die Verantwortlichen in Regierung und Opposition beknieten die Unternehmen geradezu, die zivile Atomkraftsparte aufzubauen. Das ist den wenigsten heutzutage bewusst.

Die Genoss*innen in der DDR wollten dem nicht nachstehen: Kurz vor Weihnachten 1957 wurde im Zentralinstitut für Kernphysik in Rossendorf bei Dresden der erste ostdeutsche Forschungsreaktor eingeweiht, neun Jahre später ging bei Rheinsberg nahe Potsdam das erste Atomkraftwerk ans Netz. Bis 1970 waren 20 Atomkraftwerke geplant, um die Energieprobleme des Landes zu lösen – es blieb vorerst bei zwei.

Das Prinzip Hoffnung

In der Einleitung zu ihrem 1959 beschlossenen Godesberger Programm schrieb die SPD: Es »ist auch die Hoffnung dieser Zeit, dass der Mensch im atomaren Zeitalter sein Leben erleichtern, von Sorgen befreien und Wohlstand für alle schaffen kann, wenn er seine täglich wachsende Macht über die Naturkräfte nur für friedliche Zwecke einsetzt.« Der Philosoph Ernst Bloch umschrieb diese Vision in *Das Prinzip Hoffnung* in blumigen Worten: »Wie die Kettenreaktionen auf der Sonne uns Wärme, Licht und Leben bringen, so schafft die Atomenergie aus Wüste Fruchtland, aus Eis Frühling. Einige hundert Pfund Uranium und Thorium würden reichen, die Sahara und die Wüste Gobi verschwinden zu lassen, Sibirien und Nordamerika, Grönland und die Antarktis zur Riviera zu verwandeln.«[4]

Als Bundeskanzler Konrad Adenauer am 25. März 1957 gemeinsam mit den Staatschefs von Belgien, Frankreich, Italien, Luxemburg und den Niederlanden im Konservatorenpalast in Rom feierlich den Vertrag der Europäischen Wirtschaftsgemeinschaft (EWG) unterzeichnete, signierte er mit seinen Kolleg*innen gleichzeitig ein zweites Dokument: den Vertrag zur Gründung der Europäischen Atomgemeinschaft. Der Gründungsvertrag der EWG stellt einen der bedeutendsten Schritte im europäischen Integrationsprozess dar und ist die Grundlage für das friedliche Zusammenleben und die wirtschaftlichen Beziehungen der Mitgliedsstaaten in der heutigen Europäischen Union. Überspitzt gesagt: Der Vertrag garantiert den Frieden in Europa, zumindest zwischen den Mitgliedsstaaten. Bereits die zeitgleiche Unterschrift unter beide Verträge zeigt, welche Bedeutung die Gründungsmitglieder der Atomkraft beigemessen haben. Die zentralen Zielsetzungen des Atomgemeinschaftsvertrags:

- die Förderung der Forschung und die Verbreitung technischer Informationen;
- die Festlegung einheitlicher Sicherheitsstandards zum Schutz der Bevölkerung und der Arbeitnehmer*innen;
- die Unterstützung der Forschung;
- die Verhinderung der Zuführung von zivilem Nuklearmaterial zu anderen, insbesondere militärischen Zwecken.[5]

Das liest sich nüchtern und sachlich. Aber schon in der Präambel werden die euphorischen Erwartungen festgehalten: Die Gründungsmitglieder sind »entschlossen, die Voraussetzungen für die Entwicklung einer mächtigen Kernenergie zu schaffen, die die Energieerzeugung erweitert, die Technik modernisiert und auf zahlreichen anderen Gebieten zum Wohlstand ihrer Völker beiträgt«. Die Kernenergie stelle »eine unentbehrliche Hilfsquelle für die Entwicklung und Belebung der Wirtschaft und für den friedlichen Fortschritt« dar. Die Entwicklung der Kernenergie führe, so der Grundgedanke der damaligen Staatenlenker*innen, »zum Wohlstand ihrer Völker«.[6]

Obwohl neben Gründungsmitglied Luxemburg auch die heutigen EU-Mitglieder Dänemark, Estland, Griechenland, Irland, Lettland und Portugal nie Atomkraft genutzt haben, Italien und Litauen den Atomausstieg vollzogen und mit Deutschland, Belgien, Schweden und Spanien drei weitere Staaten den Atomausstieg beschlossen haben, besteht der EURATOM-Vertrag bis heute in unveränderter Weise fort. Mit dem Vertrag von Lissabon hat sich die EU im Jahr 2007 zwar auf ein neues Regelwerk zu Mitsprache, Transparenz und dem Schutz der Bürgerrechte geeinigt, an dem Steinzeitdokument des EURATOM-Vertrags hat sie aber keine Zeile geändert, obwohl dies im Vorfeld der Verhandlungen bereits thematisiert wurde und Deutschland, Irland, Österreich, Schweden und Ungarn in einer gemeinsamen Erklärung im Anhang zum Vertrag von Lissabon forderten, dass »so bald wie möglich« eine Konferenz zur Revision des EURATOM-Vertrags einberufen werden sollte. Eine solche Veranstaltung hat es bis heute nicht gegeben. Die Minderheit der zehn Staaten in der EU, die Atomkraft weiter unbefristet betreiben wollen, verteidigen die Privilegien der Atomenergie so gut sie können.

Zurück in die 1950er-Jahre: 1954, nur wenige Monate nach der Rede von Präsident Eisenhower, geht in Obninsk rund hundert Kilometer südwestlich von Moskau das weltweit erste Atomkraftwerk mit einer Leistung von fünf Megawatt ans Netz. Zwei Jahre später werden in Hamburg, Jülich, Geesthacht, Berlin und Karlsruhe Kernforschungszentren gestartet. Im gleichen Jahr ist Königin Elisabeth II. im Nordwesten Englands in Calder Hall persönlich dabei, den ersten Atomreaktor West-Europas in Betrieb zu nehmen. Er gehört zum Atomkomplex Windscale, dem heutigen Sellafield, dessen Hauptaufgabe es allerdings war, Plutonium für das britische Atomwaffenprogramm zu entwickeln. 1958 folgt die USA mit Shippingport am Ohio-River in Pennsylvania.

In Garching, im Norden Münchens, feiert am 31. Oktober 1957 die Bundesrepublik Premiere. Der Forschungsreaktor der TU München, als Atom-Ei weltberühmt, geht in Betrieb. Er dient der physikalischen Grundlagenforschung und soll dafür sorgen, dass Westdeutschland in Sachen Reaktorphysik und Reaktortechnik den Anschluss nicht verpasst.

In den 1960er-Jahren kam die Atomindustrie allmählich in Schwung: Nachdem die großen Energiekonzerne den verheißungsvollen Reden der Politiker*innen zunächst nicht vertraut hatten und der noch wenig erforschten Atomenergie sehr reserviert gegenüberstanden, brachten die US-amerikanischen Konzerne General Electric, Westinghouse und bald darauf auch Babcock & Wilcox sowie Combustion Engineering die Branche mit Festpreisangeboten für schlüsselfertige Atomreaktoren voran: Dresden 1 in Illinois und Yankee Row in Massachussets gingen 1960 ans Netz. In den USA wurden 1962 zwei, 1963 sechs und bis Ende der 1960er-Jahre weitere zwölf Atomkraftwerke fertiggestellt. Der Traum vom schier unendlich billigen Atomstrom schien mit der steigenden Zahl an Atomreaktoren Wirklichkeit zu werden.

Mit den 1970er-Jahren begann dann die große Zeit des Reaktorbaus. Sie endete abrupt mit der Katastrophe von Tschernobyl am 26. April 1986, bei der ein Reaktor explodierte und Radioaktivität in die Atomsphäre geschleudert wurde. Ein großes Gebiet wurde verseucht, durch kontaminierte Wolken gelangten die gefährlichen Stoffe bis nach Europa, Asien und Nordamerika.[7] Atomkraft wurde daraufhin in aller Öffentlichkeit in Frage gestellt, die Atomindustrie bekam gut 20 Jahre lang praktisch keine neuen Aufträge mehr. Frankreich, nach den USA und China das Land mit der drittgrößten Atomflotte, brachte bis 1973 elf AKWs ans Netz und weitere 49 folgten zwischen 1977 und 1988 – allein in den Jahren 1980 und 1981 waren es 15 neue Atomkraftwerke.

Atomkraft und Atombomben wurden in unserem westlichen Nachbarland zu einer Art nationalem Mythos: Präsident Charles de Gaulles ließ bereits am 18. Oktober 1945, wenige Monate nach Ende des Zweiten Weltkriegs das Commissariat à l'énergie atomique (CEA) gründen. 1949 wurde das Atomwaffenprogramm gestartet, 1956 das AKW Marcoule in Betrieb genommen, das ausschließlich waffenfähiges Plutonium lieferte, und 1960 der erste von vier Atombombentests in der algerischen Sahara gezündet. Noch Ende 2020 erinnerte Präsident Emmanuel Macron die Franzosen und Französinnen daran, dass nicht nur »unsere energetische und ökologische Zukunft von der Kernenergie« abhänge, sondern auch »unsere wirtschaftliche, industrielle« und »strategische Zukunft«.[8] Kurz: Der atomare Sektor sei entscheidend für die Lebensqualität, Unabhängigkeit und Größe des Landes.

Deutschland hat eine fast schon entgegengesetzte Entwicklung gemacht: »Der Bundeskanzler erklärt, dass sich die Bundesrepublik verpflichtet, auf ihrem Gebiet keine Atomwaffen [...] herzustellen«, heißt es in der Schlussakte der sogenannten Londoner Neunmächtekonferenz.[9] Vom 28. September bis 3. Oktober 1954 diskutierten Belgien, Kanada, Frankreich, die Bundesrepublik Deutschland, Italien, Luxemburg, die Niederlande, Großbritannien, Nordirland und die Vereinigten Staaten darüber, wie die Zukunft der westlichen Welt aussehen sollte. Mit seiner Unterschrift unter die Schlussakte legte Bundeskanzler Konrad Adenauer fest, dass die Bundesrepublik keine Atommacht mit eigenen Atombomben werden würde. Damit ebnete er den Weg zu den ein Jahr später verabschiedeten Pariser Verträgen, mit denen Westdeutschland eine Teilsouveränität erhielt und der seit dem Ende des Zweiten Weltkriegs bestehende Besatzungsstatus aufgehoben wurde.[10]

Im Bereich Atomwaffen begnügte sich die Bundesrepublik mit der nuklearen Teilhabe. Dafür waren ab 1960 und bis 1991 insgesamt 916 F-104 Starfighter angeschafft worden. Mit dem raketenähnlichen Jagdbomber konnte die deutsche Luftwaffe US-amerikanische Nuklearwaffen rund tausend Kilometer Richtung Moskau fliegen. Und von denen gab es viele: Historiker*innen schätzen, dass über 5000 Atombomben in der Bundesrepublik stationiert waren.[11] Heute sind es noch 20 (siehe Seite 147).

Mit der Gründung der Versuchsatomkraftwerk Kahl GmbH am 30. Oktober 1958 begann die Bundesrepublik ins zivile Atomzeitalter einzusteigen. Gesellschafter waren die RWE (80 %) und das Bayernwerk (20 %). Ende August 1960 brachte ein Frachter aus San Francisco 6,5 Tonnen Uranbrennstoff für den im Bau befindlichen Reaktor nach Nordenham an der Unterweser. Problemlos und ohne irgendwelche Proteste konnten die Brennelemente von dort in Spezialwaggons der Bundesbahn durch halb Deutschland transportiert werden, berichtete der Spiegel 50 Jahre später.[12] Im März 1961 lieferte das Versuchsatomkraftwerk, gebaut von Siemens mit Reaktortechnik von General Electric, erstmals Atomstrom ins öffentliche deutsche Netz. Die Kosten lagen bei 35 Millionen D-Mark, die Kilowattstunde kostete rund zehn Pfennig.[13] So billig, dass es sich nicht mehr lohnen würde, überhaupt noch den Verbrauch zu messen, war Atomstrom damit also schon damals nicht.

Es sollte weitere viereinhalb Jahre dauern, bis mit dem Mehrzweck-Forschungsreaktor Eggenstein-Leopoldshafen auf dem Gelände des Kernforschungszentrums Karlsruhe der nächste Reaktor Kritikalität erlangte, wie es im Fachjargon heißt, also eine Kettenreaktion beginnt, die von alleine nicht mehr abbricht. Doch dann ging es auch im Westen Deutschlands Schlag auf Schlag: Gundremmingen A, das Versuchskernkraftwerk Jülich, Lingen, Obrigheim und der Heißdampfreaktor Großwelzheim gingen noch in den 1960er-Jahren ans Netz. Es folgten 22 weitere Atomkraftwerke. Mit dem Druckwasserreaktor Neckarwestheim 2 zehn Kilometer südlich von Heilbronn startete kurz vor Silvester 1988 allerdings das letzte deutsche Atomkraftwerk den Betrieb.

Über seine Tochtergesellschaft KWU war Siemens der große Profiteur des AKW-Baus in Deutschland. Die KWU wurde 1969 von Siemens und AEG gegründet und war hierzulande an fast allen Kraftwerksbauten beteiligt. 1977 übernahm Siemens den AKW-Bauer komplett und hatte damit in Deutschland eine Monopolstellung. Weil in Deutschland nach der Tschernobyl-Katastrophe keine weiteren Atomkraftwerke mehr in Auftrag gegeben wurden, nutzte Siemens dies bis zum Vertragsabschluss zum Bau des ersten europäischen Druckwasserreaktors im finnischen Olkiliuto jedoch wenig. Die französische Areva-Tochter Framatome sollte den nuklearen Teil der Anlage errichten, der Siemens-Konzern die konventionelle Kraftwerkstechnik mit Dampfturbine, Generator, elektromechanischer Ausrüstung und Leittechnik.[14] Der Bau wurde jedoch zum finanziellen und zeitlichen Fiasko (siehe Kapitel 8 / Atomkraft vor dem Ende). Nach fünf Jahrzehnten traf Siemens eine Grundsatzentscheidung. Zunächst verkaufte der Konzern im März 2011 die KWU an Areva, rund ein halbes Jahr nach der Katastrophe von Fukushima (siehe Kapitel 8 / Das Desaster von Fukushima) verabschiedete er sich komplett von der Atomtechnik.

Die Kernenergie produzierte in den 1990er-Jahren zwischen 152,5 (1990) und 171,3 Terawattstunden (2001) und damit rund ein Drittel des Stroms in Deutschland. Zu mehr war sie nie fähig. Weltweit war diese Entwicklung ähnlich: Im Jahr 1996 erreichte die Kernenergie mit einem Anteil von 17,5 Prozent an der weltweiten Stromerzeugung ihren historischen Höchststand. Seither sinkt ihr Anteil kontinuierlich. Berücksichtigt man Mobilität und Wärmebedarf decken Atomkraftwerke nur 4,3 Prozent des kommerziellen Primärenergiebedarfs und weniger als zwei Prozent der tatsächlich genutzten Endenergie. Im Jahr 2002 waren weltweit 438 Reaktoren in Betrieb[15], so viele wie nie zuvor und nie mehr danach. Ende Januar 2023 waren es noch 412.

KAPITEL 4

Uran im Dienst von Wissenschaft, Nuklearmedizin und Gesundheit

Mitten im Münchner Norden, nur eine halbe Stunde vom Münchner Zentrum entfernt und ganz in der Nähe der Isar, steht der Forschungsreaktor München (FRM) II. 2004 war die Neutronenquelle fertiggestellt worden. Ihr Vorgänger (umgangssprachlich auch »Atom-Ei« genannt) war der erste Forschungsreaktor in Deutschland überhaupt; 1957 ging er in Betrieb und war entsprechend des damaligen Zeitgeistes ein Hoffnungsträger für eine strahlende atomare Zukunft. Nachdem er im Jahr 2000 aus Altersgründen abgeschaltet wurde, war vier Jahr Funk-, genauer gesagt Neutronenstille in Garching. Dann ging FRM II in Betrieb. Hier führen Forscher*innen, Ingenieur*innen und Entwickler*innen aus aller Welt mithilfe der Neutronenquelle jährlich an die tausend Experimente durch, um in verschiedensten wissenschaftlichen Bereichen oder für industrielle Anwendungen neue Erkenntnisse zu gewinnen. Darüber hinaus werden mithilfe des FRM II Krebskranke behandelt und geheilt.

Doch der FRM II ist umstritten. Die Grünen im Bayerischen Landtag fordern seine Abschaltung genauso wie die Stadtrats-Grünen in Garching, zuletzt nachdem im Mai und April 2020 geringe Mengen an radioaktivem Kohlenstoff aus der Anlage ausgetreten waren. »Der Betrieb des Reaktors ist schlicht illegal«, betont auch Hauke Doerk, Fachreferent für Radioaktivität vom Umweltinstitut München, »weil er mit hochangereichertem und damit atomwaffenfähigem Uran betrieben wird«. Der Bund Naturschutz, der bayerische Ableger des BUND, hat deshalb sogar Klage gegen den Weiterbetrieb von FRM II beim Verwaltungsgericht München eingereicht. Eine Entscheidung ist bis zur Drucklegung dieses Buchs noch nicht gefallen. Wahrscheinlich werden die Richter*innen der Argumentation der Betreiber folgen und darauf verweisen, dass die TU München ohnehin an einer Umstellung auf niedrig angereichertes und damit nicht atomwaffenfähiges Uran als Brennstoff arbeite.

»Die TU München hat die Brennelemente für den Vorgänger der Anlage in Garching, den FRM I, aus den USA bezogen«, bestätigt Hauke Doerk. Weil die Münchner Partner die neue Anlage auf den Betrieb mit hochangereichertem Uran (HEU) ausgelegt haben, obwohl es dazu Alternativen gab, weigerten sich die amerikanischen Partner, Brennstoff für den FRM II zu liefern. Bereits 1992 hatten die USA vereinbart, HEU nur noch an Forschungsreaktoren zu liefern, wenn ein Reaktor nicht umgerüstet werden kann. Der FRM II widerspricht letztlich dem Geist des Atomwaffensperrvertrags, auch wenn dies die Garchinger nicht so sehen. »Der neue HEU-Reaktor in Garching hat die USA entsprechend verärgert«, so Atomphysiker Doerk. 1998 haben die Deutschen deshalb ein erstes Rahmenabkommen mit der Russischen Föderation geschlossen, die zur Lieferung bereit ist. Das wurde zwar gekündigt, aber offenbar durch ein neues ersetzt, weshalb Garching heute zu 100 Prozent auf Brennelemente aus Russland angewiesen ist.

Um ein mögliches Missverständnis von vornherein auszuräumen: Der Garchinger Forschungsreaktor hat heute nichts damit zu tun, neue Kernenergietechnik oder die nächste Generation von Atomkraftwerken mit zu entwickeln. Er dient mit seinen Neutronen einzig dazu, wissenschaftliche Fragen aus Physik, Biologie oder Ingenieurswissenschaften zu beantworten. Jeder Atomreaktor, auch das sei an dieser Stelle vermerkt, produziert grundsätzlich Neutronen. Sie entstehen bei der Kernspaltung. Die Ausbeute aus normalen Reaktoren ist aber zu gering, als dass sie zur Forschung genutzt werden könnten. Dazu sind speziell gestaltete Forschungsreaktoren notwendig.

Während Atomkraftwerke seit Jahrzehnten schon allein deshalb mit einem gewissen Abstand zu den Ballungszentren gebaut werden, weil den Großstädter*innen nicht durch einen ständigen Blick auf eine Atomanlage die gute Laune verdorben werden soll und im Falle eines atomaren Unfalls die Zahl möglicher Strahlenopfer vermutlich erheblich größer wäre, ist der Forschungsreaktor in Garching gut mit der U-Bahn zu erreichen. Knapp eine halbe Stunde vom Zentrum Münchens bis zur Haltestelle Garching-Forschungszentrum, von dort drei Minuten zu Fuß vorbei an verschiedenen Fakultäten der TU München – und schon steht man am Haupteingang der Forschungs-Neutronenquelle Heinz Maier-Leipnitz/FRM II, wie die Anlage offiziell heißt.

Ein Besuch des Forschungsreaktors

Anmelden am Empfang, Personalausweis vorzeigen, kurz warten und ein paar Minuten später ist Pressesprecherin Andrea Voit vor Ort. Freundlich lächelnd lädt sie zur Führung ein. Anmeldeformular einstecken, eine Gästekarte gut sichtbar am Hemd tragen und ein paar Schritte zum Reaktorgebäude der neuen Anlage gehen, vorbei am berühmten Atom-Ei, wie der erste Garchinger Forschungsreaktor umgangssprachlich heißt. Dort gibt es das übliche Prozedere vor dem Eintritt in eine kerntechnische Anlage: Sicherheitscheck durch das Wachpersonal, Tasche, Jacke, Schuhe und vor allem das Handy in einem Spind verschließen, weil damit ausgeschlossen wird, dass der Besucher mit seiner Handykamera Fotos macht. Dazu wäre eine aufwendige Genehmigung notwendig. Die gestellten weißen Labor-Sicherheitsschuhe anziehen, die jeder anziehen muss und mit denen garantiert werden soll, dass kein Schmutz von außen ins Innere der Reaktorhalle und zu den Versuchsapparaturen gelangt. Zuletzt einen weißen Laborkittel überstreifen, in dem man sich wie ein Apothekergehilfe vorkommt. Nicht vergessen: das Dosimeter. Es passt in die

Brusttasche des Kittels und misst die aufgenommene Strahlung in der Reaktorhalle. Bevor man schließlich hineingehen darf, führt ein Wachmann wie an jedem normalen Flughafen nochmals eine Personenkontrolle mit Metalldetektor durch und tastet alle Körperstellen ab, an denen Messer, Scheren oder was auch immer versteckt sein könnten. Dann öffnen sich – mithilfe des Magnetstreifens auf der Gästekarte – nicht nur eine Durchgangsschleuse, sondern danach gleich zwei jeweils gut 50 Zentimeter dicke Metalltüren.

Im Innern sind die Temperaturen erstaunlich hoch, obwohl der Reaktor gerade gewartet wird und nicht in Betrieb ist. Alleine die Hochleistungsrechner sorgen mit ihrer Abwärme für ein leichtes Sauna-Gefühl. Gut, dass die Jacke im Spind hängt. Hier, in der sogenannten Experimentierhalle, stehen zig Apparaturen, die um das Reaktorbecken herum angeordnet und über ein kompliziert verwobenes Leitungssystem für alle möglichen Experimente und Untersuchungen mit der Neutronenquelle verbunden sind.

Das Herzstück ist natürlich der Reaktorkern selbst, der während des Betriebs mit jeweils einem Brennelement bestückt wird. Es ist kreisrund, gut einen Meter lang und enthält 8,1 Kilogramm hochangereichertes, atomwaffenfähiges Uran. Der Anteil an spaltbarem Uran-235 liegt bei bis zu 93 Prozent, wie Andrea Voit bestätigt. Wegen der andauernden Kritik von Umweltschutzverbänden und weil eine Nebenbestimmung der Betriebsgenehmigung ohnehin offiziell schon 2018 ausgelaufen ist, arbeitet die TU München als Betreiberin an den technischen Voraussetzungen, die Experimente in Zukunft auch mit Brennelementen durchführen zu können, die nur einen Anteil von 19,75 Prozent spaltbares Uran haben – exakt einen Bruchteil unter der Schwelle von 20 Prozent, mit der atomwaffenfähiges Uran definiert ist. Die TU München will dies dadurch erreichen, dass das verwendete Uran mit Aluminium durchmischt wird. Wann genau die Umstellung erfolgen wird, kann aber derzeit noch niemand sagen.

Mittelpunkt des FRM II ist die Reaktorhalle mit dem Reaktorbecken. Das Becken ist wie ein Swimming-Pool oben offen. Als Besucher*in kommt man über eine steile Treppe ganz nach oben ins Reaktorgebäude und kann von dort einen Blick auf das türkisblaue Wasser werfen, in dem auf der einen Seite normalerweise das kreisrunde und gut einen Meter lange Brennelement mit seinen rund acht Kilogramm Uran eingebettet ist. Auf der anderen Seite liegt das Abklingbecken, in dem die verbrauchten Brennelemente sechseinhalb Jahre auskühlen müssen, ehe sie nach Ahaus ins Zwischenlager für alle Brennelemente aus deutschen Forschungsreaktoren kommen.

Neutronen für die Forschung

Jedes Jahr kommen über tausend Techniker und Forscherinnen aus aller Welt und ganz verschiedenen Bereichen in den Norden Münchens, um auf ihrem Gebiet voranzukommen. Das jeweilige Forschungsprojekt muss einzig über ein Online-Verfahren angemeldet werden und die Hürde des Begutachtungsausschusses überwinden – und schon werden die erforderlichen Messzeiten kostenfrei zur Verfügung gestellt. Einzige Bedingung: »Die Ergebnisse müssen anschließend veröffentlicht und Wissenschaftlern in aller Welt kostenfrei zur Verfügung gestellt werden«, betont FRM II-Sprecherin Andrea Voit während der Führung. Da wird Wissenschaft sozusagen im besten Sinn zum öffentlichen Gemeingut.

Der Reaktor hat eine Leistung von 20 Megawatt, soll aber keine Energie erzeugen. Mit dem hochangereicherten spaltbaren Uran-235 geht es darum, bei der Kernspaltung vor allem Neutronen freizusetzen, die eine sehr hohe Energie und Geschwindigkeit haben. Das schwere Wasser im sogenannten Moderatortank bremst zunächst die Geschwindigkeit der Neutronen ab. Mithilfe verschiedener Moderatoren – dabei treffen die Neutronen auf einzelne Atome – sorgen die Fachleute für einen maßgeschneiderten Neutronenstrahl, der über einen Neutronenleiter zu den unterschiedlichen Messinstrumenten gelenkt wird. Und dort wird dann untersucht und gemessen.

Denn Neutronen haben eine einzigartige Eigenschaft: Sie können – anders als etwa Röntgenstrahlen, die von einer Bleiweste oder einem Bleigürtel abgeschirmt werden können – gerade feste Stoffe wie Mineralien oder Metalle problemlos durchdringen und erlauben einen Blick ins Innere, ohne das Innere öffnen, sprich zersägen oder anbohren zu müssen. »Neutronen machen Metalle durchsichtig«, fasst Andrea Voit das Prinzip zusammen. So wurden in Garching zum Beispiel eine Schiffsschraube, die aus einem einzigen Alu-Block gefräst worden war, auf Spannungen untersucht, damit die Entwickler*innen in Zukunft eine mögliche Materialermüdung ausschließen können. Bei der Optimierung von Akkus – derzeit geradezu eine Zukunftsaufgabe für die Elektromobilität oder generell das Speichern von überschüssigem Sonnen- und Windstrom – entluden Forscher*innen Batterien aus Lithium-Eisenphosphat 5000 Mal. Mithilfe des Garchinger Neutronenstrahls konnten sie feststellen, dass eine spezielle Graphitart dazu führte, dass der Akku dreimal weniger an Speicherkapazität verlor als Akkus ohne derartiges Graphit. An solchen Untersuchungen zeigt sich, wie hilfreich spaltbares Uran-235 sein kann.

Besonders stolz sind die Reaktorbetreiber auf eine eher ungewöhnliche Forschungshilfe: Mit ihren Neutronenstrahlen konnten sie drei über 70 Millionen Jahre alte versteinerte Dinosaurier-Eier eines Geleges durchleuchten und Paläontologen der Uni Bonn die Erkenntnis liefern, dass die Knochen der Embryonen unterschiedlich weit entwickelt waren. In ihrer frühen Entwicklung ähnelten die Dinosaurier daher eher den heutigen Vögeln, deren Gelege sich auch so entwickelt, dass die kleinen Küken an unterschiedlichen Tagen schlüpfen. Das erleichtert den Elterntieren die Suche nach Würmern, Raupen und Insekten, weil sie die hungrigen Mäuler nicht alle zur gleichen Zeit versorgen müssen. Die Eier der Oviraptoren, wie die etwa drei Meter großen Fleischfresser heißen, deren Eier in Garching durchleuchtet wurden, mussten dafür selbstverständlich nicht durchgesägt werden und blieben in Gänze erhalten.

Auch andere Forscher*innen beschäftigen sich mit Vergangenem: Mal geht es um Bleisärge aus dem antiken Rom, dann um eine verschlossene korinthische Vase aus der Zeit 600 bis 700 v. Christus und ein anderes Mal um die Mikrostruktur mittelalterlicher Schwerter, mit deren Hilfe die Techniken ermittelt werden konnten, über die die Waffenschmiede seinerzeit verfügten. Zwei historische Heiligenfiguren aus dem frühen 18. Jahrhundert, die bei einer früheren Behandlung mit Holzschutzmitteln schwer beschädigt worden waren, konnten mithilfe der Neutronenradiografie durchleuchtet und anschließend fachgerecht restauriert werden. Kurz gesagt: Es ist ein weites Spektrum an wissenschaftlichen Disziplinen, denen die Neutronenquelle in Garching bislang geholfen hat und wozu sie weiter gebraucht wird.

Nicht nur Neutronen kommen beim Durchleuchten zum Einsatz, sondern auch Elektronen und Positronen. Das Besondere an der Positronenquelle in Garching: Die Teilchen lassen sich im Ultrahochvakuum durch magnetische und elektrische Felder fast verlustfrei bis zu den fünf verschiedenen Experimentierstationen leiten. »Den Wissenschaftlern, die ihre Experimente an der Positronenquelle des FRM II durchführen, stehen damit bis zu tausend Mal mehr Positronen pro Sekunde zur Verfügung als in jedem anderen Labor der Welt«, bestätigt Christoph Hugenschmidt, Physikprofessor und Leiter der Positron-Arbeitsgruppe am FRM II. Das spart wertvolle Experimentierzeit. Versuche mit Positronen, die sonst Wochen dauern, können am FRM II innerhalb von Minuten oder zumindest Stunden durchgeführt werden. »Gleichzeitig haben wir die Empfindlichkeit gesteigert, sodass sich völlig neue Fragestellungen in der Grundlagenphysik beantworten lassen«, zählt Hugenschmidt weitere Vorteile auf.

Positronen halfen beispielsweise dabei, neue Materialien für Solarzellen besser zu verstehen und so deren Herstellung zu verbessern. Fehlstellen auf atomarer Ebene in der Kristallstruktur der Module verringern normalerweise den Wirkungsgrad von Photovoltaikanlagen. Forscher um David Keeble von der Universität Dundee in Großbritannien sind dem bereits 2021 in der Experimentierhalle nachgegangen. Sie untersuchten verschiedene Arten von Kristallgitterfehlstellen, um Herstellungsprozesse für eine optimale Leistung zu entwickeln. Bis vor kurzem konnten sie mutmaßliche Defekte nur durch theoretische Berechnungen ermitteln.

Gefährdung von Lebensgrundlagen – und Heilung Krebskranker

Eine sehr grundsätzliche Frage steht dennoch hinter all diesem Erkenntnisgewinn: Ist solche Forschung überhaupt erlaubt, wenn sie Uran als Ausgangsmaterial benötigt und damit die Grundproblematiken des Uranbergbaus und der Endlagerung immer mitschwingen? Wohlwollend könnte zumindest die erste Frage dadurch beantwortet werden, dass die Betreiber der Anlage dafür sorgen müssen, dass in den Uranbergwerken, aus denen das verwendete Uran stammt, die jeweiligen Uranproduzenten die Strahlenschutzverordnungen einhalten und alles unternehmen, um Natur und Umwelt in der Umgebung nicht zu beeinträchtigen. Da das in Garching genutzte Uran bis 2022 zum größten Teil aus Russland stammte, darf dies jedoch bezweifelt werden.

Gleichzeitig trägt der Forschungsreaktor in Garching dazu bei, Leben zu retten und Krebserkrankungen zu heilen. Acht Jahre – zwischen 2007 und 2015 – war im sogenannten Strahlenraum eine Anlage in Betrieb, mit der bösartige Tumore mit sogenannten Spaltneutronen »beschossen« werden konnten. »Spaltneutronen weisen die größte biologische Wirksamkeit aller zur Krebsbehandlung eingesetzten Neutronenstrahlen auf«, erklärt Andrea Voit. Da sie allein vom Wasser in den menschlichen Körperzellen abgebremst werden, können sie zwar nicht tief in einen Körper eindringen, dafür sind sie aber außerordentlich wirksam. »Mit ihnen konnten wir Patienten behandeln, deren Tumore gegen andere Bestrahlungsarten resistent waren.« Zu den oberflächennahen Tumorerkrankungen, die in Garching in Kooperation mit der Klinik für Strahlentherapie und Radiologische Onkologie der TU München behandelt wurden, gehören Brust- und Hautkrebs sowie bösartige Tumore im Hals- und Kopfbereich, beispielsweise Schild- und Speicheldrüse.

Die Anlage für diese Therapie ist weltweit einzigartig: Vereinfach gesagt erzeugen zwei Uranplatten, die direkt im Schwerwasser und nur rund einen Meter vom Brennelement entfernt angeordnet sind, sogenannte schnelle Reaktorneutronen, die Spaltneutronen. Diese werden über ein komplexes Rohrsystem, das von außen eher einer Klimaanlage gleicht, in den Strahlenraum geleitet und dort zur Behandlung genutzt. Weil das Strahlenfeld der Anlage über ein variables Blendensystem der Größe des Tumors angepasst werden kann, lässt es sich gezielt einsetzen, ohne gesundes Gewebe zu schädigen. Das Erbgut der geschädigten Zelle – der Doppelstrang der DNS-Helix – wird von einem Neutron getroffen. Wegen dessen hoher Energie reicht bereits ein Treffer, sodass der Doppelstrang zerbricht und sich nicht weiter vermehren kann. Jede einzelne erkrankte Zelle wird im besten Fall durch die Neutronenbestrahlung auf diese Weise zerstört. Damit wäre die Behandlung erfolgreich abgeschlossen. Einziger Nachteil derzeit: Seit 2016 ist die Anlage nicht in Betrieb, weil sie aufgrund neuer Gesetzesauflagen technisch verbessert werden muss. »Wir planen sie zeitnah wiederanzufahren«, sagt Andrea Voit, ohne allerdings einen genauen Zeitpunkt nennen zu können.

Weit besser bestellt ist es um eine andere Therapieform mit dem Radionuklid Lutetium-177, die sich in der Theorie sehr überzeugend anhört: Das Radionuklid ist ein Betastrahler, der nur eine sehr geringe Reichweite von rund zwei Millimetern hat. Es wird an Eiweiß-Moleküle angedockt – sogenannte Fähren wie Fachleute sagen – die wiederum die Eigenschaft haben, sich an bestimmten Krebszellen festzusetzen. Die Substanz wird gespritzt, kommt über den Blutkreislauf zu den Organen, die mit Krebs befallen sind, und kann dann die Tumorzellen zerstören, beispielsweise bei Prostata- oder Bauchspeicheldrüsenkrebs. Bereits im Jahr 2007 ist dafür die Isotope Technologies Garching GmbH (heute ITM) gegründet worden, um Radioisotope zur Behandlung schwerer Tumor- und Gefäßerkrankungen herzustellen. Das Unternehmen firmiert unter der gleichen Adresse wie der Garchinger Forschungsreaktor.

Mit Lutetium-177 arbeiten die Garchinger seit 2005. Ausgangsmaterial ist dabei Ytterbium-Oxid, ein weißes Pulver, das an Mehl erinnert. Dieses Pulver verpacken Mitarbeiter*innen in kleine Quarzglasampullen, die etwa fünf Zentimeter lang sind und einen Durchmesser von acht Millimetern haben. Über ein kompliziertes Rohrsystem gelangt es ins Reaktorbecken und wird dort sechs Tage mit Neutronen beschossen. Diese verwandeln das Ytterbium-Oxid in das radioaktive Lutetium-177, das Krebskranke über eine Infusion heilen kann.

Jede in Garching gewonnene Kapsel des Heilmittels enthält eine Lutetium-Menge, die zur Therapie von etwa 50 Krebskranken ausreicht. Für die therapeutische Anwendung wird das Lutetium mit einem Molekül gekoppelt, das das radioaktive Material direkt in die Tumorzellen schleust. »Wir beliefern mehr als 400 Kliniken in über 50 Ländern«, freut sich Richard Henkelmann, der die pharmazeutische Gesellschaft gegründet hat und voller Stolz auf sein Lebenswerk blickt. »Wir möchten mit dazu beitragen, dass die Diagnose Krebs kein Todesurteil mehr sein muss.«

Und damit immer mehr Patient*innen von der neuen Heilmethode profitieren, haben die Garchinger die Zahl der ausgelieferten Patientendosen Jahr für Jahr erheblich erhöht.

Dabei tickt von Anfang an die Uhr, denn Lutetium hat eine Halbwertszeit von nur sechs Tagen. 24 Stunden muss die Ampulle nach Herstellung des Stoffs noch im Abklingbecken bleiben, weil in der Zeit kurzlebige Nebenprodukte zerfallen und dabei die radioaktive Strahlung des gesamten Röhrchens geringer wird. Roboterarme, sogenannte Manipulatoren, holen die Kapsel heraus. In einem schweren Bleibehälter, der die Strahlung abschirmt, kommt das Röhrchen in die keine hundert Meter entfernten Produktionsräume von ITM. In einem komplizierten Verfahren und mithilfe von Roboterarmen wird das Lutetium-177 hochrein abgetrennt, in kleine Fläschchen gefüllt, die gut sichtbar einen radioaktiven Warnhinweis tragen, und in abgeschirmten und strahlensicheren Kartons sofort an Kliniken in aller Welt verschickt. Die räumliche Nähe zum nicht einmal eine halbe Autostunde entfernten Münchner Flughafen ist dabei ein großer Vorteil. In der jeweiligen Krebsabteilung angekommen, erhält jede/jeder Patient*in eine auf sie beziehungsweise ihn gezielt abgestimmte Menge des Krebsmittels.

Einen Haken hat die klinische Behandlung: Ihrem Aufwand entsprechend ist sie mit 20.000 Euro sehr teuer und – anders als in den USA – in Deutschland bisher nur als sogenannter »individueller Heilversuch« zugelassen, wenn konventionelle Hormon- oder Chemotherapien keinen Erfolg mehr versprechen. Speziell für Männer mit Prostatakrebs ist sie ein Hoffnungsschimmer. Klinische Studien zu verschiedenen Krebserkrankungen laufen mit dem Ziel, weitere Marktzulassungen zu erreichen.

Goiânia, Brasilien 1987

Dass Strahlentherapien auch einen sehr tragischen Ausgang haben können, zeigen eine Rückblende ins Jahr 1987 und ein Sprung über den Atlantischen Ozean. In der brasilianischen Millionenstadt Goiânia gab es damals eine seit Jahren stillgelegte Strahlenklinik. Das Problem: Die Verantwortlichen hatten die Apparatur zur Strahlenbehandlung einfach stehen lassen, samt strahlendem Inhalt, der von einem 700 Kilogramm schweren Block aus Blei und Beton umgeben war. Zwei Schrottsammler drangen jedoch in die leer stehende Ruine des »Instituto Goiâno de Radioterapia« ein. Das war der Beginn einer Katastrophe, die man hätte vorhersehen können. Der *Spiegel* berichtete darüber:[1] Zunächst schienen die beiden Schrottsammler Glück zu haben, weil sie hinter einer tonnenschweren Stahltür auf eine gewaltige und vermutlich teure Apparatur stießen. Weil diese aber zu schwer war, um sie auf einer Schubkarre mitzunehmen, brachen sie an Ort und Stelle die schützende Hülle auf. Den glänzenden Stahlzylinder mit einem halben Meter Durchmesser und 130 Kilogramm Gewicht konnten sie irgendwie nach Hause schaffen. Dass sie einen hoch radioaktiven Fund in Händen hielten, war den Schrottsammlern selbstverständlich nicht klar. Sie traktierten den Stahlblock mit Hammer, Meißel, Säge und Bohrer – doch der ließ sich einfach nicht öffnen. Nach Tagen gaben sie auf und brachten ihn zu einem Schrotthändler in der Umgebung, der ihnen wiederum umgerechnet 25 Dollar dafür gab. Da ging es ihnen bereits schlecht: Erbrechen, Durchfall, typische Symptome eine Strahlenerkrankung. Ein Arzt diagnostizierte »Allergie«.

Über den Schrotthändler verbreitete sich das strahlende Material: Zunächst stellte dieser fest, dass aus einem Loch, das die beiden Metallsucher gebohrt hatten, »ein hübsches blaues Licht« kam. Davon animiert, ließ er den Zylinder aufbrechen und legte einen Stein frei, der bei Berührung zu fluoreszierendem Pulver zerfiel. Aus dem Material machte der Schrottmann einen Ring für seine Frau und verschenkte die strahlende Pracht großzügig an Nachbar*innen und Verwandte.

Um es kurz zu machen: Durch eine unglaubliche Nachlässigkeit der früheren Klinikbetreiber, die ein strahlendes Therapiegerät einfach zurückließen, kam radioaktives Cäsium-137 in die Hände armer Metallsammler und eines Schrotthändlers, die das Material durch eine Verkettung von Unwissenheit und unglücklichen Umständen in einer ganzen Stadt und weit darüber hinaus verbreiteten. Vier Menschen starben offiziell binnen weniger Wochen, 249 wurden schwer verstrahlt, etlichen mussten Gliedmaßen amputiert werden, rund 500 litten noch 20 Jahre nach dem Unglück an Spätfolgen. Häuser wurden abgerissen, weil sie radioaktiv kontaminiert waren; tonnenweise Erdreich aus Gärten und Parks musste abgetragen werden. Die 3500 Kubikmeter radioaktiven Mülls, der auf diese Weise zusammenkam, wollte keine Deponie abnehmen, weil Brasilien auf radioaktive Altlasten in diesem Ausmaß gar nicht eingerichtet war.

Auf dem Schrottplatz selbst wurde seinerzeit eine Strahlenbelastung »von 1.000 Rem pro Stunde gemessen. Zulässig waren 5 Rem – pro Jahr«, schreibt der *Spiegel*. Ein sechsjähriges Mädchen, das an den Folgen der Strahlenbelastung gestorben war, hatte 3.000 Rem aufgenommen. Schon ein Sechstel dieser Dosis ist für Menschen tödlich.

Zukunftsmusik Diagnostik

Zurück in die Gegenwart. Millionenfach verwenden Nuklearmediziner*innen heutzutage das künstlich erzeugte Radionuklid Technetium-99 m aus der Zerfallsreihe von Uran-235 zu Untersuchungszwecken. Es hat eine Halbwertszeit von sechs Stunden, was bedeutet, dass die Hälfte der radioaktiven Atomkerne in dieser Zeit zerfallen und nach 24 Stunden nur noch rund sechs Prozent der ursprünglichen Radioaktivität vorhanden ist. Die Strahlenbelastung ist entsprechend gering und hat gleichzeitig einen enormen diagnostischen Nutzen. Die TU München berichtet auf ihrer Webseite, dass allein in Deutschland jedes Jahr rund drei Millionen Untersuchungen mit Tc-99m, so die Kurzform, durchgeführt werden, weltweit ungefähr zehnmal mehr. Das sind jeden Tag rund 100.000 Patient*innen. Dabei steht die Schilddrüse mit ihrer Neigung zur Überfunktion an erster Stelle, es werden aber auch Lunge, Herz, Leber, Galle und der Skelettapparat mit dem Radionuklid untersucht.[2]

Seit 2017 arbeiten die Konstrukteur*innen am Forschungsreaktor FRM II daran, eine Anlage zu entwickeln, mit der der Ausgangsstoff für dieses Radionuklid hergestellt werden kann. Ursprünglich sollte sie bereits 2019 in Betrieb gehen. »Wir haben die Geometrie aber nochmals komplett geändert«, räumt Andrea Voit ein. Das führte dazu, dass die Genehmigung für die Anlage überhaupt erst 2022 erteilt wurde und 2025 der neue Betriebsstart geplant ist.

Bis dahin ist das Produkt Tc-99m so etwas wie eine Mangelware. Bereits 2015 wurde der französische Forschungsreaktor Osiris südlich Paris stillgelegt, der hauptsächlich dazu diente, Materialien für neue Kernkraftwerke zu erforschen und das Diagnoseprodukt auch nur hergestellt hatte, um Engpässe zu überbrücken. Der kanadische National Research Universal (NRU)-Reaktor, der bis dahin am meisten dazu beigetragen hatte, den Bedarf an Molybdän-99 – ein Vorstufenprodukt von Tc-99m – zu decken, folgte im März 2018. Derzeit können in der westlichen Welt nur sechs Anlagen den begehrten Stoff herstellen, vier davon in Europa und jeweils eine in Afrika und Australien. Fünf dieser Produktionsstätten sind jedoch bereits über 40 Jahre alt, drei werden voraussichtlich bis 2028 außer Betrieb gehen.

Der FRM II soll die Lücke schließen und ab 2025 zwischen 40 und 50 Prozent des europäischen Bedarfs an Technetium decken. Wenn es schließlich so weit sein wird, werden Brennstoffplatten, die ebenfalls Uran-235 enthalten, allerdings bereits in niedriger Anreicherung, mithilfe eines Roboterarms an den Reaktorkern geführt. Durch die Bestrahlung wird das Uran gespalten, unter anderem in Molybdän-99, aus dem erst Technetium generiert werden kann. Nach gut einer Woche werden die Platten wieder herausgenommen und in strahlensicheren Behältern zu den Firmen gebracht, die das Molybdän-99 von den anderen Spaltprodukten abtrennen können – eine davon steht in den Niederlanden, eine zweite in Belgien. Weil Molybdän-99 eine Halbwertszeit von nur 66 Stunden hat, ist auch hier Eile geboten. Binnen 24 Stunden muss das separierte Produkt an Spezialkliniken in ganz Europa verschickt werden. Dort filtern spezielle Generatoren das Technetium heraus, das wiederum beim Molybdän-Zerfall entsteht und zur Tumor-Untersuchung genutzt wird. Das aufwendige Hin- und Herfahren quer durch Europa binnen kurzer Zeit ist deshalb notwendig, weil das letztlich erwünschte Technetium, wie bereits beschrieben, eine Halbwertszeit von nur sechs Stunden hat. Durch den rasanten Zerfall sind nach nur einem Tag nur noch rund drei Prozent des zur Diagnose notwendigen Ausgangsmaterials vorhanden.

Auch der Atommüll des FRM II in Garching ist atomwaffenfähig

Wie alle Atomreaktoren produziert auch der Forschungsreaktor Garching Atommüll. Die Menge lässt sich exakt berechnen. Ein Brennelement enthält 8,1 Kilogramm Uran und bleibt 60 Tage in Betrieb. Danach wird gewartet, bevor der nächste Zyklus beginnt. Bei jährlich festgelegten 240 Betriebstagen werden jedes Jahr vier Brennelemente verbraucht, die irgendwann ihren Platz in einem Endlager finden müssen. In Garching sind das etwas mehr als 32 Kilogramm Atommüll im Jahr. »Weil die abgebrannten Brennelemente immer noch eine Anreicherung von rund 87 Prozent haben, können auch mit dem Atommüll aus Garching Atomwaffen gebaut werden«, kritisiert Hauke Doerk vom Umweltinstitut München. Dem entgegnet Andrea Voit, dass dies dann doch nicht so einfach gehe, sondern komplexe Trennverfahren notwendig seien, die nur in industriellen Großanlagen durchgeführt werden könnten, über die Deutschland nicht verfüge. »Ihr Betrieb ist nach dem Atomgesetz hierzulande verboten.«

Bleibt die ungeklärte Frage der Endlagerung. Die Menge an hochradioaktivem Atommüll aus Garching hat sich seit 2004 in den inzwischen 19 Betriebsjahren auf 47 Brennelemente und knapp 400 Kilogramm summiert. Mindestens sechseinhalb Jahre müssen die Brennelemente im Abklingbecken lagern. Weil es bislang noch keinen Transport gab, lagern alle 47 bislang abgebrannten Brennelemente dort. Platz ist für insgesamt 50. Dann müssen sie in Castoren verpackt und mit Lkw-Tiefladern über die Autobahn quer durch Deutschland ins 700 Kilometer entfernte Zwischenlager Ahaus nahe der holländischen Grenze gebracht werden. Weil nur fünf Brennelemente in einem Castor verschlossen werden können, sind dazu mehrere Fahrten notwendig.

Man kann es gut oder schlecht finden, dass die Castoren demnächst über die Straße transportiert werden. Eine Alternative wäre nur das Flugzeug, denn Garching verfügt über keinen Gleisanschluss. Die Castoren sind jedenfalls so gebaut, dass sie auch einem Flugzeugabsturz standhalten könnten und ein Transportunfall deshalb keine Gefahr darstellt. Und: »Während des Transports wird der gesetzlich vorgeschriebene Grenzwert für die Ortsdosisleistung zuverlässig eingehalten«, heißt es etwas kryptisch in einer Broschüre der Gesellschaft für Zwischenlagerung. Vereinfacht gesagt: Die radioaktive Strahlung ist auch keine Gefahr – auch nicht für die Lkw-Fahrer*innen. Sie beträgt in zwei Metern Abstand sieben Mikrosievert pro Stunde. Das ist nicht einmal ein Zehntel des maximal erlaubten Wertes.

Mit dieser Erkenntnis endet der Besuch am Forschungsreaktor. Nach drei Stunden Rundgang zeigt das Dosimeter eine Strahlenbelastung von 0,1 Mikrosievert an. Würde ich täglich acht Stunden im Reaktorgebäude arbeiten, läge sie bei 240 Arbeitstagen im Jahr um den Faktor 300 unter dem Grenzwert von 20 Millisievert, denen besonders exponierte Personen ausgesetzt sein dürfen. Zum Vergleich: Ein Pilzgericht oder Wildschweinbraten aus Oberbayern – beides enthält vor allem immer noch radioaktives Caesium-137 aus dem Fallout der Tschernobyl-Katastrophe von 1986, das eine Halbwertszeit von 30 Jahren hat – führt zu einer zigfach höheren Belastung.

Eine Radonkur

Das rund hundert Autokilometer südlich von Salzburg gelegene Bad Gastein bietet so etwas wie eine Postkartenidylle. Das enge Tal der Gasteiner Ache prägt die Landschaft, links und rechts ist der Ort von Steilhängen begrenzt, sein Zentrum ist um einen kleinen Wasserfall herum gewachsen. Und weil die Bewohner*innen nie die Möglichkeit hatten, in die Breite zu expandieren, haben sie am Fuße des Graukogels in die Höhe gebaut: Hotels, Cafés, Einkaufszentren und Wohnhäuser mit bis zu zwölf Stockwerken. Sie verleihen dem 4.000-Seelen-Dorf einen großstädtischen Prunk inmitten hochalpiner Landschaft. Gleichzeitig verteilen die Gebäude die Atmosphäre der untergegangenen K.u.k.-Monarchie, weil sie entweder noch aus dieser Zeit stammen oder in dem Stil nachgebaut worden sind. Da lässt sich die Sachertorte erst richtig genießen.

Das Grand Hotel de L'Europe beispielsweise, errichtet zwischen 1906 und 1908, zählte einst zu den beliebtesten Unterkünften seiner Zeit und war Treffpunkt all derer, die vor und nach den Weltkriegen zur Elite ihrer Zeit gehörten. Adelige wie König Ferdinand von Bulgarien, König Faisal I. aus dem Irak, der Schah von Persien, Industrielle wie Wilhelm Opel oder Schriftsteller*innen und Musiker*innen wie Heinrich Mann, Robert Stolz und William Somerset Maugham sind beispielsweise hier eingekehrt. Liza Minelli, Shirley Bassey und Charles Aznavour haben viel später zur Silvestergala gesungen oder Konzerte gegeben und verliehen dem Ort neuzeitlichen Glamour. 1982 wurde der Prachtbau renoviert. Heute beherbergt er Zimmer und Appartements, das Gasteiner Museum, eine Ginger N' Gin-Bar und »Veranstaltungen auf höchstem Niveau«, bis vor wenigen Jahren auch das Casino Austria. Im Winter kommen Skibegeisterte aus halb Europa in den Kurort, im Sommer Wander*innen, Erholungssuchende, aber auch Künstler*innen und Kreative. Und nicht zu vergessen: Menschen, die etwas für ihre Gesundheit tun wollen, genauer gesagt gegen rheumatisch-entzündliche Erkrankungen des Bewegungsapparats oder Atemwegsbeschwerden. Denn Bad Gastein gehört zu den (wenigen) Orten auf der Welt, an denen Heilssuchende in einem zweieinhalb Kilometer langen Radonstollen eine sogenannte Radonkur machen können, bei der Radongas Schmerzen lindern und die Einnahme von Schmerzmitteln verringert werden soll.

Die Geschichte des Stollens ist schnell erzählt: Zunächst galt das Gebiet zwischen den Bergen Sonnblick und Ankogel, von denen das Gasteiner Tal begrenzt wird, schon zur Zeit der römischen Besatzung als das beste Erzgebiet der Alpen. Danach jedoch versank die gesamte Region in der Finsternis des Mittelalters. In den Geschichtsbüchern wird Gastein erstmals im Jahr 1020 erwähnt, vor wenigen Jahren feierte der Ort sein tausendjähriges Jubiläum. Im 14. Jahrhundert startete der Bergbau in eine neue Phase, wobei vor allem Gold und Silber im Mittelpunkt des Interesses standen. Den absoluten Höhepunkt markierte das Jahr 1557, in dem Bergmänner 830 Kilogramm Gold und 2.723 Kilogramm Silber aus den Gasteiner Alpenbergen holten. 1865 schloss das letzte staatlich betriebene Bergwerk, weil sich der Abbau nicht mehr lohnte, auch wenn sich noch immer eine Goldmenge im Wert von rund einer Milliarde Euro in der Gasteiner Bergwelt verbergen soll.[3]

Bad Gastein überlebte auch ohne Gold und Silber und trotz der Enge des Alpenraums recht gut. Einen ersten Badebetrieb gab es bereits im Jahr 1350. Schon damals bauten die Anwohner*innen Holzleitungen, um das Thermalwasser zu den heilenden Bädern in Waldbad Gastein zu leiten, wie der Ort seinerzeit noch hieß. An Prominenz fehlte es schon damals nicht: 1365 kamen Herzog Stephan II. von Bayern und Meinhard VII. ins Tal. Im Jahr 1436 war der spätere Kaiser Friedrich III. erstmals zu Gast. Später folgten Kaiser Franz I. von Österreich, Erzherzog Johann, Kaiser Franz Joseph mit seiner Gemahlin Sisi, Kaiser Wilhelm I. sowie Leopold II. von Belgien.[4]

Doch dann kamen der Erste und vor allem der Zweite Weltkrieg. 1938 übernahmen die Nazis in Österreich die Herrschaft. Vom Jahr 1940 an suchten sie in den alten Schächten des Radhausbergs erneut nach Gold, vermutlich auch, um mit der möglichen Förderung die immensen Kriegskosten finanzieren zu können. Fündig wurden sie nicht, weder vor dem Ende des Zweiten Weltkriegs noch danach. »Zu den Gewinnern der Suche gehörten jedoch die einfachen Bergarbeiter«, heißt es in einer Chronik zur Geschichte des Bad Gasteiner Heilstollens. »Sie gaben an, ihre rheumatischen Beschwerden, entzündlichen oder durch Verschleiß bedingten Gelenksprobleme, aber auch Lungenerkrankungen wie Asthma bronchiale und selbst Hauterkrankungen während der Arbeiten im Stollen verloren zu haben.«[5]

Die Örtliche Bäderverwaltung wollte diese Berichte nutzen und einen neuen Geschäftszweig eröffnen: Wissenschaftler*innen der Universität Innsbruck bekamen deshalb 1946 den Auftrag, die heilende Wirkung zu untersuchen. Neben den hohen Temperaturen und der außergewöhnlichen Luftfeuchtigkeit machten sie vor allem den Radongehalt der Luft als heilenden Faktor aus. Wenige Jahre später kamen sie in einem Gutachten zu dem Ergebnis, »dass der Behandlung im Stollensystem von Gastein ein Heilwert zuzusprechen ist, der bei vielen Patienten den Wert aller bisher gebräuchlichen Behandlungsmethoden übertrifft«.[6]

Der Berg wurde daraufhin für Radonkuren erschlossen. Seit 1952 fahren jedes Jahr Tausende Menschen nach Bad Gastein, um in den alten Stollen bei Temperaturen zwischen 37 und 41,5 Grad Celsius, einer Luftfeuchtigkeit zwischen 75 und 100 Prozent und einem hohen Radongehalt Linderung und Heilung zu finden. 1995 zählten die Betreiber die höchste Zahl an Einfahrten: 92.433. Um eine solche Zahl möglich zu machen, hatten sie Service, Angebot und Kurbetrieb erheblich ausgebaut. Zunächst wurde eine Schotterstraße hinauf zum Stolleneingang angelegt, bereits 1953 folgten ein Stollenkurhaus und damit verbunden ein Stollenbahnhof. Die einfachen hölzernen Waggons, sogenannte Grubenhunten, mit denen alle Patient*innen in den Heilstollen gefahren wurden, machten modernen, bequemen und geschlossenen Waggons Platz. Die Stollengänge selbst wurden um mehrere hundert Meter erweitert und bestehende Stollengänge wurden zu einer Schleife verbunden. Heute hat der Bad Gasteiner Heilstollen eine Länge von 2,5 Kilometern und vier Therapiestationen, die allesamt mindestens 2.000 Meter im Berg liegen.

Eine Radontherapie basiert wie der Name schon sagt auf Radon. Das Element gehört zur Zerfallsreihe von Uran-238, das über Thorium und Radium zu Radon zerfällt, was wiederum eine physikalische Halbwertszeit von 3,8 Tagen hat. Das Gestein um den Heilstollen enthält dementsprechend eine größere Menge an Uran, allerdings nicht so viel, dass der Uranabbau überhaupt nur in Betracht gezogen worden wäre.

Patient*innen werden in einem Heilstollen für kurze Zeit einer hohen Radon-Konzentration ausgesetzt, um Schmerzen – etwa bei Morbus Bechterew und chronischer Arthritis – für mehrere Monate zu lindern und so ihren Verbrauch an Schmerzmitteln für einen gewissen Zeitraum zu senken. Die biologische Halbwertszeit von Radon ist weit kürzer als die physikalische: Bereits nach 30 Minuten ist die Hälfte des eingeatmeten Radons wieder aus dem Körper verschwunden, was die Strahlenbelastung einigermaßen in Grenzen hält.

Dennoch warnt das Bundesamt für Strahlenschutz auf seiner Webseite: »Die Radon-Konzentration ist in Radon-Heilstollen extrem hoch. Da die Patient*innen dieser Radon-Konzentration aber nur kurze Zeit ausgesetzt sind, erhöht sich ihr Risiko, an Lungenkrebs zu erkranken, durch die Kur nur in geringem Maße. Aber auch diese Risikoerhöhung ist nur gerechtfertigt, wenn ein entsprechender medizinischer Nutzen zu erwarten ist.«[7] Als Vorgriff auf das Kapitel zu den gesundheitliche Folgen von Uran und Uranbergbau sei hier nur kurz erwähnt: Die Radonbelastung ist die häufigste Ursache für den Lungenkrebs, an denen viele Bergarbeiter*innen erkranken (siehe Kapitel 6).

Es ist also umstritten, ob der tatsächliche Nutzen den möglichen Schaden überwiegt. Die gesetzlichen Krankenkassen in Deutschland haben dabei bereits 2001 ein Zeichen gesetzt und Radonkuren – gleichgültig ob sie als Radonbalneologie, Radontherapie, Radonbad oder Radoninhalationskur angeboten werden – aus ihrem Leistungskatalog gestrichen. Sie übernehmen die Kosten nur noch nach ärztlicher Verordnung unter bestimmten Umständen.

Für die Betreiber des Gasteiner Heilstollens hatte die Politik der Krankenkassen erhebliche Folgen: Die Zahl der Heilssuchenden brach zunächst dramatisch ein und liegt nach Angaben des Betriebs inzwischen wieder bei jährlich 80.000 bis 90.000 Einfahrten. Im Jahr 2019 zählte der Betrieb 12.500 Patient*innen, die insgesamt 80.000 Mal in den Stollen gefahren sind. Danach sank die Zahl coronabedingt auf weniger als die Hälfte.

Der Heilstollen in Bad Gastein ist ein Angebot unter mehreren. Überall dort, wo es uranhaltiges Gestein und unterirdische

Schächte gibt, sind vergleichbare Therapien möglich. »Endlich schmerzfrei«, wirbt beispielsweise der Acuradon-Heilstollen im Kurpark von Bad Kreuznach/Rheinland-Pfalz. »Grundlage der Therapie ist eine seit Jahrmillionen im Regolith-Gestein eingeschlossene Quelle für natürliches Radon«, ist im *Naturheilkunde Journal* zu lesen. »Das dort entstehende natürliche Edelgas wird in den Inhalations-Raum gepumpt und dort der normalen Atemluft beigemischt.«[8] Die Orte Bad Zell (Österreich), Niška Banja (Serbien), Menzenschwand, Bad Brambach, Bad Münster, Bad Schlema, Bad Steben und Sibyllenbad (alle Deutschland), Jáchymov (Tschechien), Hévíz (Ungarn) sowie Naretschen und Kostenez (Bulgarien) machen alle vergleichbare Angebote. Die Vereinigten Staaten, die wie wir in Europa auf eine große Uranbergbaugeschichte zurückblicken, haben zwar eine Vielzahl von Stollen, in denen eine Radonkur möglich wäre. Weil im Land der unbegrenzten Möglichkeiten aber keine Krankenversicherung bereit ist, dafür die Kosten zu übernehmen, gibt es nur wenige Anbieter in Boulder/Montana.[9]

KAPITEL 5

Uranbergbau in Niger

Während Menschen sich während einer Radonkur eine begrenzte Zeit freiwillig einer erhöhten Strahlenbelastung aussetzen, kann man bei den Angestellten und Bergarbeiter*innen in Uranminen nicht davon sprechen, dass sie die gesundheitlichen Nebenwirkungen ihrer Arbeit bewusst in Kauf nehmen. Jahrzehntelang wurde die Strahlenbelastung von Bergbaufirmen geleugnet oder verharmlost. Dabei wird Uran seit den 1930er-Jahren aus der Erde geholt, zunächst in der belgischen Kolonie Kongo, in der Zwischenzeit auf fast allen Kontinenten. Bis in die 1960er-Jahre war die Uranförderung zum größten Teil militärisch begründet. Sie ging zu Lasten der lokalen Bevölkerung, besonders indigener Gesellschaften. Daran hat sich bis heute wenig geändert.

Am Beispiel Niger lässt sich die Problematik des Uranabbaus besonders anschaulich darstellen: Das Land gehört zu den großen Uranlieferanten der Welt, hat selbst aber nur wenig von seinem Uranreichtum. Insgesamt 153.300 Tonnen Uran wanderten bis 2021 von Niger vor allem nach Frankreich. Zu den großen Abbaugebieten gehört Arlit. Im Gegensatz zu den meisten anderen Uranabbaugebieten gibt es darüber viele Informationen, da Aktivist*innen in der Bergbaustadt von europäischen Initiativen und Wissenschaftler*innen unterstützt wurden.

Arlit liegt im Norden Nigers am Westrand des Aïr-Gebirges und im Süden der Sahara. Noch in den 1960er-Jahren stand dort kein einziges Haus. Die Region war Heimat der Tuareg-Nomaden, die das nördliche Grenzgebiet Nigers zwischen Mali, Libyen und Algerien seit dem siebten Jahrhundert als Weide-, Wander- und Anbaugebiet nutzten. Wenige Kilometer nördlich der heutigen Stadt Arlit gibt es eine natürliche Wasserstelle, die schon damals Anziehungspunkt für Händler*innen und Nomadenvölker war.

Bei Temperaturen über 40 Grad zwischen Mai und September lädt die Stadt letztlich nicht zum Verweilen ein. Die jährliche Regenmenge ist mit 48 Millimetern sehr gering – so viel kann bei einem Starkregen in Oberbayern binnen einer Stunde vom Himmel kommen. Dementsprechend ist in dieser Region »nur dank riesiger unterirdischer Grundwasserreservoirs sowie zahlreicher Regenwasserspeicher, die über ein ausgeklügeltes System von Brunnen angezapft werden«, überhaupt ein Überleben möglich.[1] Das meiste, was Arlit zu bieten hat, sind Sand, Staub und Arbeit im Uranbergbau.

Arlit verdankt seine Existenz einzig dem Uranvorkommen – und der Bedeutung, die der Rohstoff für Frankreichs Atomindustrie hat. Weil die Uranlagerstätten in Frankreich und Westeuropa nicht die erforderlichen Uranmengen zu Tage brachten, suchten geologische Institute – unter anderem die deutsche Bundesanstalt für Geowissenschaften und Rohstoffe – in den ehemaligen Kolonien Frankreichs schon bald nach dem Zweiten Weltkrieg nach geeigneten Erzlagern. Fündig wurde das von Präsident Charles des Gaulle gegründete Commissariat à l'énergie atomique (CEA) 1965 unter anderem hier im Norden Nigers. 1971, nur wenige Jahre später, begann die Uranproduktion im offenen Tagebau, der nach der nahe gelegenen Wasserstelle Arlli benannt worden war. Verantwortlich für die Überwachung des Abbaus war zunächst die CEA, ab 1976 die eigens dafür gegründete Compagnie générale des matières nucléaires (COGEMA), die 2006 in Areva NC (für Nuclear Cycle) umbenannt und nach etlichen Skandalen und vor allem Milliardenverlusten von der staatlich dominierten Électricité de France SA (EDF) übernommen wurde und inzwischen unter dem Namen Orano firmiert. Noch heute gehören dem Atomkonzern 63,4 Prozent der Mine, der Rest dem Staat Niger.

Der Uranbergbau hatte zur Folge, dass eine neue Stadt mitten in der Wüste errichtet werden musste – eine Stadt, die mit der Mine gewachsen ist: Die Menschen brauchten Unterkünfte, die Kranken Krankenhäuser, die Kinder Schulen. Um die täglichen Bedürfnisse und die Verwaltung musste man sich auch kümmern, daher benötigte die Stadt unter anderem einen Basar zum Einkaufen, eine Moschee, verschiedene Verwaltungsgebäude, ein Rathaus und natürlich Strom und Wasser. Einige Jahre herrschte eine Art Goldgräberstimmung. Viele Tuareg wurden sesshaft und verdingten sich im Uranbergbau. »Wie ein Magnet zog Arlit Menschen aus allen Himmelsrichtungen an, seien es Tuaregs oder Zuwanderer aus südlich gelegenen schwarzafrikanischen Ländern, aus dem Maghreb, aber auch aus Europa«, beschreibt der 2005 veröffentlichte Film Arlit, deuxième Paris die Situation.[2]

25.000 Menschen fanden an einem staubigen Ort Arbeit, wo Jahre zuvor praktisch nichts war. Für die Ingenieur*innen und deren Familien ließ der Urankonzern schicke Bungalows mit Schwimmbädern bauen, dazu brauchte es Architekt*innen, Installateur*innen, Elektriker*innen und Maurer*innen. Die weniger Begüterten mussten sich mit einfachen Lehmhütten zufrieden geben. Straßen waren notwendig, die ohne Straßenarbeiter*innen nicht gebaut werden konnten. In der Stadt selbst öffneten Restaurants und Bars. Händler*innen, Verkäufer*innen, Lehrer*innen, Ärzt*innen, Taxi- und Busfahrer*innen und viele mehr bekamen in der prosperierenden Stadt einen Job und die Möglichkeit, deren Aufbau mitzugestalten. In den 1970er-Jahren entwickelte sich Arlit so zu einer Art Wüstenblume aus dem Staub. Zum Aufbau der Stadt standen auch Gesteinsreste aus dem Uranbergbau zur Verfügung, die an manchen Stellen verwendet wurden. Alpha-, Beta- oder Gammastrahlung? Radioaktive Gefahren? Niemand wurde darüber aufgeklärt.

Um den Wasserbedarf der Stadt und des Bergbaus zu decken, wird auch heute noch das unterirdische Grundwasserreservoir von Agadez verwendet, das 360 Kilometer lang und 230 Kilometer breit sein soll und die Zentralsahara mit Wasser versorgt. Seit Jahrhunderten nutzen die Tuareg diese fossilen Wasserreserven, die in mehreren Millionen von Jahren entstanden sind. Einige Clans der Tuareg ziehen immer noch alljährlich mit ihren Tieren in die über diesem Wasserreservoir liegende Ebene von Irhazer, damit sie und ihre Herden sich nach dem Ende der Regenzeit dort stärken können. Jetzt gräbt ihnen der Uranbergbau Arlits buchstäblich das Wasser ab. Denn der Bergbau ist sehr wasserintensiv und deckt einen Teil seines Bedarfs aus diesem – endlichen – Reservoir.[3]

Im Uranbergwerk selbst gehörten Sprengungen und Staubwolken von Anfang an genauso zum Alltag der Bergleute wie die Hitze der Saharasonne. Nachdem mit tonnenschweren Planierraupen und Muldenkippern die nicht uranhaltigen Gesteinsschichten abgetragen waren, ging es weiter in die Tiefe. Meter um Meter und Lastwagenladung um Lastwagenladung arbeiteten sich die Bergarbeiter*innen nach unten und holten gigantische Mengen Uranerz zur weiteren Verarbeitung aus der Uranmine. Gestein sprengen, Gesteinsbrocken aufladen, Uranerz nach oben transportieren – das bestimmt die tägliche Routine im offenen Tagebau. Entstanden sind dabei im Laufe der vergangenen 50 Jahre nicht einfach nur gigantische Erdlöcher, die 80 Meter in die Tiefe reichen und etliche hundert Meter breit wie lang sind, sondern auch Wegesysteme entlang der Minenwände, über die Lkw-Fahrer das uranhaltige Erz aus der Mine nach oben befördern.

Oben angekommen, geht die Arbeit erst richtig los. Das Erz der Arlit-Mine hat laut dem WISE Uranium Project, das gesundheitliche und ökologische Auswirkungen des Uranbergbaus erfasst und zum World Information Service on Energy (WISE) gehört, heute einen Urangehalt zwischen 0,07 und 0,12 Prozent.[4] Die World Nuclear Association, die Lobbyorganisation der Atomindustrie, spricht von 0,4 und 0,2 Prozent für Akokan, einer weiteren Mine im Umland, und Arlit zusammen.[5] Egal, welcher Zahl man glauben möchte, das ist nicht gerade viel. Um das wenige Uran aus dem Sandstein herauszubekommen, kommt es in die Uranmühlen, die das Erz zerkleinern und zermahlen. Mithilfe von Säuren und Laugen wird das Uran daraus chemisch herausgelöst. Es entsteht Uranoxid U3 U8, das aus weniger als einem Prozent spaltbaren (Uran-235) und dem großen Rest nicht spaltbaren Urans (Uran-238) besteht.

Uranoxid ist der sogenannte Yellowcake, der »gelbe Kuchen«, der als Handelsprodukt das Bergwerk verlässt und zur weiteren Verarbeitung in alle Welt verschickt werden kann – in diesem Fall nach Frankreich. Flugzeuge kommen dafür nicht in Frage, eine Eisenbahn gibt es nicht. Also wird der Yellowcake in Fässer verpackt, auf Lastwagen verladen und rund 2.000 Kilometer über holprige Straßen ins Nachbarland Benin bis nach Cotonou an den Atlantischen Ozean transportiert, wo er auf Frachter umgeladen und nach Marseille verschifft wird. Gebaut wurde die Uranstraße in Niger, der Uranium Highway, bereits zwischen 1976 und 1980. Die Uranbergbaufirmen sorgen seither für seine Instandhaltung.

Radioaktiv strahlende Gesteinsreste

In Arlit bleiben die unerfreulichen Reste des Bergbaus zurück, die jeder im Dreisatz nachrechnen kann: Nimmt man die Angaben der World Nuclear Association (WNA) zum Maßstab, entstehen bei der geringen Erzkonzentration von 0,2 Prozent für jede Tonne Uran, die aus dem Minenkrater geholt wird, 998 Tonnen zermahlene Gesteinsreste. Und weil in Arlit bis Ende 2019 insgesamt rund 70.000 Tonnen Uran gefördert wurden, sind an die 70 Millionen Tonnen an Gesteinsresten und Gesteinsschlamm zusammengekommen, die in Halden und Tailingbecken unter freiem Himmel gelagert werden. Zum Vergleich: Ungefähr die gleiche Uranmenge wie in Arlit wurde auch im nahegelegenen

Akokan und in der Akouta-Mine gefördert. Weil dort allerdings im Untertagebau gefördert wird, musste kein Deckgebirge abgetragen werden. Die Menge an Gesteinsresten ist mit 35 Millionen Tonnen bei einer nach WNA-Angaben doppelt so hohen Urankonzentration nur ungefähr halb so groß, wobei das Gestein wenigstens zum Teil wieder in die Schächte verfrachtet werden kann, die ausgebeutet sind und nicht mehr genutzt werden.

Gesteins- und Schlammüberreste beim Uranbergbau in Arlit sind auch in keiner Weise mit dem vergleichbar, was wir aus einem Kieswerk oder Steinbruch in Deutschland kennen. Das Spaltprodukt Uran wird in Arlit zwar herausgelöst und zu den Anreicherungsanlagen und Brennelementefabriken Frankreichs verschickt. Sämtliche Zerfallsprodukte von Uran sind aber nach wie vor in den Halden und Tailingbecken vorhanden – und mit ihnen ein Großteil der ursprünglichen Radioaktivität. In den Tailingbecken findet man etwa eine hochgiftige und radioaktive Schlammmasse, die von der Wüstensonne getrocknet wird und so unzureichend geschützt ist, dass sie von Wind und Sturm davongetragen werden kann. Nicht viel besser steht es um die Gesteinshalden: Wüstenstürme verteilen den radioaktiven Staub großräumig und tragen ihn selbstverständlich auch in die Häuser der Bergleute und ihrer Familien. Und das Gestein selbst wird teilweise wieder zum Ausbau der Stadt verwendet. Dabei sind die Millionen Tonnen Gestein, die der Uranbergbau zurücklässt, ein Lebensrisiko für alle, die damit in Kontakt kommen und in Arlit leben.

Die Filmemacherin Amina Weira hat es sich zur Aufgabe gemacht, den Menschen im energiehungrigen Norden vor Augen zu führen, was dies bedeutet. In ihrem 2016 veröffentlichten Dokumentarfilm *La Colère dans le Vent*, zu Deutsch *Der Zorn im Wind*, porträtiert sie Leben und Alltag in Arlit. Wie kaum jemand ist sie dafür geeignet, denn sie wurde 1981 in Arlit geboren und ist in den sandigen Straßen der Stadt aufgewachsen. Ihr Vater ging als Elektriker tagein tagaus zur Arbeit in einen der Minenkrater. Indem sie den Alltag der Stadt zeigt, macht die Filmemacherin vor allem deutlich, was die strahlende Hypothek bedeutet: »Wir sehen die Herstellung von Töpfen«, sagt sie in einem Interview mit *Le Monde*. »Die Menschen sammeln Schrott aus der Mine, schmelzen ihn und verwandeln ihn in Kochgeschirr, das sie an die Bevölkerung verkaufen oder nach Nigeria exportieren. Sie sind sich der Gefahr der Radioaktivität nicht bewusst. Wenn sie das Eisen schmelzen, wird die strahlende Last freigesetzt.«[6]

Das gesellschaftlich zweigeteilte Leben in der Bergbaustadt hat die Filmemacherin selbstverständlich auch erlebt: Die besser gestellten Angestellten des Atomkonzerns COGEMA/Areva/Orano, den ich im Verlauf des Buchs der Einfachheit halber häufig nur Areva nennen werde, lebten und leben in gut gemauerten und vergleichsweise komfortablen Häusern mit fließend Wasser und Strom. Die einfacheren Arbeiterinnen und Dienstleister mit ihren Familien leben dagegen am Rande der Stadt in Hütten und Häusern aus Lehm unter slumähnlichen Bedingungen.

Bereits als Kind hat Amina Weira gesehen, welche gesundheitlichen Probleme Freund*innen, Nachbar*innen oder Verwandte haben: Es gab junge Leute mit Atembeschwerden, Arbeiter*innen mit Krebs und Frauen, die fehlgebildete Kinder zur Welt brachten. Dass Krankheiten und Fehlbildungen in der Stadt etwas mit der nahen Uranmine zu tun haben könnten, hat sie damals jedoch nicht begriffen.

Den Bewohner*innen von Arlit wurden diese menschlichen Tragödien und der Zusammenhang mit dem Uranbergbau jedoch allmählich bewusst. Almoustapha Alhacen, Bergbauarbeiter in der Uranmine, gründete bereits im Jahr 2000 die lokale NGO Aghirin'man, was in der Sprache der Tuareg »Rettet unsere Seelen« bedeutet – analog zum internationalen Hilferuf SOS für »Save our Souls«. Er und seine Organisation wollten vor allem den Urankonzern Areva dazu bringen, die Arbeiter*innen und die Bevölkerung besser vor der radioaktiven Strahlung zu schützen und die sozialen und wirtschaftlichen Folgen des Uranbergbaus zu verbessen. Beispielsweise sollte der Bergbaukonzern Verantwortung für Menschen übernehmen, die durch die radioaktive Strahlung erkrankten, und die medizinischen Folgekosten tragen.

Grundsätzlich stehen aber auch die Umweltauswirkungen des Uranbergbaus in ganz Niger, das völlige Verschwinden von Weideflächen, das Fehlen einer nachhaltigen Entwicklungspolitik zur Abmilderung und Kompensation der negativen Auswirkungen des Bergbaus und die Verteidigung der Menschenrechte auf der Agenda von Aghirin'man. In Zusammenarbeit mit europäischen Umweltinitiativen und später auch Greenpeace sammelte Aghirin'man Daten über Radioaktivität und machte in öffentlichen Statements auf die Situation in Arlit aufmerksam. 2004 holte der NGO-Gründer Almoustapha Alhacen sogar den französischen Atomphysiker Brunot Chareyron und dessen Strahlenschutzorganisation CRIIRAD ins Land, damit der Bergbaukonzern mit den gesammelten Ergebnissen konfrontiert werden konnte.

Die Reaktion seines Arbeitgebers auf dieses Engagement spricht für sich: Der Konzern bezahlte Almoustapha Alhacen zwar weiter, er durfte aber jahrelang nichts mehr tun. Zu kritisch war sein öffentliches Engagement gegen den Atomkonzern und sein Auftreten in französischen TV-Shows. »Sie haben mich in den Schrank gestellt«, beschreibt Alhacen seine Situation. Im Jahr 2015 wurde er schließlich entlassen.

Auch Greenpeace lässt die Radioaktivität messen

Im Jahr 2009 nahm sich Greenpeace des Themas an. In Zusammenarbeit mit CRIIRAD fuhren Umweltaktivist*innen nach Arlit, um erneut die Radioaktivität in Luft, Wasser und Boden zu messen. Die Ergebnisse sprechen eine deutliche Sprache und sind im Ergebnispapier *Left in the Dust* zusammengefasst:

- In 40 Jahren Betrieb wurden insgesamt 270 Milliarden Liter Wasser verbraucht. Außerdem wurde es mit radioaktiver Strahlung kontaminiert und der Grundwasserleiter ausgelaugt, der erst in Millionen von Jahren wieder aufgefüllt werden kann.
- In vier der fünf Wasserproben, die Greenpeace in der Region Arlit entnahm, lag die Urankonzentration über dem von der Weltgesundheitsorganisation WHO empfohlenen Grenzwert für Trinkwasser. Historische Daten weisen auf einen allmählichen Anstieg der Urankonzentration in den letzten 20 Jahren hin, was nur durch den Bergbau verursacht worden sein kann. Einige der Wasserproben enthielten sogar das gelöste radioaktive Gas Radon.
- Eine in der Polizeistation in Akokan durchgeführte Radonmessung ergab eine Radonkonzentration in der Luft, die drei- bis siebenmal höher war als die normalen Werte in der Bergbaugegend.
- In feinen (Staub-)Fraktionen wurde eine erhöhte Radioaktivitätskonzentration festgestellt, die zwei- bis dreimal so hoch war wie in Gesteinsresten, die nicht fein zermahlen wurden. Erhöhte Konzentrationen von Uran und Zerfallsprodukten in kleinen Partikeln, die sich leicht als Staub verbreiten, deuten auf ein erhöhtes Risiko des Einatmens oder Verschluckens hin.
- Die Konzentration von Uran und anderen radioaktiven Stoffen in einer Bodenprobe, die in der Nähe des unterirdischen Bergwerks entnommen wurde, war etwa 100-mal höher als die normalen Werte in der Region und höher als die internationalen Freigrenzen.
- In den Straßen von Akokan, dem Arlit benachbarten Ort, wurde eine Strahlendosisleistung festgestellt, die bis zu 500-mal höher war als die normalen Hintergrundwerte in

Arlit. In nicht einmal einer Stunde wäre die maximal zulässige Jahresdosis für einen Menschen überschritten.
- Obwohl Areva nach den Anschuldigungen durch Aghirin'man Anfang der 2000er-Jahre behauptete, dass kein kontaminiertes Material mehr aus den Minen gelangte, fand Greenpeace auf dem örtlichen Markt in Arlit mehrere Stücke radioaktiven Metallschrotts, deren Strahlungsdosisleistung bis zu 50-mal höher war als die normalen Hintergrundwerte. Die Einheimischen verwenden diese Materialien für den Bau ihrer Häuser.[7]

Die Ergebnisse der von Greenpeace veranlassten Messungen sind erschütternd. Die radioaktive Strahlung war im Jahr 2009 nahezu allgegenwärtig, sie war in der Luft, im Wasser, in den Häusern, ja sogar in den Töpfen zum Kochen. »Was dort passiert, grenzt an fahrlässige Körperverletzung«, fasste CRIIRAD-Direktor Chareyron die Ergebnisse der Messungen zusammen.

Haben sich die Verhältnisse seitdem geändert? Areva/Orano beteuert in einer E-Mail, dass in seinen Minen alle internationalen Standards und die gesetzlich vorgeschriebenen Strahlenschutzgrenzwerte strikt eingehalten werden – unter Kontrolle der nigrischen Behörden. Messungen für die Menschen von Akokan als auch die nomadische Bevölkerung hätten eine Strahlenbelastung weit unter dem gesetzlichen Grenzwert ergeben: 0,05 Millisievert im Jahr 2021 und 0,12 Millisievert im Schnitt der letzten fünf Jahre. »Sie [die Strahlenwerte] stellen kein Risiko für die öffentliche Gesundheit oder die Umwelt dar«, heißt es in Oranos E-Mail. Dass Metallschrott und uranhaltiges Gestein in die Stadt Arlit gelangen konnten, räumt Orano ein, allerdings »vor den 2000er-Jahren«. Seither sei dies praktisch unmöglich. Bedenkliche Materialien würden sogar auf das Bergwerksgelände zurückgebracht. Und auch zum Wasserverbrauch hat der Konzern eine andere Meinung als Greenpeace: Der liege seit 2004 bei durchschnittlich

5,5 Millionen Kubikmetern im Jahr und soll weiter gesenkt werden, indem das genutzte Wasser in die Uranproduktion zurückgeführt wird. Zu den dreieinhalb Jahrzehnten davor sagt der Bergbaukonzern allerdings nichts.[8]

Ob die Angaben zur Belastung der Menschen in Arlit, die Orano für das Jahr 2021 übermittelt hat, tatsächlich stimmen, konnte für dieses Buch nicht von unabhängigen Wissenschaftler*innen übergeprüft werden. Die Frage, welcher Strahlenbelastung die Minenarbeiter*innen in Arlit aktuell ausgesetzt sind, hat der Konzern außerdem nicht beantwortet, allerdings geschrieben, dass »alle Mitarbeiter, die ionisierender Strahlung ausgesetzt sein könnten, über persönliche Schutzausrüstungen und ein individuelles Dosimeter verfügen«.[9] Dem hat Almoustapha Alhacen in einem Interview entschieden widersprochen (siehe Seite 81).

Zur richtigen Einordnung hilft der Grenzwert, denen Arbeiter*innen und Mitarbeiter*innen in allen Uranbergwerken ausgesetzt sein dürfen. Dieser liegt mit 20 Millisievert pro Jahr weit über den von Orano übermittelten Werten.[10] Die erlaubte Strahlenbelastung ist so hoch, dass die Lunge eines Arbeitenden 500-mal geröntgt werden könnte. Jedes Jahr wohl gemerkt. Dieser Grenzwert gilt nicht nur für den Uranbergbau, sondern europaweit für alle Arbeiter*innen, die einer erhöhten Strahlung ausgesetzt sind: etwa Angestellte in Kernkraftwerken und Forschungsreaktoren, das Flugpersonal der Airlines oder klinische Mitarbeiter*innen in Röntgen-Abteilungen.

Dass die Strahlenbelastung in Uranbergwerken zu Krebserkrankungen führen kann, wurde in einem viel beachteten Prozess an die Öffentlichkeit gebracht: Ein französischer Ingenieur, Serge Venel, arbeitete sieben Jahre als Vorarbeiter in Akokan. 2008 begann er zu husten. Die Diagnose: Lungenkrebs. 2009 verstarb er im Alter von 59 Jahren. Der *Spiegel* berichtete darüber.[11] Seine Tochter Peggy ging gegen Areva vor Gericht, damit die Krankheit ihres Vaters als Berufskrankheit anerkannt werden und ihre Mutter eine angemessene Entschädigung bekommen konnte. In erster Instanz bekam sie Recht. Das Sozialgericht in Melun, 50 Kilometer südlich von Paris, sprach ihr 200.000 Euro als einmaligen Betrag und eine Verdoppelung der Witwenrente zu.[12] In zweiter Instanz gaben die Richter*innen dem Atomkonzern Areva Recht.

Entscheidend bei diesem Urteil ist die Aussichtslosigkeit der Situation, in der sich viele Erkrankte befinden. Serge Venel hat nach eigenen Angaben in seiner Jugend geraucht, in den 25 Jahren vor der Diagnose Lungenkrebs jedoch nicht mehr. Welche Bedeutung hatte das frühere Rauchen? Ist die Wahrscheinlichkeit nicht weitaus höher, dass die Radonbelastung durch die Arbeit im Bergwerk und das Leben in der Stadt zur Krebserkrankung führte? Die letztendliche Ursache für eine Krebserkrankung lässt sich nie mit hundertprozentiger Sicherheit feststellen und noch seltener vor Gericht beweisen.

Wenn schon eine weiße französische Familie vor einem französischen Gericht in Frankreich ihre vermutlich berechtigten Ansprüche nicht durchsetzen kann, wie sollen dies einfache, an Lungenkrebs erkrankte afrikanische Minenarbeiter*innen in Arlit tun? Nebenbei bemerkt: Das Krankenhaus, in dem die auch für mögliche rechtliche Ansprüche entscheidenden Diagnosen gestellt werden, gehört Areva/Orano. Das medizinische Personal ist also auch bei dem Atomkonzern angestellt.

Wie wichtig es ist, dass die Verbraucher*innen und Befürworter*innen von Atomstrom in Europa und den anderen Industrienationen begreifen, was Uranbergbau den Menschen in den Bergbauregionen bringt, verdeutlicht ein Blick auf den Staat Niger und seine Gesellschaft. Mit insgesamt 154.300 Tonnen Uran bis Ende 2021 ist Niger der historisch betrachtet achtgrößte Uranproduzent der Welt. In der zuletzt veröffentlichten Förderliste für das Jahr 2021 nimmt das Land Platz sieben ein, nach Russland und vor China. Obwohl diese Uranmenge – bei aktuellen Weltmarktpreisen von 50 US-Dollar[13] – einem Wert von 35 Milliarden US-Dollar entspricht, hat Niger von diesem Energiereichtum praktisch nichts: Das Land gehört zu den ärmsten Ländern der Welt und liegt auf dem Human Development Index der Vereinten Nationen auf dem letzten Platz aller Staaten. 45 Prozent der Menschen leben unter der Armutsgrenze von 1,90 US-Dollar am Tag, jedes zweite Kind ist unterernährt und gleichzeitig hungern 1,7 Millionen der rund 25 Millionen Männer, Frauen und Kinder.[14]

Die Gründe dafür sind leicht erklärt: Niger wurde 1960 zwar offiziell als Staat selbstständig, aus der kolonialen Abhängigkeit von Frankreich ist das Land aber nicht beziehungsweise fast nicht herausgekommen. Das begann bereits damit, dass Frankreich sich den Zugriff auf Uran und Öl vertraglich zusichern ließ, bevor es der Unabhängigkeit des Landes zustimmte. Die beiden Länder errichteten in Niger ein autoritäres Einparteienregime, das von französischen Berater*innen überwacht wurde. Erster Staatspräsident der frisch gegründeten Republik Niger wurde Hamani Diori, ein überzeugter Frankophiler. Um die Uranlagerstätte in Arlit ausbeuten zu können, wurde 1968 die nationale Aïr-Bergbaugesellschaft (Somaïr) gegründet. Niger erhielt nur 20 Prozent der Anteile und musste dem Bergbaukonzern vorteilhafte Steuerbestimmungen zugestehen. 1970 wurde unter etwas weniger ungünstigen Bedingungen COMINAK, das zweite Bergbauunternehmen, gegründet, das für den Uranabbau in Akokan zuständig ist.

Als Diori Anfang der 1970er-Jahre von Frankreich beziehungsweise dem staatlichen Commissariat à l'énergie atomique forderte, den Uranpreis zu erhöhen, wurde er durch einen Militärputsch gestürzt. Der neue Diktator, Seyni Kountché, nahm bis zu seinem Tod 1987 mehr Rücksicht auf französische Wirtschaftsinteressen. Die französische Diplomatie unterstützte schließlich 1996 einen neuen Militärputsch unter der Führung von Oberst Ibrahim Baré Maïnassara. Und auch mit dem 1999 gewählten Präsidenten Mamadou Tandja blieben die Beziehungen lange Zeit gut, bis auch er 2006 versuchte, gegenüber Areva einen höheren Uranpreis durchzusetzen und gleichzeitig das Monopol Frankreichs zu brechen, indem er in der neuen Azelik-Mine den chinesischen Bergbaukonkurrenten CNNC mit ins Boot beziehungsweise ins Land holte.[15]

Nachdem Frankreich zunächst erfolglos versucht hatte, eine Tuareg-Rebellion zu instrumentalisieren, gab die einstige Kolonialmacht schließlich nach: Der Uranpreis wurde verdoppelt. Areva hatte daraufhin Schwierigkeiten, eine neue Lagerstätte zu bekommen. Schließlich wurde es Imouraren. Tandja wurde daraufhin allerdings von Paris fallengelassen und durch einen neuen Putsch gestürzt.

Der 2011 gewählte Mahamadou Issoufou blieb bis zu seinem Abtritt 2021 ein treuer Verbündeter des uranhungrigen Frankreich, das seine Uranminen in Niger auch durch sein militärisches Engagement in Mali und seinen Krieg gegen den dortigen Terror zu schützen versuchte. Mit nur mäßigem Erfolg: Selbstmordattentäter griffen 2013 das Uranbergwerk in Azelik an und bei weiteren Anschlägen wurden mehrere Menschen getötet und verwundet. Bei einem Bombenanschlag in der von Areva betriebenen Uranmine Somaïr erlitten außerdem mindestens 13 Mitarbeiter*innen Verletzungen. Die dschihadistische Gruppe Mujao (Mouvement pour l'unicité et le djihad en Afrique de l'Ouest) bekannte sich zu den Anschlägen. Die Gesteinsmühlen- und Mahlanlagen der Mine sollen besonders stark getroffen worden sein.[16]

Niger hat das Engagement Frankreichs also recht wenig gebracht: Es erhielt nur zwölf Prozent des Werts, den das in seinem Land geförderte Uran hatte, und über die Jahre gelang es keinem nigrischen Präsidenten, sein Land besser am Uran zu beteiligen. Dass sich dies nun unter dem neu gewählten Präsidenten Mohamed Bazoum ändert, ist unwahrscheinlich.

INTERVIEW »Es geht Areva nur ums Verleugnen«

Almoustapha Alhacen arbeitete von 1978 bis 2015 in der Uranmine von Arlit. Im Interview erklärt er, wie er den Atomkonzern Areva erlebte, als die Arbeitsbedingungen in dessen Uranminen kritisiert wurden.[17]

Herr Alhacen, Sie haben im Jahr 2000 die Menschenrechtsorganisation Aghirin'man gegründet. Warum?

Seit über 50 Jahren gibt es Uranminen in Niger. Schon lange vor dem Jahr 2000 haben wir gesehen, dass bei uns ungewöhnlich viele Menschen gestorben sind, manchmal drei, vier an einem Tag. Mit Aghirin'man konnten wir ganz legal Fragen stellen, eine Studie zur radioaktiven Belastung und zum radioaktiven Staub in Arlit in Auftrag geben und dabei auch ökonomischen Fragen nachgehen.

Warum haben Sie 2004 die französische Strahlenschutzorganisation CRIIRAD nach Arlit eingeladen?

Areva hat immer alles kaschiert und die Auswirkungen der Radioaktivität behandelt, als wäre es ein Staatsgeheimnis. Der Konzern hat den Zusammenhang zwischen den sichtbaren Erkrankungen und der unsichtbaren Radioaktivität immer wieder geleugnet. Deshalb haben wir CRIIRAD eingeladen. Ihr Bericht hat bestätigt, dass es in der ganzen Stadt Radioaktivität gibt.[18]

Wie hat Areva darauf reagiert?

Zunächst hat Areva das gesamte wissenschaftliche Material am Flughafen konfisziert. Die Mitarbeiter von CRIIRAD haben dann mit Material aus ihrem Handgepäck gearbeitet. Areva hat aber zugestimmt, eine unabhängige Beobachtungsstelle zuzulassen, die sich mit der Strahlenbelastung in Arlit beschäftigt. Eine Strahlenbelastung selbst hat der Konzern strikt geleugnet.

Ich habe gelesen, dass Menschen, die ins Krankenhaus von Arlit kamen, von Ärzten und Ärztinnen nicht die Wahrheit über ihre Krankheit gesagt bekommen haben. Wenn jemand an Lungenkrebs erkrankt war, soll Malaria oder Aids angegeben worden sein. Stimmt das? Und ist es heute immer noch so?

(Lacht) Ich kann nur empfehlen: Wer erkrankt, sollte auf gar keinen Fall nach Arlit kommen. Dort bekommt niemand eine professionelle Diagnose. Wenn jemand Lungenkrebs hat, wird ihm vielleicht mit blumigen Worten erklärt, dass er irgendetwas anderes hat. Ich kann Ihre Frage nur bejahen, und ja, das ist heute leider immer noch so.

Stimmt es, dass das Krankenhaus in Arlit Areva beziehungsweise heute Orano gehört und die Ärzte und Ärztinnen dort von dem Konzern bezahlt werden?

Auch das ist richtig. Es ist sogar noch schlimmer: Man wird heute nur behandelt, wenn man bei Orano angestellt ist.

Gibt es Ärzte oder Ärztinnen, die Berufskrankheiten als Folge der Strahlenbelastung diagnostiziert haben?

Nein, nein, nein! Aber dieses Problem gibt es mit Arbeitsmedizinern auch in Europa. Bei uns kommt eine große Schwierigkeit hinzu: Es gibt im nigrischen Recht keine Anerkennung als Berufskrankheit. Erkrankte Arbeiter sind deshalb ganz auf sich allein gestellt.

Wie wurde beziehungsweise wird der Gesundheitszustand ausgeschiedener Bergleute nach ihrem Arbeitsende bei Areva noch überwacht?

(Schüttelt den Kopf) So etwas wie eine Nachsorge oder regelmäßige Nachuntersuchungen gibt es bei uns nicht. Es gibt keine Medikamente und auf keinen Fall eine Behandlung. Areva ist auf Kommunikation spezialisiert, nicht auf Nachsorge.

Gibt es Schutzkleidung oder Masken, mit denen Bergleute vor radioaktiver Strahlung geschützt werden?

Das fing erst 1990 an, als das Thema nicht mehr zu verleugnen war. Wir haben zunächst Sicherheitsschuhe bekommen, dann sollten wir Handschuhe anziehen, wenn wir Uran anfassen, aber ansonsten sind wir in unseren Kleidern nach Hause gegangen und haben den radioaktiven Staub mitgenommen. Mit der Veröffentlichung der CRIIRAD-Studie wurde auch in den Minen immer mehr über die Belastung gesprochen. Danach wurden Duschen eingeführt, damit sich die Arbeiter duschen können, bevor sie nach Hause gehen. Und die Haare sollten wir mit einem Haarschutz bedecken. Das war ab 2007. Aber davor gab es fast nichts.

Trägt heute jeder Arbeiter selbstverständlich ein Dosimeter?

Nein, nicht jeder Arbeiter! Es gibt jeweils ein Funktionsdosimeter, das einer Gruppe zugeteilt wird. Aber zum einen funktionieren viele Dosimeter nicht richtig, zum anderen ist nicht sicher, ob sie richtig zugeteilt werden. Die Mechaniker beispielsweise gehen vielleicht in die Mine, aber die Person, die das Dosimeter der Mechanikergruppe trägt, bleibt in der Werkstatt. Und diese Werte gelten dann für die gesamte Gruppe.

Ich habe Areva, das heutige Orano, mit dem Vorwurf konfrontiert, dass die Bevölkerung von Arlit erhöhter Strahlung ausgesetzt wird. Der Konzern hat mir geschrieben, dass die gesetzlich vorgeschriebenen Strahlenschutzgrenzwerte strikt eingehalten werden.

(Lacht wieder) Areva verhält sich wie ein Hahn, der immer nur kräht. Der Konzern weist grundsätzlich alles zurück. Die verantwortlichen Manager sagen immer nur, dass sie die Norm hundertfach übertreffen. Die Messungen von uns und anderen wurden immer wieder als falsch zurückgewiesen. Es geht nur um eines: ums Verleugnen!

Haben Sie beziehungsweise Aghirin'man die Möglichkeit, eigene Messungen zu machen?

Wir haben keine hochwertigen Geräte. Wir haben auch kein Labor, um Stoffe und Materialien zu analysieren. Wir haben nur kleine Messgeräte. Von daher können wir Areva nicht wirklich mit guten Ergebnissen konfrontieren. Wir können aber trotzdem mit unseren geringen Möglichkeiten nachweisen, dass die Ergebnisse von Areva vollkommen falsch sind. Unsere Messungen sind hundertfach höher als die des Konzerns.

Das benachbarte Uranbergwerk in Akouta wurde geschlossen, viele Mitarbeitende sind entlassen worden. Bekamen sie Unterstützung oder Entschädigungen?

Es gab rund 600 direkt angestellte Arbeiter, die zwischen 11.000 und 15.000 CFA-Franc bekommen haben (umgerechnet 16,77 € und 22,87 €). Dann gab es ungefähr 800 Zulieferer. Die haben nichts bekommen, gar nichts. Auch die Lokalregierung ist nicht bereit, irgendeine Kompensation zu bezahlen. Diese Zulieferer sind inzwischen vor Gericht gegangen, um von COMINAK doch noch eine Entschädigung zu erstreiten, aber der Erfolg ist ungewiss. Die Arbeiter wurden weder auf die Schließung vorbereitet, noch haben sie die Chance auf einen anderen Arbeitsplatz. Diese Menschen stehen mit ihren Familien jetzt einfach auf der Straße. Aber das ist noch nicht alles. Mit der Mine wurden auch die Schulen geschlossen. Jeder Arbeiter hat im Durchschnitt zwei Frauen und von jeder Frau acht Kinder. Jetzt gibt es viele tausend Kinder, die nicht mehr zur Schule gehen können.

Was bedeutet diese Schließung für die Stadt Arlit?

Sehr viele verschiedene Dinge: große Arbeitslosigkeit und seither auch sehr viel mehr Kriminalität. Viele Menschen sind weggegangen. Und diejenigen, die geblieben sind, haben keine Arbeit. Die Angestellten und Zulieferer bekamen jeden Monat 100.000 CFA-

Franc an Gehältern ausbezahlt (umgerechnet rund 152 €). Darüber hinaus wurden 3.000 Säcke Reis und 3.000 Säcke Mais mit jeweils 50 Kilogramm sowie 10.000 Säcke Hirse direkt als Lebensmittel an die Familien verteilt. All das fehlt jetzt in der Stadt. Wer krank wird, hat kein Geld mehr, um Medikamente oder einen Arzt zu bezahlen. Gleichzeitig gibt es in Arlit zu wenig Wasser und kaum Strom. Das Elektrizitätswerk wurde nur gebaut, um die Mine mit Strom zu beliefern. Seit das Werk geschlossen ist, funktioniert auch das Kraftwerk nicht mehr.

Das kanadische Bergbauunternehmen Global Atomic will 130 Kilometer östlich von Arlit das DASA-Uranbergwerk eröffnen. Was bedeutet das? Was haben Niger und die Menschen in Niger davon?

Ich bin bei dem Thema über eine Umfrage involviert. Bisher haben die Kanadier lediglich Erkundungsarbeiten geleistet. Um wirklich Uran abbauen zu dürfen, müssen sie eine Gesellschaft nach nigrischem Recht gründen. Die Kanadier wollen dem Staat Niger nur einen Anteil von 20 Prozent übertragen, die Regierung will 40 Prozent haben. Der Konzern wird sich wahrscheinlich durchsetzen. Dabei hat der Staat ohnehin schon die Ertragssteuern von zwölf auf sieben bis acht Prozent verringert, damit die Investoren überhaupt ins Land kommen. Die Minenarbeiter möchten natürlich Arbeit. Aber ansonsten haben die Menschen nicht viel von der neuen Mine. Global Atomic wird vielleicht hier und da noch einen Brunnen bauen, aber das war es dann. Ich glaube, dass die Kanadier es nicht besser, sondern eher schlechter machen werden als Areva, das heutige Orano.

Was erwarten Sie von Orano?

Der Staat Niger muss mindestens einen Anteil 50 Prozent an den Uranminen bekommen, damit er das Leben von uns allen verbessern kann. Denn so wie es in der Vergangenheit gelaufen ist, war das überhaupt nicht gerecht. Das Uran wird hier produziert.

Unser Land sollte deshalb auch für den Verkauf zuständig sein und am Gewinn beteiligt werden. Wir bekommen davon aber fast nichts. Darüber hinaus fordern wir mehr Schutz vor Radioaktivität, nicht nur für die Arbeiter, sondern auch für die Bevölkerung, die in der Umgebung der Uranbergwerke lebt. Gleichzeitig muss auch für die Natur etwas getan werden.

Meinen Sie die Sanierung der Uranbergbauhalden?

Nein, zunächst einmal viel einfacher: Wenn die Arbeiter der Bergwerksfirmen Gas und einen Gaskocher von Orano erhalten würden, müssten ihre Frauen keine Zweige von Bäumen und Büschen mehr abschneiden, um Feuer zu machen und kochen zu können.

Geht es auch um finanzielle Forderungen?

Ganz sicher. Wir verlangen die Einrichtung verschiedener Fonds: Wir brauchen Unterstützung für unsere Frauen, damit sie lernen, selbst Einkommen zu erzielen. Dann benötigen wir einen Fonds für die zukünftigen Generationen und einen weiteren, um die lokale Entwicklung zu verbessern. Das kanadische Unternehmen Global Atomic weiß genau, wovon ich rede: In Kanada gibt es Fonds für die Fauna und Flora, für Fische, für die Frauen und für die zukünftigen Generationen. Wir fordern für uns nur das Gleiche.

Almoustapha Alhacen, Jahrgang 1957, gehört zum Turareg-Stamm der Agir. Seit 1978 arbeitete in der Uranmine von Arlit. Als er merkte, dass viele seiner Kollegen und Kolleginnen auf rätselhafte Weise erkrankten, gründete er im Jahr 2000 die NGO Aghirin'man. 2015 wurde er entlassen.

KAPITEL 6

Die gesundheitlichen Folgen

Uran ist ein Schwermetall, das wie Blei oder Quecksilber chemotoxisch auf den menschlichen Körper wirkt. Die möglichen gesundheitlichen Folgen reichen von Müdigkeit, Erschöpfung, Kopf- und Gelenkschmerzen und Allergien bis zu rheumatischen Beschwerden, Burnout, Alzheimer, Multiple Sklerose, Herz-Kreislauf-Erkrankungen, Diabetes Typ 2 und sogar Krebs. Darüber hinaus sind Uran und seine Abbauprodukte radiotoxisch.

Uran gibt vor allem Alphastrahlen ab, dessen Zerfallsprodukte auch Beta- und Gammastrahlung. Die Reichweite von Betastrahlung beträgt mehrere Meter, die von Gammastrahlung deutlich mehr, die von Alphastrahlung dagegen nur wenige Zentimeter, im Körpergewebe sogar nur bis zu Bruchteilen von Millimetern. Da die Alphateilchen ihre Energie aber auf einer sehr kurzen Distanz abgeben, haben sie eine 20-fach höhere Wirksamkeit als beispielsweise Röntgenstrahlung und schädigen das Gewebe besonders stark.[1] Gesundheitliche Effekte, die eindeutig auf die von natürlichem Uran ausgehende Strahlung zurückzuführen sind, sind bisher jedoch nicht nachgewiesen worden. Mit anderen Worten: Man kann nicht genau sagen, ob nicht doch das Rauchen oder andere Umweltauswirkungen für Lungenkrebs verantwortlich sind.

Da ionisierende Strahlung jedoch generell Krebserkrankungen erzeugen kann und hierfür keine Schwellenwerte existieren, muss auch für die durch Uran und seine Zerfallsprodukte verursachte Strahlung grundsätzlich eine krebsverursachende Wirkung angenommen werden. Entscheidend ist immer die Höhe der Strahlenbelastung.

Uranbergbau verletzt die Menschenrechte überall auf der Welt

Wie kann man sich die Strahlenbelastung von Bergleuten in einer Uranmine vorstellen? Bleiben wir in Niger: In der Akouta-Mine haben die Minenarbeiter*innen rund 75.000 Tonnen Uran aus dem Untergrund geholt. Die Bergleute haben dafür in rund 250 Metern Tiefe Stollen mit einer Länge von insgesamt 250 Kilometern angelegt und die Akouta-Mine damit zur größten Uran-Untergrundmine der Welt gemacht. Die Stollengänge sind zum Teil so groß, dass Bulldozer und Lastwagen durchfahren können.

Um das Uranerz aus der Tiefe zu holen, mussten die Bergleute selbstverständlich in die Tiefe fahren. Ausgerüstet mit Bohrhammer und unterstützt durch Pressluft haben sie das uranhaltige Erz abgetragen. Acht Stunden am Tag, fünf Tage die Woche. Der mit Uran und seinen Abbauprodukten belastete Staub wurde durch Wasser in Grenzen gehalten, vermeiden ließ er sich nicht. Radongas, das zur Zerfallsreihe von Uran gehört, ist nicht zu sehen, nicht zu riechen, nicht zu schmecken und nicht zu vermeiden. Die Bergleute haben es selbstverständlich eingeatmet, jahrzehntelang ohne es zu wissen und ohne Schutz, etwa eine Maske. Unter vergleichbaren Bedingungen arbeiteten die Navajo in den Uranminen Arizonas, New Mexicos und Utahs und die Bergleute der Wismut im Erzgebirge.

Das Erzgebirge ist ein gutes Beispiel, um die gesundheitlichen Folgen zu zeigen, die im Umgang mit Uran entstehen können. Denn lange bevor Uran überhaupt zu einem begehrten Element wurde, haben Bergleute Arsen, Blei, Eisen, Kobalt, Kupfer, Nickel, Schwefel, Silber, Wismut, Zink und Zinn aus dem Boden geholt. Auch wenn Uran noch nicht einmal entdeckt war, zerstörte es das Leben etlicher Arbeiter*innen: Bereits im 16. Jahrhundert erkrankten auffallend viele junge Menschen an der Lunge – mit tödlichem Verlauf. »Wer schon als Kind in die Grube musste, wurde selten älter als 35 Jahre.«[2]

Der Arzt Georgius Agricola beschrieb bereits 1556, was er bei den Bergleuten im damals böhmischen St. Joachimsthal gesehen hatte: »Der Staub bringt die Lungen zum Eitern und erzeugt im Körper die Schwindsucht. Auf den Gruben findet man Frauen, die sieben Männer gehabt haben, welche alle jene unheilvolle Schwindsucht dahingerafft hat.«[3] Die Krankheit bekam damals den Namen »Bergsucht«.

Im 18. und vor allem im 19. Jahrhundert erkrankten im Schneeberger Revier – rund 10 bis 20 Kilometer südöstlich von Zwickau – auffällig viele Bergleute an der Bergsucht, etliche schon in relativ jugendlichem Alter. Nach einigen Monaten bis wenigen Jahren trat der Tod ein, begleitet von Husten, Auswurf und auffälliger Atemnot. Die Bergsucht wurde zur Schneeberger Krankheit.[4]

Erst Jahrhunderte später erkannten Wissenschaftler*innen, dass es sich dabei um Lungenkrebs handelte, verursacht durch Radongas. Die beiden Bergärzte Walther Hesse und Friedrich Hugo Härting machten mit einer 1879 veröffentlichten Studie einen großen Schritt in diese Richtung. Sie hatten den Brustkorb von 20 verstorbenen Bergleuten obduziert und kamen zu der Erkenntnis, dass Lungenkrebs die Todesursache war, verursacht durch Arsenstaub. Radon kannten sie noch nicht. »Vergegenwärtigen wir uns, dass bei den hiesigen Bergleuten der Lungenkrebs sich als wachsender Tumor an der Lungenwurzel oder im Mediastinum anticum entwickelt, [...] so lassen sich daraus leicht die meisten Erscheinungen der Bergkrankheit erklären.«[5] Ein Viertel aller Bergleute sollen an der Bergkrankheit verstorben sein. Die beiden Mediziner empfahlen schon damals, die Gruben zu lüften, und konnten damit die Sterberate senken.

Die Verantwortlichen der Uranbergwerke, die zunächst im Kongo und nach 1945 in Kanada, den Vereinigten Staaten, in der DDR, in Tschechien und in vielen Ländern der Welt errichtet wurden, hätten den Zusammenhang zwischen Uran und Krebs also kennen können. Genutzt hat es nichts. Jahrzehntelang sind Bergleute nahezu ungeschützt in die Tiefe gefahren.

Bezeichnend: Es gibt kaum Studien über die Gesundheitsgefahren, denen die Menschen im Uranbergbau ausgesetzt werden. Weltweit einzigartig ist die sogenannte Kohorten-Studie des Bundesamts für Strahlenschutz (BfS). In ihr sind 59.000 Menschen erfasst, die in den Bergwerken des Unternehmens Wismut in Thüringen und Sachsen bis zur Wende Uran aus dem Boden geholt haben. Über 7.000 sind infolge der Strahlen und der Belastung mit Quarzfeinstaub gestorben.[6] »Die Lungenkrebssterblichkeit bei Wismut-Beschäftigten, die unter Tage arbeiteten, ist 2,4 Mal höher als in der Allgemeinbevölkerung«, schreibt das BfS auf seiner Webseite. »Bei den meisten dieser Todesfälle handelt es sich um Personen, die in den Anfangsjahren der Bergbautätigkeit sehr hohen Radonexpositionen ausgesetzt waren.«[7]

Nebenbei bemerkt: Man muss nicht den Stollen eines Uranbergwerks hinabsteigen oder in einer Bergbauregion leben, um mit Radon in Kontakt zu kommen. Uran ist in geringen Mengen weit verbreitet. Und da das radioaktive Edelgas Radon-222 – das Zerfallsprodukt von Uran – mit anderen Elementen keine chemische Verbindung eingeht, ist es recht mobil. Es gelangt über Spalten und Risse oder mit dem Grundwasser an die Oberfläche und sorgt damit für eine Grundbelastung bereits in der Außenluft. Die liegt im Freien und in Augenhöhe im Durchschnitt bei neun Becquerel pro Kubikmeter Luft, so das BfS. Das bedeutet, dass in einem Kubikmeter Luft pro Sekunde neun Radonatome zerfallen. Das Amt hat eine Bandbreite von drei bis 31 Becquerel gemessen. In Wohnräumen ist die Belastung deutlich höher: Sie liegt in Deutschland durchschnittlich bei rund 50 Becquerel pro Quadratmeter Luft, wobei etwa zehn Prozent der Räume im Erdgeschoss eine Konzentration von mehr als 100 Becquerel aufweisen und drei Prozent sogar über 300 Becquerel.[8] Was solche Werte bedeuten, sagt das Amt ebenfalls: Wer über einen Zeitraum von 30 Jahren einer Radonbelastung von 100 Becquerel ausgesetzt ist, hat ein um 16 Prozent höheres Risiko, an Lungenkrebs zu erkranken. 300 Becquerel erhöhen dieses Risiko um 48 Prozent.

Zurück zum Uranbergbau. Die Ärzt*innenorganisation IPPNW hat aus der gesundheitlichen Belastung, die der Uranbergbau mit sich bringt, ihre eigenen Schlüsse gezogen: Auf ihrem 19. Weltkongress im August 2010 forderte IPPNW die »Ächtung von Uranabbau« und bezeichnet ihn seither als »Verletzung der Menschenrechte«. Das Recht auf Leben, Freiheit und Sicherheit, auf körperliche Unversehrtheit und Selbstbestimmung, auf den Schutz der Menschenwürde und auf sauberes Wasser sind nach Ansicht der Ärzte nur einige der Menschenrechte, die durch den Uranabbau und seine Weiterverarbeitung verletzt werden. »Die Ergebnisse der Konferenz in Basel zeigen, dass Uranabbau das Grundwasser kontaminiert und die Radioaktivität in den Abraumhalden, Tailings und Verdunstungsbecken verbleibt. Uran und seine radioaktiven Zerfallsprodukte sind hoch giftig. Sie greifen innere Organe und die Atemwege an. Die präsentierten wissenschaftlichen Studien zeigen, dass folgende Krankheiten durch die Exposition von Radon, Uran und seine Zerfallsprodukte verursacht werden: Bronchial- und Lungenkrebs, Knochenmarkkrebs, Magen-, Leber-, Darmkrebs, Krebs der Gallenblasen, der Nieren und der Haut, Leukämie und andere Bluterkrankungen, psychische Störungen und Geburtsfehler.«[9]

Uranbergbau gefährdet also Menschenleben! Nimmt man diese Einschätzung ernst und folgt der Resolution der Ärzte und Ärztinnen, den Uranbergbau zu ächten, so bedeutet dies das Ende der Atomkraft, ja mehr noch, das Ende des Atomzeitalters. Denn ohne den Abbau von Uran bekommen weder die Atommächte noch die Betreiber der Atomkraftwerke den Rohstoff, den sie brauchen.

Die Bedingungen, die von der Ärzt*innenorganisation IPPNW kritisiert werden und unter denen Uran in Niger aus dem Wüstenboden geholt wurde und wird, sind keine Ausnahme, sondern die Regel: Die Aboriginals* in Australien, die indigenen Völker Nordamerikas oder die Menschen in den autoritären Staaten Asiens – in nahezu allen Uranabbauländern haben die Betroffenen vergleichbare Erfahrungen gemacht, wenn sie der Erde den Rohstoff des Atomzeitalters entreißen.

Uranbergbau selbst wird dabei weder von den Bergbaukonzernen noch von den zuständigen Behörden und Regierungen in Frage gestellt. Dabei scheint es eine Konstante zu geben: Bergleute und Anwohner*innen werden schlecht bis gar nicht über die gesundheitlichen Risiken aufgeklärt, die der Uranbergbau mit sich bringt. So wie die Atomindustrie versucht, die Risiken klein zu reden, Katastrophen zu verheimlichen oder zu bagatellisieren (siehe Seite 152 ff.), genauso geht auch die Bergbauindustrie vor: Sie verschweigt den Menschen, was auf sie zukommt.

Das World Uranium Hearing

Erstmals in seiner ganzen Dramatik sichtbar wurde dies während des sogenannten World Uranium Hearing 1992 in Salzburg. Gut fünf Jahre vorher gründete Initiator Claus Biegert unter der Register-Nummer VR 12292 in München einen Verein, um die Veranstaltung auf die Beine stellen zu können, den World Uranium Hearing e. V. Erklärtes Ziel: Unmittelbar Betroffene der indigenen Nationen in Kanada, Afrika, Australien, Sibirien und in den USA sollten der Welt in aller Öffentlichkeit berichten können, welche Folgen der Uranbergbau für ihr Land hat: Krankheit und Tod, Fehlbildungen, Totgeburten. »Diejenigen, die sonst nicht ge-

* Im Englischen gilt die Bezeichnung »Aborigines« als abwertend, daher nenne ich sie hier Aboriginals.

hört werden, sollten hier erstmals eine Stimme bekommen«, sagt Claus Biegert. Denn das hatte der Journalist während verschiedener Reisen durch Nordamerika bereits in den 1980er-Jahren begriffen: Drei Viertel des US-amerikanischen Urans befand sich unter dem Land indigener Völker. Die First Nations waren diejenigen, die in Nordamerika den Preis für das gewonnene Uran bezahlten, vielfach mit ihrem Leben. »Ich habe mit eigenen Augen gesehen, dass im Atomzeitalter Energiekonzerne und FBI-Agenten die Goldsucher und Soldaten im Westen der USA abgelöst hatten. Es gab einen gut sichtbaren Zusammenhang zwischen nuklearer Entwicklung und dem Ethnozid der Ureinwohner.«

Zum Symbol des geplanten Hearings wählte der Münchner Journalist die australische Regenbogenschlange: »In der Mythologie australischer Uraneinwohner hütet sie jene Kräfte, die in der Erde bleiben sollten, andernfalls bringen sie Unheil über die Menschheit.« Ein Bild der Schlange, die in einem prähistorischen Felsbild im Stammesgebiet der Njamal im Nordwesten Australiens festgehalten worden war, fand er nach monatelangen Recherchen.

Bis die Veranstaltung schließlich stattfinden konnte, sollten Jahre vergehen: Es brauchte nicht nur einen Schreibtisch, sondern Büroräume und Mitorganisator*innen, es fehlte an einer Organisationsstruktur, an Geld und Sponsoren und nicht zuletzt an einem geeigneten Ort – wenn man so will an allem, um aus einer guten Idee Wirklichkeit werden zu lassen. »Rund drei Jahre hat es gedauert, bis Ort und Zeit feststanden«, erinnert sich Claus Biegert. Schließlich war es so weit: Vom 13. bis zum 19. September 1992 sollten die vom Uranbergbau Geschädigten aus aller Welt in der erzbischöflichen Residenz in Salzburg über ihre Erfahrungen mit Atombombentests, Uranbergbau und radioaktivem Müll berichten.[10]

Wie so etwas in einer Zeit, in der es noch kein Internet und keine E-Mail- oder Whatsapp-Kommunikation gab, sondern lediglich Fax und Telefon, quasi aus dem Nichts auf die Beine gestellt wurde, kann man heute kaum noch nachvollziehen. Denn es gab keinen erfahrenen Event- oder Veranstaltungspartner und auch keinen Großsponsor, der sich hinter das geplante Hearing gestellt hätte. Aber es ist gelungen. Vertreter*innen der Diné- und Hopi-Nation aus Arizona, der Laguna- und Acoma-Nation in New Mexico, der Havasupai und Southern-Paiute-Nation aus der Grand-Canyon-Region kamen, um von den Folgen des Uranrauschs im mittleren Westen der USA zu berichten. Die Western-Shoshone-, die Lakota- und die Yakima-Nation sprachen über Atomwaffentests, Plutoniumanlagen und Uranbergbau in anderen Landesteilen der USA. Aus Kanada berichteten wiederum die Abgesandten der Anishinabe- und Dene-Nation von Uranabbau und dessen Rückständen.

Menschen aus Französisch-Polynesien und von den Marshall-Inseln informierten über die Folgen der Atomwaffentests; in Indien standen Atomkraftwerke, Uranabbau und ungelöste Endlagerfragen auf dem Programm, in Tibet Uranabbau und Atombombentests. Gleiches gilt für die Tschukschen, Nentsen und Itelmen in Sibirien. In der Mongolei gab es zwar keine Atombombentests, dafür aber den Fallout sowjetischer und chinesischer Tests sowie Uranabbau. Australien wiederum, das selbst kein Atomkraftwerk betreibt, gehört als Bergbaunation zu den großen Produzenten von Uran – von dessen Folgen legten gleich mehrere Teilnehmer*innen Zeugnis ab. Und selbstverständlich kamen auch Menschen aus Namibia und Südafrika nach Salzburg, um von den dortigen Zuständen zu berichten.

»Aus allen Kontinenten und von sämtlichen Uranbergbaugebieten berichteten die Menschen immer wieder das Gleiche«, erinnert sich Claus Biegert. »Es gibt kaum eine Familie der Diné, die nicht ein Mitglied durch Lungenkrebs verloren hat. Bei dieser Veranstaltung ist erstmals deutlich geworden, dass dieses Schicksal von Menschen aus allen Uranabbaugebieten geteilt wird.«

Der kanadische Wissenschaftler Gordon Edwards wies bereits während des Hearings in Salzburg darauf hin, welche gesundheitlichen Folgen Uran und seine Zerfallsprodukte verursachen können, wenn sie aus dem Boden geholt und kommerziell genutzt werden: »Uran selbst ist weniger radioaktiv als seine Zerfallsprodukte. Deshalb war zunächst eines dieser Zerfallsprodukte, Radium, kommerziell attraktiv. Es konnte Krebsgeschwüre zerstören, zerstörte dabei aber auch gesunde Zellen. Außerdem ließen sich daraus Leuchtfarben für Skalen und Elektrogeräte herstellen. Beim Umgang mit diesen Farben zeigte sich jedoch bald die extreme Gefährlichkeit des Radiums. Die Frauen, die die Farben mit Pinseln auf die Skalen auftrugen, litten in der Folge unter Zahnausfall, schwerem Zahnfleischbluten und Anämie oder sie hatten Kieferbrüche ohne äußere Ursache. Als nächste Stufe wurden alle Knochen brüchig, traten Knochentumore auf, zum Teil Knochenkrebs. Man stellte schließlich fest, dass beim Anfeuchten der Pinsel minimale Mengen von Radium in den Körper der Frauen gelangten und dass offensichtlich bereits solche winzige Mengen all diese Krankheiten verursachten. Später erkannte man, dass das Radium sich im Körper zu Radongas verwandelte, das mit dem Blut transportiert wurde und sich im Kopf sammelte: Von den Frauen, die zunächst überlebten, bekamen viele die gleichen Krankheiten wie die Bergarbeiter der Vergangenheit, was eigentlich vorhersehbar gewesen wäre. [...] Die Wissenschaftler übersahen vor allem, dass Radongas in andere Substanzen zerfällt, die fünfmal so radioaktiv und extrem gefährlich sind. Die schlimmste dieser Substanzen ist Polonium, das mindestens so giftig wie Plutonium ist.«[11]

Was das letztlich bedeutet, erklärte die Friedens-, Umwelt- und Menschenrechtsaktivistin Petra Kelly als Teilnehmerin der Veranstaltung mit folgenden Worten: »Uran ist der Rohstoff für eine Machtelite, die sich die Erde und ihre Bewohner als Geiseln genommen hat.«[12] In der *Deklaration von Salzburg* fassten die Teilnehmer*innen der Veranstaltung schließlich ihre Forderung zusammen: »Uran und alle radioaktiven Mineralien müssen in der Erde bleiben«, heißt es auf einer Schrifttafel auf dem Großglockner, dem höchsten Berg Österreichs, unter der die Deklaration seither vergraben ist. »Möge das der Beginn einer nicht-nuklearen Zukunft sein.«

INTERVIEW »Wir haben die Isolation durchbrochen«

Die Folgen des Uranbergbaus kennt Claus Biegert vor allem durch seine jahrzehntelangen Kontakte zu den indigenen Völkern Nordamerikas. Um ihnen und anderen Opfern eine Stimme zu geben, hat er mit einem internationalen Team das World Uranium Hearing veranstaltet.[13]

Claus, wie kam es zum World Uranium Hearing?

Ich hatte die Idee in meiner Rolle als Journalist. Ich wusste, dass in meiner Branche immer nur das Sensationelle und Außergewöhnliche zählt. Eine Katastrophe wie Tschernobyl. Das Normale ist für die Medien kein Thema. Ich hatte aber das normale Leben der Menschen um die Uranminen in Nordamerika erlebt und mich gefragt, wie bringt man dieses unspektakuläre Thema an die Öffentlichkeit? Gerade weil es nirgendwo Thema ist. Ich habe das mit Kollegen und Kolleginnen besprochen, die ähnlich gedacht haben. So entstand die Idee einer Weltkonferenz, dann folgte die Anregung zu einem Hearing – so kam der Begriff World Uranium Hearing zustande.

Aber zum Start braucht es mehr als eine Idee …

So wie ich damals als Journalist von Sender zu Sender gefahren bin, um etwas anzubieten, bin ich durch Deutschland gereist und habe Sponsoren und Unterstützer gesucht: Die Gesellschaft für bedrohte Völker und IPPNW – 1985 mit dem Friedensnobelpreis ausgezeichnet – waren sofort von der Idee überzeugt. Schließlich war ich bei Ernst-Ulrich und Christine von Weizsäcker (er war damals Präsident des Instituts für Europäische Umweltpolitik, sie war bei Ecoropa engagiert). Da sagte Ernst-Ulrich, ich glaube, das ist eher etwas für Christine. Worauf sie meinte, das klingt so, als wäre es nicht machbar, aber gerade deshalb mache sie mit. Dann kam etwas Glück dazu, denn kurz darauf wurde Christine in den Vorstand der Heinrich-Böll-Stiftung berufen. Jedes Vorstandsmitglied durfte ein Projekt einbringen – und sie hat das WUH vorgeschlagen. Damit hatte ich wichtige Institutionen und Geldgeber an meiner Seite.

Warum seid ihr mit dem Hearing nach Salzburg gegangen?

Robert Jungk war so etwas wie eine Vaterfigur der Friedens- und Umweltbewegung. Ihn habe ich gefragt, wo man denn eine solche Konferenz veranstalten könne. Seine klare Antwort: Bei dem schweren Thema nicht an einem Ort, der nicht schön ist. Die meisten Tagungszentren waren damit aus dem Rennen. Ich habe mir das Museum Louisiana für moderne Kunst nördlich von Kopenhagen angeschaut und habe das Deutsche Hygiene Museum in Dresden erwogen. Ich bin nach Prag gefahren und habe Ivan Havel getroffen, den Bruder des Staatspräsidenten. Das waren gut geeignete Orte, Prag war zunächst unser Favorit. Bis Robert Jungk mit Herbert Fartacek, dem zweiten Bürgermeister von Salzburg, nach New York geflogen ist. Die beiden saßen nebeneinander und redeten auch über das WUH. »Wieso nicht in Salzburg?«, fragte Bürgermeister Fartacek. So kam Salzburg ins Spiel. Alfred Winter leitete damals das Büro für kulturelle Sonderprojekte des Landes Salzburg, hörte davon und machte das WUH zum kulturellen Sonderprojekt. Damit waren Stadt und Land Salzburg mit im Boot und die Veranstaltung vor Ort finanziert. Über Geld musste ich kein Wort mehr verlieren.

Salzburg habe ich jedenfalls als wunderschöne Stadt in Erinnerung …

Das kann man so sagen. Wir haben in der Universität mitten in der Altstadt getagt, hatten einen wunderbaren Blick auf die Festung Salzburg und das Mozarthaus und die Salzach waren in Fußweite. Was aber noch wichtiger ist: Wir haben nicht in der Uni gegessen, weil ich die Meinung vertreten habe, dass man an dem Ort, an dem so viele schlimme Dinge gesagt und diskutiert werden, nicht auch noch essen kann. Also sind wir alle jeden Tag im Pulk über den Markt und am Dom vorbei geschlendert und haben in der Residenz gegessen. Diese barocke und mittelalterliche Kulisse war für die Stimmung während der gesamten Veranstaltung sehr gut und hat den Menschen geholfen, ihre Erfahrungen auszutauschen.

Was war für dich das wichtigste Ergebnis?

Für die Betroffenen war am wichtigsten, dass ihre Isolation durchbrochen worden ist. Es waren Menschen aus allen Uranabbaugebieten der Welt anwesend, andere kamen von dort, wo Atombomben getestet worden sind oder Atommüll vergraben werden sollte. Alle dachten, sie sind die einzigen, denen es so geht – und jetzt trafen sie lauter Menschen, die in Varianten immer wieder dasselbe zu berichten hatten: Krankheit und Tod in Folge der Strahlenbelastung, mit ihrem Schicksal allein gelassen. Nach dieser Woche konnten wir an ihren Mienen ablesen, dass es ihnen sehr viel besser ging. Es war ein Leuchten in ihren Gesichtern. Da bekomme ich noch heute Gänsehaut, wenn ich mich daran erinnere. Mit der Deklaration von Salzburg wurde diese Stimmung in die Welt getragen.

Kurz zusammengefasst: Was habt ihr in der Deklaration gefordert?

Ganz einfach: Uran und alle anderen radioaktiven Mineralien müssen in der Erde bleiben. Das wurde zum weltweiten Schlachtruf des Widerstands gegen Uranbergbau: Leave uranium in the ground! 1994 wurde die Deklaration von der UN-Menschenrechtskommission in Genf aufgenommen.

Warum ist es bei dem einen Hearing geblieben?

Auch das ist ganz einfach erklärt: Es war alles gesagt! Aber die Menschen wollten sich wiedersehen und weitermachen. Was tun, fragte ich mich: Wir müssen etwas kreieren, das der dunklen Seite Licht gibt. Daraus ist der Nuclear Free Future Award entstanden. Wir treffen uns seit 1998 an verschiedenen Orten in der Welt und ehren den Widerstand gegen eine menschenfeindliche Technik. Das war die logische Weiterentwicklung.

Claus Biegert, Jahrgang 1947, arbeitet seit 1971 als Journalist für Printmedien, Funk und Fernsehen. 1992 leitete er das World Uranium Hearing, zwischen 1998 und 2018 den Nuclear Free Future Award. 2019 war er Ko-Initiator des ersten Uranatlasses.

Bis heute hat sich am menschenfeindlichen Uranbergbau nichts Wesentliches verändert. Das verdeutlicht ein kurzer Abriss zu den zentralen Bergbaustätten.

Südafrika im Goldfieber

In den Goldminen Südafrikas ist Uran zwar nur ein Nebenprodukt des Goldbergbaus, das Geschäft damit reichte aber aus, bis Ende 2021 dem atomaren Markt 162.000 Tonnen Uran zur Verfügung zu stellen. »Mit jeder Tonne Gold hat der intensive Goldabbau zwischen zehn und hundert Tonnen Uranerz mitgefördert«, bestätigt Anthony Turton, Professor für Umweltmanagement an der University of the Free State in Bloemfontein/Südafrika per Mail. »Deshalb ist Johannesburg wahrscheinlich die am stärksten mit Uran belastete Stadt der Welt.«

Lange Zeit hatten die Bergbaufirmen jedoch keinerlei Interesse an Uran. Sie suchten seit dem Ende des 19. Jahrhunderts in Südafrika und vor allem in und um die Stadt Johannesburg nach Gold. Als im Februar 1886 am rund 200 Kilometer langen Höhenzug Witwatersrand die größte Goldlagerstätte der Welt entdeckt wurde, hatte das einen regelrechten Goldrausch zur Folge. Tausende Glücksritter strömten Richtung Fundort und versuchten, dort ihr Glück zu machen. Eine riesige Zeltstadt entstand aus dem Nichts. Die Beamten Johannes Rissik und Johannes Joubert versuchten Ordnung ins Chaos zu bringen und wurden – wegen ihrer Vornamen – zu Namenspaten von Johannesburg. Bereits 1895 lebten 100.000 Menschen in der wie wild wachsenden Stadt, von denen drei Viertel für die Minengesellschaften arbeiteten. Überall wurde gegraben und nach Gold gesucht, überall entstanden staubige Halden. Mit ihnen ist Johannesburg praktisch entstanden und gewachsen.[14]

Dieser Geschichte verdankt Johannesburg seine Uranaltlasten und seine »strahlende« Gegenwart. Denn Uran war seinerzeit nahezu wertlos, nicht nur in Südafrika. Das Schwermetall blieb deshalb auf den Gesteinshalden der Goldminen als strahlender Abfall zurück. »Es gibt rund 600 stillgelegte Minen rund um Johannesburg«, berichtet Makoma Lekalakala, Direktorin der Anti-Atom-NGO Earthlife Südafrika, am Telefon. »Deshalb sind überall in der Stadt und in der Nähe von Wohngebieten Bergbauhalden zurückgeblieben.« Und weil die Halden mehr Uran in sich tragen als manch neue Uranmine, werden sie seit vielen Jahren erneut »ausgebeutet«. Südafrika hat es auf diese Weise zum größten Uranexporteur Afrikas gebracht und nimmt in der Weltrangliste der historisch wichtigsten Uranproduzenten den siebten Rang ein.

Direkt neben den alten Halden und den noch aktiven Minen leben die Bewohner*innen Johannesburgs. Damit sind sie allen gesundheitlichen Risiken ausgesetzt, die Uranbergbau mit sich bringt. »Vor allem im August und September klagen viele Menschen über Atemwegserkrankungen, weil es in diesen beiden Monaten immer sehr windig ist und der Wind den radioaktiven Staub bis in die letzte Ecke jeder Wohnung trägt. Die damit verbundenen gesundheitlichen Risiken sind fast niemandem bewusst.« Die Folgen kennt Earthlife-Direktorin Lekalakala aufgrund mehrerer Untersuchungen, die es inzwischen gibt: »Viele Menschen, die in der Nähe dieser Minen und Abraumhalden leben, erkranken häufig an Lungenkrebs, weil sie den Staub einatmen. Sie leiden an Leukämie und ihre Kinder kommen mit Missbildungen und Defekten zur Welt. Das gehört leider zur Geschichte unserer Stadt.« Weil die Armen der Stadt zu Hunderten bis heute in den längst stillgelegten Minen nach ein paar Krümeln Gold suchen, vergrößern sich die gesundheitlichen Risiken ständig.

Die Rassentrennung verschärft das Problem. Ab 1910 durften Menschen aus Indien und schwarze Bürger*innen nicht mehr in Johannesburg leben. Sie wurden in abgeschlossene Slums an den Rand der Stadt gedrängt, in die sogenannten Townships. Unter miserablen hygienischen Bedingungen waren sie dem Uranstaub ausgesetzt und den weißen Herren gleichzeitig als billige Arbeitskräfte verfügbar. Erkrankungen unter der Belegschaft waren normal. Unter dem Apartheid-System Südafrikas gehörte es Jahrzehnte sogar zum Standard, dass Arbeiter*innen mit verdächtigen Krankheitssymptomen einen letzten Monatslohn erhielten und entlassen wurden.[15]

Die strahlenden Halden in Johannesburg wurden bis heute nicht saniert. 600.000 Tonnen uranhaltiges Gestein verteilen sich auf die Stadt und ihre Umgebung. »Ehrlich gesagt, wir wissen bis heute nicht, wie wir mit diesem Problem umgehen sollen«, sagt Bergbaufachmann Anthony Turton.

Uranrausch in den USA

Im Südwesten der USA entwickelte sich in den 1950er-Jahren geradezu ein Uranrausch, nachdem in den Bergen rund um die Black Hills in South Dakota Uran entdeckt worden war. Politisch steuerte die Welt damals auf die Teilung in Ost und West zu. Die Sowjetunion hatte zwischen Juni 1948 und Mai 1949 die Zugangswege nach West-Berlin abriegelt und die Stadt konnte nur noch aus der Luft mit Lebensmitteln und Medikamenten versorgt werden: mit den sogenannten Rosinen-Bombern der in Westdeutschland stationierten alliierten Streitkräfte. Der Korea-Krieg war in vollem Gang und am 29. August 1949 zündeten die Sowjets auf dem Testgelände in Semipalatinsk ihre erste Atombombe. Damit herrschte sozusagen ein Patt in Sachen atomarer Bedrohung und das atomare Wettrüsten zwischen Ost und West begann – und mit ihm die forcierte Suche nach Uran. Während die Sowjetunion ihr Uran hauptsächlich aus den sächsischen und böhmischen Teilen des Erzgebirges gewann, suchten die USA im eigenen Land und wurden hauptsächlich auf dem Land indigener Völker fündig.

»Der letzte wirkliche Mineralienrausch im amerikanischen Westen begann im März 1951, als die Atomic Energy Commission überhöhte Preise für Uran zahlte und sogar eine Prämie von 10.000 Dollar für jeden anbot, der eine produktive Mine erschließen konnte«, fasst Tom Zoellner diese Zeit zusammen. »Tausende Amerikaner folgten dem Ruf und eilten in die Canyon-Landschaft des Südwestens.«[16] Das Ergebnis dieses Rauschs lässt sich ungefähr so zusammenfassen: Etliche Suchende, deren Zahl heutzutage schwer zu beziffern ist, rannten mit Geigerzählern durch den mittleren Westen und hofften, dass ihr Gerät entsprechend ausschlug. Viele wurden fündig. Binnen weniger Jahre bezahlte die US-Regierung über zwei Millionen Dollar an Prämien an diejenigen aus, die uranhaltige Erzvorkommen entdeckt hatten. Die Rechtslage war einseitig zu Gunsten der Entdecker*innen und neuen Betreiber gestrickt: Uranabbau konnte ohne staatliche Lizenz und ohne jegliche (Umwelt-)Vorschriften begonnen werden – auch auf privatem Grund, also auch auf dem Land der indigenen Völker. Hauptsache, so viel Uran wie möglich kam zusammen. Bis 1971 war die US-Regierung die alleinige Abnehmerin und nahm den Uranförderern jedes Kilogramm Uran ab, das sie aus dem Boden holten.

Pech für die Diné-Nation, wie sich die Navajo selbst nennen: Auf dem Gebiet ihres Reservats wurden die begehrten Uranmineralien in besonders großer Menge entdeckt. Die Navajo, die zahlreich in den Minen Arbeit fanden, wurden – wie später die Tuareg in Niger – weder über die Gefahren aufgeklärt noch ausreichend geschützt. Lungenkrebs wurde dadurch zu einer nahezu selbstverständlichen Familientragödie.

Anders als in nahezu allen anderen Ländern, in denen Uran abgebaut wurde und wird, haben die USA nach Jahrzehnten zäher Lobbyarbeit 1990 den sogenannten Radiation Exposure Compensation Act erlassen, ein Gesetz zur Entschädigung von Menschen, die radioaktiver Strahlung ausgesetzt worden sind: Das betrifft die sogenannten Downwinders, die der Strahlung aus Atombombentests ausgesetzt waren, und die Uranarbeiter*innen: 100.000 US-Dollar konnten diejenigen erhalten, die zwischen 1942 und 1971 mindestens ein Jahr lang im Uranbergbau, in den Uranmühlen oder als Transporteur*innen gearbeitet haben und eine der für die Branche typischen Erkrankungen bekamen: Lungenkrebs, Fibrose, Silikose oder Staublunge.[17] Aber auch diese Entschädigung hat einen zentralen Haken: Diné, die gegenüber den Behörden die Frage bejahten, ob sie Tabak geraucht haben, fielen durchs Raster, weil damit auch das Rauchen eine Ursache für Lungenkrebs sein konnte. Weil Tabak bei den Diné aber als heilige Pflanze gilt, wurde er selbstverständlich bei Zeremonien benutzt und die meisten antworteten mit »Ja«. Unabhängig davon gilt das Gesetz auch nicht für all diejenigen, die in der Nähe strahlender Abraumhalden wohnen.[18]

Die US-Regierung habe, so Doug Brugge von der Tufts University School of Medicine in Massachusetts in einer Studie 2002, es wissentlich versäumt, sich mit der Gesundheitsgefährdung der Navajo auseinanderzusetzen: »Wissenschaftler, die schon früh auf die Misere aufmerksam machten, wurden von den verantwortlichen Regierungsstellen ignoriert.«[19] Rafael Moure-Eraso, Arbeitsmediziner an der University of Massachusetts, kam 1999 zu dem Schluss: »Der Zeitraum 1947 bis 1966 war für die Regierung eine Gelegenheit, an den Navajo-Bergleuten die Auswirkungen radioaktiver Strahlung zu studieren.« Er spricht von »Experimenten an Menschen ohne deren Wissen«.[20]

In den vergangenen Jahren kam der Uranbergbau in den USA vollständig zum Erliegen: 2018 wurden noch 582 Tonnen Uran gefördert, im Jahr darauf nur noch 67. Die 6 beziehungsweise 8 Tonnen in den Jahren 2020 und 2021 können nicht mehr als Uranbergbau bezeichnet werden. Da haben auch alle Versuche der Trump-Administration nicht geholfen, die Naturschutzgebiete wie das Bears Ears National Monument im Südosten von Utah mit seinen Tafelbergen drastisch verkleinern wollten, um der Bergbauindustrie den Zugang zu erleichtern. Die Biden-Regierung hat dem dann erst einmal einen Riegel vorgeschoben.

Injektionsbohrungen in Kasachstan

In Kasachstan wurde Mitte der 1950er-Jahre mit dem Uranbergbau begonnen und bis zum Zusammenbruch der Sowjetunion wurden 70.000 Tonnen Uran gefördert. Während Uran bis 1990 fast ausschließlich Untertage oder im offenen Tagebau gefördert wurde, setzt der 1997 gegründete Staatskonzern Kazatomprom heute nur noch auf das sogenannte In-Situ-Leach-Verfahren (ISL). Dabei werden über Injektionsbohrungen zumeist verdünnte

Schwefelsäure, Wasserstoffperoxid oder Ammoniumcarbonat in uranhaltige Schichten gepresst und über eine zweite Bohrung die gewonnene uranhaltige Lösung nach oben gepumpt.

Weil bei diesem Verfahren keine Erzhalden an der Oberfläche zurückbleiben, ist die Naturzerstörung und -belastung nicht oder kaum sichtbar. Was das bedeutet, lässt sich in einem autokratischen Staat wie Kasachstan nicht unabhängig erforschen, schon gar nicht für dieses Buch. Welche Folgen die In-Situ-Leaching-Methode hat, macht aber das Beispiel Tschechien sichtbar: Die Uranlagerstätte Stráž im Norden des Landes wurde mit dieser Methode ausgebeutet. Es gab dort 2.210 Explorations- und 7.684 Produktionsbohrungen, um mit verschiedenen Säuren Uran aus dem Gestein zu lösen. Mehr als vier Millionen Tonnen Schwefelsäure, 320.000 Tonnen Salpetersäure, 111.000 Tonnen Ammoniak und 26.000 Tonnen Flusssäure wurden unter die Erde gepresst. Die Menge dieser Säuren und Laugen entspricht der Hälfte des Volumens der Talsperre Štěchovice, mit der die Moldau südlich von Prag gestaut wird. Über 350 Millionen Kubikmeter Grundwasser sind verunreinigt worden, die gesamte Trinkwasserversorgung in Nordböhmen ist dadurch bedroht.[21]

Zurück nach Kasachstan: Das Land ist seit 2009 der größte Uranproduzent weltweit. Im Jahr 2021 kamen 45 Prozent der weltweiten Förderung beziehungsweise 21.819 Tonnen aus dem autokratischen Land. Kritische Stimmen gibt es praktisch nicht, zumindest nicht in der Öffentlichkeit. Obwohl Kasachstan die katastrophalen Auswirkungen der Atombombentests in den Jahren als Sowjetrepublik erlebt hat, machen sich Mitarbeiter*innen des staatlichen Uran-Unternehmens Kazatomprom keine Sorgen über die Hinterlassenschaften des ISL-Bergbaus. Sie argumentieren, dass natürliche Prozesse das Minengelände reinigen werden.[22] Auch wenn Wissenschaftler*innen dies bezweifeln, wird in Kasachstan selbst nicht darüber diskutiert: Die Uranminen befinden sich in abgelegenen Gebieten eines ohnehin dünn besiedelten Landes. Sollte sich die Bevölkerungsstruktur jemals ändern, könnte der Uranbergbau mittels ISL zum Problem werden: »Die Verschmutzung könnte Tausende von Jahren andauern«, sagt Brian Reinsch, ein Umweltwissenschaftler, der in Kasachstan über ISL-Sanierungsmethoden forscht.[23]

Chinas und Russlands neue Hauptrollen im Urangeschäft

Trotz aller Bemühungen der Atom- und der mit ihr verbundenen Bergbauindustrie will der Uranpreis nicht so richtig steigen. Mit der Boomphase der zivilen Atomkraftsparte erreichte er in der zweiten Hälfte der 1970er-Jahre einen historischen Höchststand von über 100 US-Dollar pro Pound.[24] Nach der Beinahe-Reaktorkatastrophe von Three-Mile-Island bei Harrisburg nahe New York im Jahr 1979 sank der Börsenpreis auf um die 40 Dollar und bereits vor Tschernobyl auf unter 30 Dollar. Der Mauerfall war für die Uranindustrie letztlich eine Katastrophe. Ein Großteil der über 70.000 Atomsprengköpfe wurde abgerüstet, das auf über 90 Prozent angereicherte Uran abgereichert und auch in Atomkraftwerken verbrannt. Zur Modernisierung ihrer Atomwaffen benötigten die Nuklearmächte kein frisch gefördertes Uran. Die Uranproduktion sank deshalb auf 31.500 Tonnen im Jahr 1994, der Preis für ein Pound Uran erreichte historische Tiefstände zwischen 10 und 20 US-Dollar. Gut zehn Jahre lang sollte das so bleiben.

Es gab ein kurzes Zwischenhoch aufgrund der von der Atomindustrie selbst immer wieder beschworenen Atomrenaissance durch die AKW-Neubauten in Flamanville/Frankreich (2004) und Olkiluoto/Finnland (2005): Der Uranpreis kletterte auf 70 US-Dollar an der Börse und sogar 134 US-Dollar am Spotmarkt. »Zum ersten Mal seit dem Radiumboom der 1920er-Jahre in St. Joachimsthal wurde Uran zu einem rentablen Rohstoff, sodass mehrere New Yorker Hedge-Fonds Mengen von Yellowcake erwarben und einlagerten, um darauf zu wetten, dass der Preis noch weiter steigen würde.«[25]

Die Spekulanten hatten sich verrechnet. Der Uranpreis stürzte durch die Finanzkrise 2008 und die Fukushima-Katastrophe, nach der alle 54 Atommeiler in Japan abgeschaltet wurden, wieder für Jahre auf unter 40 Dollar ab. Seit 2020 ist der Börsenpreis zwar wieder leicht gestiegen, aber selbst die Energiekrise nach dem Überfall Russlands auf die Ukraine hat daran nichts Wesentliches geändert. Nach einem kurzen Preissprung auf etwas mehr als 59 US-Dollar ist der Uranpreis wieder auf 50,50 Dollar gefallen (Stand Ende Januar 2023).

Der für die Bergbauindustrie wenig erfreuliche Uranpreis hat enorme Auswirkungen auf die einzelnen Minen: Die meisten Bergwerke arbeiten unwirtschaftlich; neue werden kaum noch erschlossen, bestehende werden stillgelegt oder verkauft. In Malawi schloss Paladin bereits 2014 die Mine Kayelekera. Es würde Millionen kosten, den Uranabbau wieder aufzunehmen. In Niger hat Areva 1,9 Milliarden Dollar in die neue Mine Imouraren investiert, den Uranabbau aber nie gestartet; und in Namibia hat der Konzern Klein Trekkopje schon vor Jahren stillgelegt, weil das Bergwerk nur noch Verluste gemacht hatte. Langer Heinrich liegt ebenfalls in Namibia und wurde Anfang 2018 eingestellt. In Mali liegt Falea brach, in Südafrika wurden 2021 nur noch 385 Tonnen gefördert. In Kanada wurde McArthur River stillgelegt, in Australien Ranger Deeps zwar erschlossen, aber nicht in Betrieb genommen, und die Ranger-Mine wurde 2019 zunächst vorübergehend und 2021 schließlich endgültig geschlossen. In den USA, immerhin der historisch drittgrößte Uranproduzent, wurde der Uranbergbau bereits 2020 komplett eingestellt. Als Folge des niedrigen Preises musste das südafrikanische Unternehmen MinTails Konkurs anmelden, während Areva mit Steuergeldern vor dem Bankrott gerettet wurde und Paladin an der Pleite knapp vorbeischrammte.

Chinesische und russische Staatsfirmen nutzen die Krise der Uranindustrie auf ihre Weise. Anders als profitorientierte westliche Unternehmen müssen sie nicht auf kurzfristige Gewinne achten. Bereits 2007 startete die staatliche China National Nuclear Corporation (CNNC) in Niger die Uranmine Azelik; der französische Konzern Areva, der bis dahin das Monopol auf das nigrische Uran hatte, blieb bei dem Deal außen vor. Es kam allerdings zu Projektverzögerungen, Überschreitung des Baubudgets und einer verringerten Uranproduktion als geplant, was zu hohen Verlusten und dazu führte, dass Bankkredite nicht zurückgezahlt werden konnten. »Aufgrund einer angespannten Liquiditätslage« wurde die Mine bereits 2015 wieder geschlossen.[26]

Grundsätzlich verfolgen der chinesische Staat beziehungsweise die dortigen Staatsunternehmen das Ziel, sich an Uranminen in Kanada, Kasachstan, Australien und in Afrika zu beteiligen beziehungsweise neue Minenprojekte zu erschließen, um den eigenen Uranbedarf decken zu können. An der vorübergehend stillgelegten Langer-Heinrich-Mine kaufte CNNC 25 Prozent der Anteile, verbunden mit der Option, bei Bedarf die Beteiligung zu erhöhen. In Tansania haben chinesische und einheimische Geolog*innen gemeinsam die Möglichkeiten erörtert, die Mineralien des Landes zu erschließen. Die russische Rosatom ist dort längst aktiv. Bereits 2011 erwarb der russische Staatskonzern über eine Tochtergesellschaft die Mantra Resources Ltd. für 1,15 Milliarden US-Dollar und sicherte sich die Beteiligung am Mkuju-River-Uran-Projekt. Einziges Hemmnis für den Start der Produktion: der niedrige Uranpreis. Mit der kanadischen Cameco hat die CNNC wiederum vereinbart, langfristig Urankonzentrat nach China zu liefern. Eine vergleichbare Vereinbarung gibt es mit Kasachstan. Die russische Rosatom ist an den Uranminen Kasachstans sogar direkt beteiligt.

Obwohl die CNNC im eigenen Land »nur« 1.885 Tonnen Uran fördern konnte, was einem Weltmarktanteil von 3,9 Prozent entspricht, kommt das Unternehmen über seine Auslandsbeteiligungen auf einen Anteil von 15 Prozent. Vergleichbar ist die russische Rosatom: Auch sie hat einen Anteil von 15 Prozent an der weltweiten Uranförderung. Rechnet man die kasachische Kazatomprom mit 23 Prozent hinzu, so sieht man, wie sehr autokratische und antidemokratische Staaten das Urangeschäft dominieren: über die Hälfte des geförderten Urans ist in ihren Händen.[27]

Die Altlasten des Uranbergbaus in Ostdeutschland

Von der Schmirchauer Höhe hat man einen guten Überblick über das Gessental und die neu gestaltete Landschaft bei Ronneburg in Thüringen. Sanfte Hügel vermitteln fast einen Hauch von Toskana. Gleichzeitig kann man noch erahnen, dass sich hier Gewaltiges abgespielt haben muss: Jahrzehntelang buddelten Kumpel der DDR nach Uran, dem Rohstoff für Atomkraftwerke und vor allem Atombomben. Im Tagebau Lichtenberg klaffte ein rund ein Kilometer breites, zwei Kilometer langes und über 200 Meter tiefes Loch. Weithin sah man die Spitzkegelhalden, zu denen sich die Reste aus dem Uranabbau häuften. Hier und an etlichen weiteren Standorten in Sachsen und Thüringen holten Menschen insgesamt 231.000 Tonnen Uran aus der Erde. Die einstige DDR ist damit bis heute der sechstgrößte Uranproduzent der Welt. Dies blieb nicht ohne Folgen. Um den sogenannten Yellowcake herzustellen, wurde das geförderte Erz in Mühlen zermahlen und das Uran mithilfe von Säuren und Laugen herausgelöst. Weil das Gestein, so wie in den meisten anderen Uranminen auch, nicht einmal 0,1 Prozent des begehrten Rohstoffs enthielt, blieb pro Kilogramm gewonnenem Uran über eine Tonne radioaktiv belastetes Gestein zurück. Eine Altlast, die wohl niemand gerne in seiner Nachbarschaft gelagert wissen möchte.

Um die Brisanz des Bergbaus und die mögliche Vergiftung der Region zu verschleiern, haben die Machthaber der DDR dem

Uranbergbau den Name Wismut gegeben – nach einem Metall, das bereits lange vorher im Erzgebirge abgebaut und zu Legierungszwecken verwendet wurde. Messungen zur radioaktiven Belastung wurden geheim gehalten. Diese Verschleierungstaktik endete mit dem DDR-Regime – weitgehend jedenfalls.

Nach Angaben der Wismut GmbH, die seit dem Fall der Mauer für die Sanierung dieser strahlenden Hinterlassenschaften zuständig ist, kamen bis zur Wende in Sachsen und Thüringen in den Jahrzehnten des Uranbergbaus 311 Millionen Kubikmeter Haldenmaterial und 160 Millionen Kubikmeter radioaktive Schlämme zusammen. Weil nur das Uran als Abbauprodukt interessant war und aus dem Erz herausgelöst wurde, blieben alle anderen Abbauprodukte der Urankette auf den Halden und in den Schlamm-Seen zurück: Thorium, Protactinium, Radium, Polonium, Bismut und Blei – alles hoch giftige und, vom stabilen Blei-206 abgesehen, radioaktiv strahlende Stoffe. In Trockenperioden blies der Wind radioaktiven Staub in die umliegenden Dörfer und Städte. Mit jedem Regen gelangten radioaktive Partikel in Bäche, Flüsse und ins Grundwasser. »Wegen der massiven Vergiftung der ganzen Region ist Uranbergbau in einem dicht besiedelten, demokratischen Land heute praktisch nicht mehr möglich«, erzählt Angelika Claußen, Ärztin und Präsidentin der atomkritischen Ärzt*innenorganisation IPPNW-Europa, die sich gleichermaßen gegen die Hochrisikotechnologie Atomkraft und Atomwaffen stellt. »Die Urangewinnung wurde nach der Wende deshalb sofort eingestellt.«[28]

6,9 Milliarden Euro haben die Bundesregierung – und damit die Steuerzahlenden – bis Ende 2021 dafür ausgegeben, die Wunden in der Landschaft sowie die lebensfeindlichen Halden und Schlämme in Sachsen und Thüringen zu beseitigen. Die Betreiber und Vorbesitzer hatten dafür keinerlei finanzielle Rücklagen angelegt. Bis 2025 soll die Sanierung abgeschlossen sein. Bleiben wird jedoch die Notwendigkeit, das Sickerwasser wegen seiner radioaktiven Belastung über Jahrhunderte aufzubereiten und die insgesamt 21 Bergwerkstandorte weiter zu überwachen. Bis 2040 werden die Kosten voraussichtlich auf acht Milliarden Euro steigen, zwei Milliarden mehr als ursprünglich veranschlagt.

Von der Schmirchauer Höhe aus kann man den Erfolg der Sanierung sehen: Bereits zur Bundesgartenschau 2007 wurde die Region als »Neue Landschaft Ronneburg« einer staunenden Öffentlichkeit präsentiert. Alles gut also in den Uranbergbaugebieten aus DDR-Zeiten? Beileibe nicht: »Die ehemaligen Absetzbecken wurden zwar abgedeckt, aber nicht abgedichtet«, kritisiert Frank Lange, Aktivist beim Kirchlichen Umweltkreis Ronneburg, einer Bürgerbewegung, die seit 1988 den Uranbergbau und dessen Sanierung kritisch begleitet. »Ein Teil der Niederschläge sickert durch die Tailings, die aus feinkörnigen Bergbaurückständen bestehen, und durch die Dämme, sodass giftige Stoffe in den Grundwasserpfad gelangen.«[29]

Zwar wurde 1990 das bundesdeutsche Strahlenschutzrecht auf das Gebiet der ehemaligen DDR ausgeweitet, doch es gab eine wesentliche Ausnahme: Für bergbauliche und andere Tätigkeiten gilt bis heute ausdrücklich die Verordnung über die Gewährleistung von Atomsicherheit und Strahlenschutz der DDR weiter. Die Hinterlassenschaft der Wismut wurde nach der deutsch-deutschen Vereinigung damit nicht dem Atomrecht der Bundesrepublik unterstellt, sondern dem Strahlenschutzrecht der DDR aus dem Jahr 1984.

Ein einfacher gesetzgeberischer Trick reichte damit aus, um unzählige Milliarden bei der Sanierung einzusparen. Eine Verfassungsbeschwerde wegen der schwächeren Schutzregelungen hat das Bundesverfassungsgericht 1999 nicht zur Entscheidung zugelassen, weil es in der Sache um eine Altlastensanierung singulären Ausmaßes gehe. An die Sanierung von Altlasten dürften nicht die Zielvorstellungen des Vorsorgeprinzips angelegt werden, wie es in der Begründung heißt. Die Wiederherstellung des ursprünglichen Zustands stoße aus naturwissenschaftlichen und technischen Gründen an Grenzen. Wegen dieser Nichtzulassung gibt es bis heute keine bundeseinheitliche rechtliche Regelung zum Umgang mit radioaktiven Altlasten und damit auch keinen gesetzlich vorgeschriebenen Maßstab für die radiologische Bewertung der Wismut-Reste.[30]

Hinzu kommt, dass etliche Minen in Thüringen und Sachsen bereits wenige Jahre nach Beginn des Uranabbaus ausgebeutet waren, sodass dort die Förderung schon in den 1950er- oder 1960er-Jahren endete. Hier schlummern Altlasten aus einer längst vergangenen Zeit, an die keiner gedacht hat, als 1990 der Einheitsvertrag geschrieben wurde. Deshalb wurde die Sanierung dieser Minen damals nicht geregelt. Die Wismut GmbH ist aber aufgrund des Wismut-Gesetzes ausschließlich zur Sanierung der Anlagen verpflichtet, die sich am 30. Mai 1990 im Besitz der SDAG Wismut befanden, und für alle anderen Altlasten überhaupt nicht zuständig.

Während in Sachsen mit Unterstützung der Landesregierung bis Ende 2016 18 Sanierungsprojekte in 46 Städten und Gemeinden durchgeführt wurden, stellte die thüringische Landesregierung dafür bisher keine Mittel zur Verfügung. Das Land Thüringen und die Bundesregierung schlossen 1990 zwar einen Generalvertrag über die Sanierung von Bergbauresten und das Bundesland erhielt dafür auch einen dreistelligen Millionenbetrag. Dieses Geld floss aber ausschließlich in die Sanierung des Kalibergbaus. Für die »Hinterlassenschaften des Uranbergbaus«, wie es im Amtsdeutsch offiziell heißt, sind deshalb keine Mittel mehr vorhanden. Kommunen, die eine Halde »geerbt« haben, sind zwar dafür zuständig, sie dürfen aber mit keiner weiteren Unterstützung rechnen, da ja Mittel geflossen sind. Pech gehabt, ist man geneigt zu sagen. In Thüringen gibt es, was die Altlasten angeht, quasi bis heute einen rechtsfreien Raum. Und das, obwohl Umweltschützer*innen berichten, dass es »in unserem Thüringer Wald an mehreren Stellen Sickerwässer gibt, die mit Uran und anderen Schwermetallen aus dem Uranbergbau belastet sind«. Gezielte Messungen hätten die anfängliche Befürchtung bestätigt. »Dass von dieser wunderschönen Landschaft eine Gefahr ausgeht, denkt niemand«, sagt Frank Lange. Geschehen ist bislang nichts, obwohl der Kirchliche Umweltkreis immer wieder auf derartige radioaktive Altlasten hingewiesen hat.

Ganz offen wird dagegen ein anderes Problem diskutiert: Millionen Tonnen Gestein aus dem Uranbergbau sind zu DDR-Zeiten als Schotter und Untergrund im Straßenbau verwendet worden. Durch Schlaglöcher und Risse im Belag oder bei der Verlegung von Leitungen wird die strahlende Altlast freigelegt. Weil in Waldsachsen, einem kleinen, inzwischen von Meerane eingemeindeten Ort an der Grenze zwischen Thüringen und Sachsen, mehrere Krebsfälle auftraten, bündelten die Bürger*innen ihren Protest in der Bürgerinitiative strahlungsfreies Waldsachsen und erhielten mit Schlagzeilen wie »Krebsangst – Hilfe, unsere Straße strahlt!« öffentliche Aufmerksamkeit.[31] Das zuständige Umweltministerium hat allerdings in Waldsachsen nur leicht erhöhte Strahlenwerte gemessen und sieht deshalb keine akute Gefahr für die Bevölkerung. Die Bürgerinitiative streitet derweil seit Jahren für die vollständige »Entsorgung aller radioaktiv belasteten Stoffe«.[32]

Westdeutschland, Kasachstan und Frankreich

In Westdeutschland suchte die Atomindustrie seit den 1950er-Jahren ebenfalls nach Uran. Menzenschwand im Schwarzwald, Müllenbach bei Baden-Baden, Mähring in der Oberpfalz und Weißenstadt im Fichtelgebirge heißen die Orte, an denen zumindest zeitweise Uran abgebaut wurde. In Ellweiler in Rheinland-Pfalz wurde es zwischen 1961 und 1989 zu Yellowcake verarbeitet, dem Ausgangsstoff für die Herstellung von Brennelementen. Nachdem festgestellt wurde, dass aus den illegalen Abraumhalden zu viel Radon emittierte und die zulässigen Grenzwerte überschritten wurden, meldete der Betreiber Konkurs an. Der Staat ließ die Halden mit 6,9 Millionen D-Mark aus öffentlichen Kassen sanieren. Weil es letztendlich keine wirtschaftlich interessanten Lagerstätten gibt, kam es in der alten Bundesrepublik nie zu einem kommerziellen Abbau im großen Stil und von daher auch zu keinem Sanierungsproblem.

Dass Deutschland sich in diesem Maße mit der Sanierung seiner Uranminen beschäftigt, ist weltweit eher eine Ausnahme. In nahezu allen anderen Regionen der Welt, in denen Uran abgebaut wurde und wird, geht man dieses Problem nicht einmal an, und wenn, dann häufig nur mit weit geringerem Einsatz. Es mangelt an Interesse und vor allem an Geld. Tschechien beispielsweise hat fast halb so viel Uran aus dem Boden geholt wie Ostdeutschland. Auch hier gibt es ungeheure Mengen an Abraumhalden, Schlammresten und 350 Millionen Kubikmeter kontaminiertes Grundwasser (siehe Seite 103). Mit der Sanierung wurde 1996 begonnen. Um die Folgen der in den Untergrund gepressten Säuren und Laugen zu beseitigen, hat die Regierung bis 2042 31 Milliarden tschechische Kronen bereitgestellt, umgerechnet 1,2 Milliarden Euro. Der tschechische Rechnungshof und Umweltorganisationen rechnen allerdings damit, dass es nicht bei dieser Summe bleibt.[33]

Die oberirdischen Halden von Příbram in Zentralböhmen werden dagegen gleich gar nicht saniert: Als die Frage im Jahr 2020 öffentlich diskutiert wurde, protestierten die Anwohner*innen der Region. Sie fürchteten, dass durch eine Sanierung weit mehr radioaktiver Staub aufgewirbelt und die gesamte Region kontaminiert werden könnte, als wenn gar nichts gemacht wird.

Frankreich hat vergleichbare Altlasten wie Deutschland und Tschechien: Zwischen 1954 und 2003 holten das staatliche Commissariat à l'énergie atomique (CEA), COGEMA und Areva ins-

Faszinierendes Uranmineral: Uranophan ist bekannt dafür, hellgelbe Nadelkristalle zu bilden. Das abgebildete Objekt stammt aus der Madawaska-Mine in Ontario/Kanada.

© Mineralogisches Museum der Universität Bonn

Martin Heinrich Klaproth isolierte bereits 1789 aus dem dunklen Mineralgestein Pechblende das Element Uran.

© Wikimedia Commons / Rob Lavinsky, iRocks.com (CC-BY-SA-3.0)

Die Rössing-Mine in Namibia: Seit 1976 wurden dort 73.000 Tonnen Uran aus dem Boden geholt.

© Wikimedia Commons/Ikiwaner (GFDL 1.2, https://commons.wikimedia.org/w/index.php?curid=8132735)

Obwohl aus Arlit in Niger in den vergangenen 50 Jahren Uran im Wert von 40 Milliarden US-Dollar abgebaut wurde, gehört das Land zu den ärmsten der Welt.

© Maurice Ascani / Orano

Chicago Pile 1: Der erste Atomreaktor der Welt wurde am 1. Dezember 1942 unter der Tribüne des Football-Stadions in Chicago fertiggestellt. Ein Tag später gelang die Kettenreaktion.

© Melvin A. Miller / Argonne National Laboratory / United States Department of Energy

Das Blitzröhrchen als Symbol des atomaren Schreckens entstand aus einem Fingerhut voller Sand bei der Explosion der ersten Atombombe am 16. Juli 1945 in der Wüste von New Mexico, zu sehen im Mineralogischen Museum der Universität Bonn.

© Marco Rothenhäusler / Mineralogisches Museum der Universität Bonn

Alltag im Uranbergbau der DDR: Wie hier im sächsischen Schlema strömten täglich Tausende Arbeiter*innen in die Uranminen der Wismut.

© *Wismut GmbH*

Sprengarbeiten zum Erzabbau: Wie 1964 im Tagebau Lichtenberg bei Ronneburg in Thüringen gehören Sprengarbeiten zum Alltag im offenen Uranbergbau.
© Wismut GmbH

Die Bergleute unter Tage haben Uran jahrzehntelang ohne den geringsten Schutz aus dem Boden geholt – überall auf der Welt.
© Wismut GmbH

Symbol des Uranbergbaus: Weithin sichtbar waren jahrzehntelang die Spitzkegelhalden in der Nähe von Ronneburg. Nach der Wende wurde mit dem aufgeschütteten Material das gewaltige Tagebauloch zugeschüttet.

© Wismut GmbH

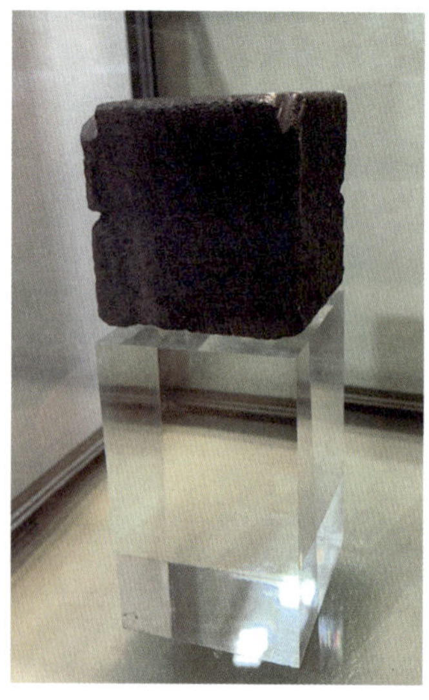

664 Uranwürfel standen der Urangruppe am Kaiser-Wilhelm-Institut in Berlin während des Zweiten Weltkriegs zur Verfügung. Die Wissenschaftler hatten aber keine Ambitionen, die »Wunderwaffe« zu entwickeln und Hitler-Deutschland zur Verfügung zu stellen.

© Anne Zacke / Mineralogisches Museum der Universität Bonn

Die Kosten für den Bau des EPR in Flamanville schätzt der französische Rechnungshof nach einer endlosen Reihe technischer und industrieller Debakel auf 19 Milliarden Euro.

© Wikimedia Commons / schoella (CC BY-SA 3.0)

AKWs der dritten Generation: Das neueste Atomabenteuer von Orano in Sachen Atomkraft. Die beiden Reaktoren Hinkley Point C1 und C2 in Großbritannien sollen inzwischen 25 bis 26 Milliarden Pfund kosten.

© Électricité de France

Doppelter Nutzen: Himbeeren gedeihen unter PV-Anlagen prächtig. Das Fraunhofer-Institut schätzt, dass in Kombination mit Photovoltaik vier Prozent der landwirtschaftlichen Fläche ausreichen, um den gesamten Strombedarf Deutschlands zu decken.

© *BayWa r.e.*

Noor Abu Dhabi in Saudi-Arabien mit einer Leistung von 1,2 Gigawatt ist derzeit das größte Solarkraftwerk der Welt. Sonnenstrom kostet dort nicht viel mehr als ein 1 US-Cent/Kilowattstunde.

© *EWEC*

Atomkraft im Dienste der Medizin: Im Forschungsreaktor FRM II in Garching wurden Krebskranke jahrelang bestrahlt und behandelt. Derzeit wird die Anlage modernisiert.

© Bernhard Ludewig, FRM II / TUM

Kuren mit Radon: Wie hier im Heilstollen Bad Gastein setzen sich Patient*innen stundenweise hohen Radonkonzentrationen aus, um beispielsweise chronische Arthritis zu lindern. Weil die Erfolge zweifelhaft sind, übernehmen deutsche Krankenkassen nicht die dafür anfallenden Kosten.

© Gasteiner Heilstollen, steinbauer-photography.com

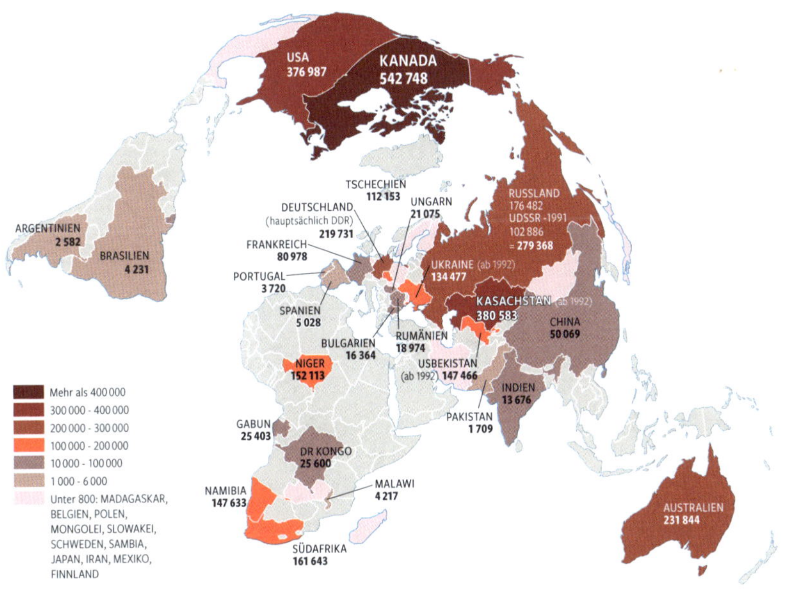

Kumulierte Förderung des Rohstoffs Uran: Die Karte zeigt, wie viele Tonnen in den jeweiligen Förderländern zwischen 1940 und 2020 aus dem Boden geholt wurden.

© Nuclear Free Future Foundation / Hoffmann (CC BY 4.0)

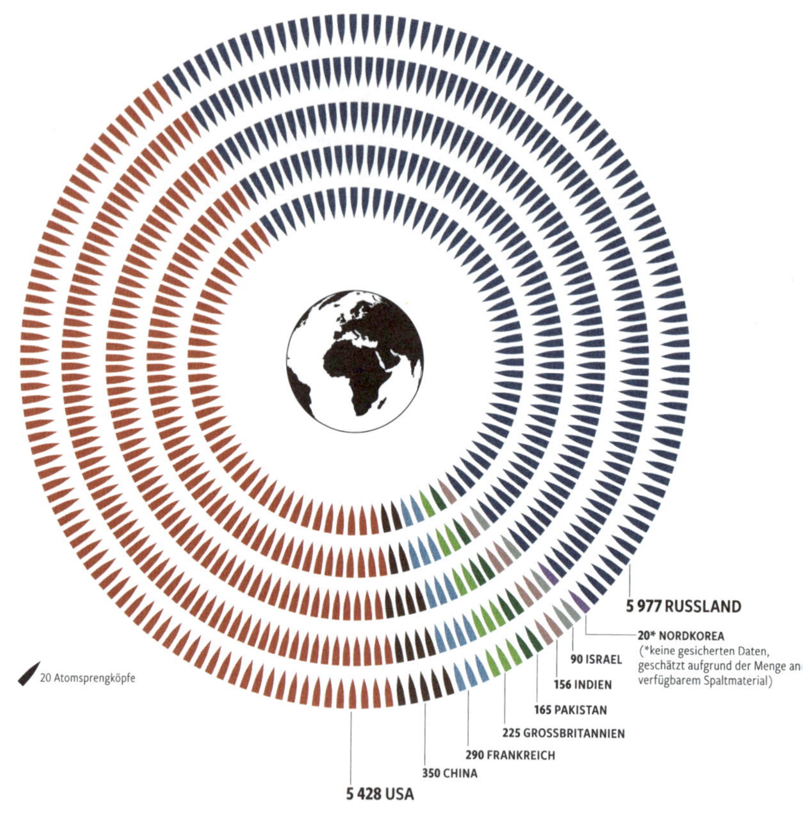

Alle Atommächte modernisieren derzeit ihre Arsenale. Auch wenn die Zahl der Atombomben abnimmt, steigt dadurch die nukleare Bedrohung. Von einer Welt ohne Atomwaffen, die noch vor 10 Jahren möglich schien, entfernen wir uns derzeit wieder.

© Nuclear Free Future Foundation / Hoffmann (CC BY 4.0)

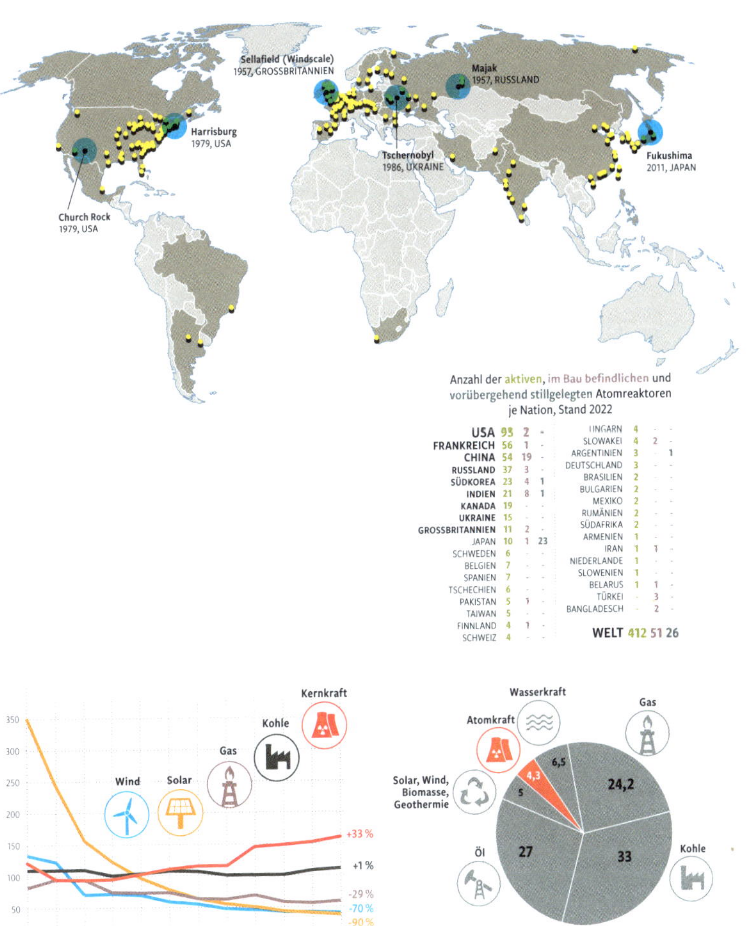

Nation	aktiv	im Bau	vorübergehend stillgelegt
USA	93	2	-
FRANKREICH	56	1	-
CHINA	54	19	-
RUSSLAND	37	3	-
SÜDKOREA	23	4	1
INDIEN	21	8	1
KANADA	19	-	-
UKRAINE	15	-	-
GROSSBRITANNIEN	11	2	-
JAPAN	10	1	23
SCHWEDEN	6	-	-
BELGIEN	7	-	-
SPANIEN	7	-	-
TSCHECHIEN	6	-	-
PAKISTAN	5	1	-
TAIWAN	5	-	-
FINNLAND	4	1	-
SCHWEIZ	4	-	-
UNGARN	4	-	-
SLOWAKEI	4	2	-
ARGENTINIEN	3	-	1
DEUTSCHLAND	3	-	-
BRASILIEN	2	-	-
BULGARIEN	2	-	-
MEXIKO	2	-	-
RUMÄNIEN	2	-	-
SÜDAFRIKA	2	-	-
ARMENIEN	1	-	-
IRAN	1	1	-
NIEDERLANDE	1	-	-
SLOWENIEN	1	-	-
BELARUS	1	1	-
TÜRKEI	-	3	-
BANGLADESCH	-	2	-
WELT	412	51	26

Atomkraft und sein Katastrophenpotenzial: Die Karte zeigt alle Anfang 2022 aktiven Atomkraftwerke und markiert – blau eingefärbt – die Orte der großen Unglücksfälle. Nach der Logik der Nuklearindustrie hätte es sie alle nicht geben dürfen (oben).
Dabei hat Atomkraft nur einen Anteil von 4,3 Prozent an der weltweiten Energieversorgung (Stand 2019, u. r.) und ist gegenüber den Erneuerbaren nicht konkurrenzfähig (u. l.). Die Grafik zeigt die Stromgestehungskosten neuer Kraftwerke je Megawattstunde in US-Dollar und die Veränderungen in Prozent.

© *Nuclear Free Future Foundation / Hoffmann (CC BY 4.0)*

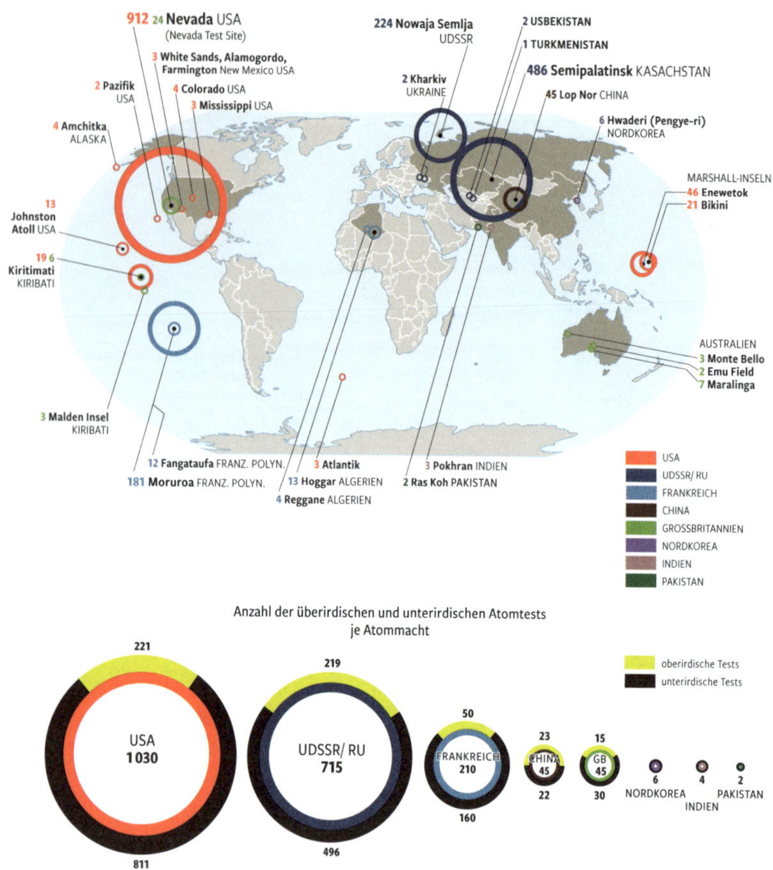

Proben für den Ernstfall: 2058 Atombomben haben die Nuklearmächte seit 1945 getestet – über ein Viertel davon oberirdisch.

© Nuclear Free Future Foundation / Hoffmann (CC BY 4.0)

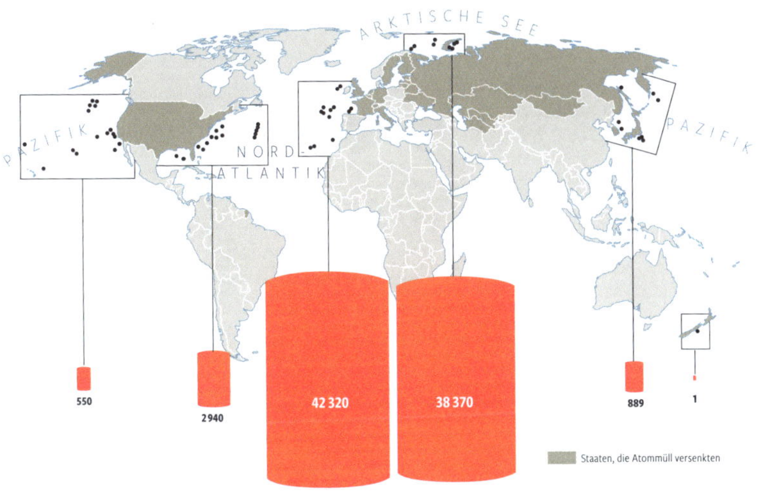

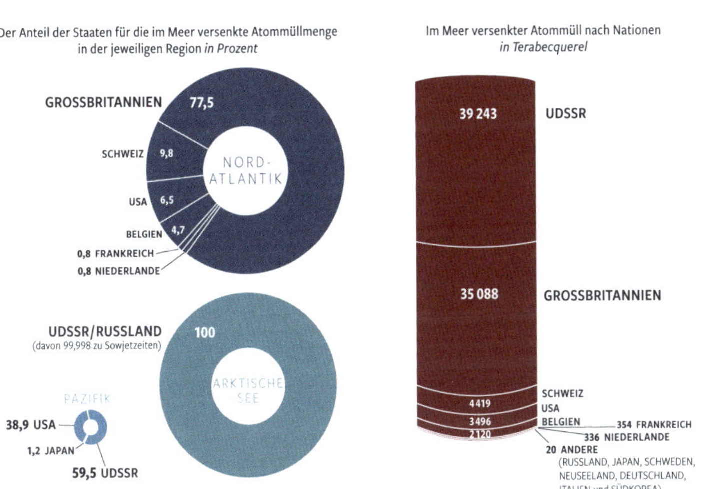

Endlager Meer: Vor allem Großbritannien und die Sowjetunion haben die Ozeane als Endlager für Atommüll missbraucht. Bis 1975 wurde sogar hochradioaktiver Atommüll in Fässer gepackt und verklappt.

© Nuclear Free Future Foundation / Hoffmann (CC BY 4.0)

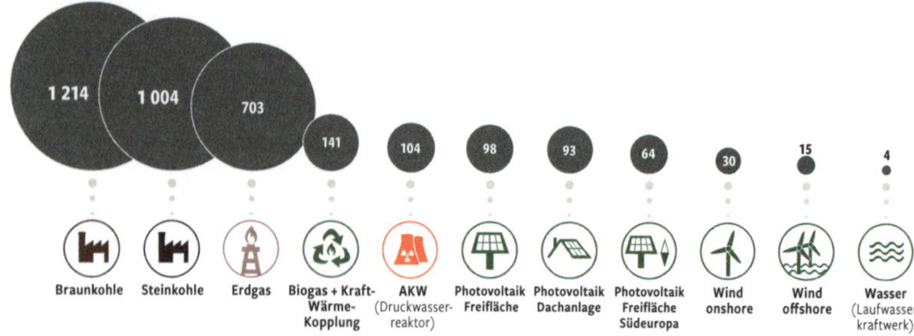

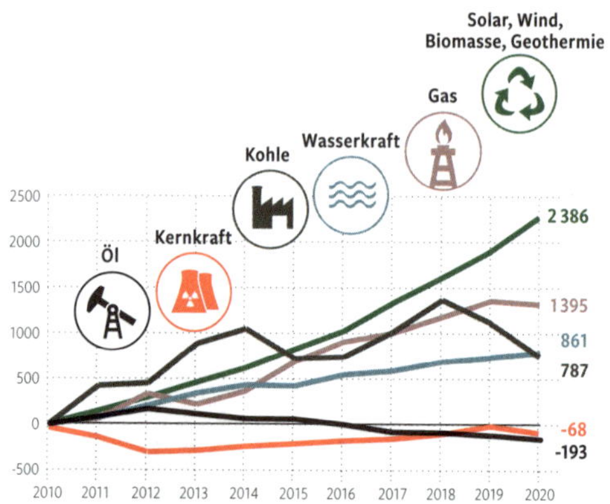

Die Klimalast des Stroms: Die Grafik zeigt, wie viel Kohlendioxid die verschiedenen Energieträger pro Kilowattstunde verursachen. Atomstrom ist zwar CO_2-arm, aber deutlich über Wind-, Sonnen- und Wasserkraft (oben).
Während der jährliche Zubau an Erneuerbaren in den vergangenen zehn Jahren um 2.386 Terawattstunden gestiegen ist, nahm Atomkraft um 193 Terawattstunden ab (unten).

© *Nuclear Free Future Foundation / Hoffmann* (CC BY 4.0)

gesamt 80.978 Tonnen Uran aus dem französischen Boden und hinterließen dabei 200 Millionen Tonnen Erzgestein, das wegen seines geringen Urangehalts als »steril« bezeichnet wird. Die meisten Minen lieferten geringe Erträge, nur in 20 überstieg die Jahresproduktion 1.000 Tonnen. Bereits 1985 war der Zenit überschritten, 2001 wurde das letzte Uranbergwerk in Frankreich geschlossen.

Gewöhnlich schüttete Areva den Eingang unterirdischer Minen nach ihrer Stilllegung mit sterilem Gestein zu und begrünte Tagebauanlagen und Abraumhalden. Bis zur Jahrtausendwende gab der Konzern für diese Art der Sanierung umgerechnet knapp 121 Millionen Euro aus. Im Juni 2006 verabschiedete die französische Regierung ein Gesetz, das ein nachhaltiges Management von radioaktivem Material vorschreibt und die Altlasten des Uranbergbaus einschließt, weil das französische Strahlenforschungsinstitut CRIIRAD immer wieder Messungen durchgeführt und auf Missstände hingewiesen hat. Umfangreichere Sanierungsarbeiten nahm Areva jedoch erst auf, nachdem 2009 eine TV-Reportage für große Empörung gesorgt hatte. Wenn jedoch Anwohner*innen auch heute mit Geigerzählern auf Erkundung gehen, messen sie regelmäßig Werte weit über der normalen Hintergrundstrahlung. Felder, Wälder und Wiesen sind betroffen, mancherorts aber auch Schulhöfe, Gewerbehallen und Sportanlagen: Hier war der sogenannte Steril-Schotter entsorgt worden.[34]

Die Folgen des amerikanischen Uranrauschs

In den USA ist der Uranbergbau eingestellt worden. Das Land setzt auf billiges Uran aus Kanada und Kasachstan. In den Jahren des Uranrauschs (siehe Seite 100) wurde ohne Kontrollen und gesetzliche Vorgaben derart viel Uran abgebaut, dass die USA immer noch Platz vier unter den historisch wichtigsten Uranproduzenten einnehmen.

Welche Folgen das hat, lässt sich am Reservat der Diné Nation zeigen, das sich auf die Bundesstaaten Utah, Colorado, Arizona und New Mexico verteilt. Mit über 67.000 Quadratkilometern – eine Fläche fast so groß wie Bayern – ist es das größte Reservat der First Nation. Laut US-Umweltbehörde EPA gibt es heute innerhalb des Reservats 523 verlassene Uranminen. Das ist die offizielle Zahl. Die indigene NGO Clean up the Mines schätzt die Zahl auf über 1.200. Insgesamt gibt es in den USA mindestens 4.225[35] inaktive und stillgelegte Uranminen, möglicherweise sogar bis zu 15.000.[36]

Diese Zahlen sind deshalb so wichtig, weil der Uranrausch genauso jäh endete, wie er angefangen hat. Die Betreiber von Tausenden ehemaligen Minen in den 1950er- und 60er-Jahren sind aber nach dem Ende dieses Rauschs einfach verschwunden und haben mehr oder minder alles stehen und liegen gelassen. Offene Schächte und Gruben sowie einsturzgefährdete und rostende Konstruktionen kennzeichnen noch heute ihre Hinterlassenschaft. Diese »abandoned mines«, wie die sich selbst überlassenen Minen heißen, werden zumeist nicht einmal gekennzeichnet, selbst wenn sie in den Unterlagen der US-Umweltbehörde EPA verzeichnet sind. Niemand fühlt sich für sie verantwortlich.

Die Firma erhält das Gold, die Allgemeinheit die strahlende Hinterlassenschaft

Vorgaben und Vorschläge zur Sanierung geschädigter Landschaften der US-Regierung gelten für den Bergbau generell, Uran nimmt hier keine Sonderstellung ein. Dabei gilt allerdings grundsätzlich ein Satz, mit dem Paul Robinson, Bergbauexperte des Southwest Research and Information Center (SRIC) in Albuquerque/New Mexico die Situation beschreibt: »The company gets the gold, the community gets the shaft« – die Firma erhält also das Gold, die Allgemeinheit die Grube.[37] Sollen doch die Steuerzahler*innen dafür aufkommen, strahlende Hinterlassenschaften zu beseitigen.

Im Jahr 1977 erließ die US-Regierung den Surface Mining Control and Reclamation Act, ein Gesetz, das den Bergbauunternehmen wenigstens ein Mindestmaß an Sanierung abverlangt, zumindest im eigenen Land. Für die Minen und Bohrlöcher aus der Zeit des Uranrauschs kam diese Vorgabe allerdings zu spät.

Der Ländervergleich zeigt: Die Bundesregierung in Deutschland hat Milliarden für die Sanierung des Uranbergbaus in Ostdeutschland ausgegeben. Andere europäische Uranförderländer haben zwar nicht ganz so viel, aber immer noch erhebliche Summen für die Sanierung bereitgestellt. Die USA haben seit fast 50 Jahren ein Gesetz, das Bergbaufirmen dazu verpflichtet, ihre Vergewaltigung der Natur wieder gut zu machen. Solche Vorschriften gibt es in afrikanischen Staaten nicht und nur in begrenzter Weise in Australien. Hier zählen allein freiwillige Verpflichtungen. Geht ein Unternehmen Pleite, haben die Anwohner*innen schlicht das Nachsehen.

In den autoritären Bergbaunationen Asiens – China, Kasachstan oder Russland – kommen Uranprobleme entweder gar nicht vor oder aber Kritiker*innen werden einfach weggesperrt. Einen offiziellen Vertreter Kasachstans – seit 2009 immerhin der größte Uranproduzent der Welt – habe ich vor Jahren bei einer offiziellen Veranstaltung auf die Probleme des In-Situ-Leaching angesprochen. Der Offizielle, der an dieser Stelle nicht mit Namen genannt werden soll, hat nur mit der Achsel gezuckt und geantwortet: »Wieso Probleme? Es geschieht doch alles unterirdisch ...«

Der russische Staatskonzern Rosatom veröffentlicht jährlich zwar einen über 200 Seiten dicken Geschäftsbericht. Von nackten Produktionszahlen abgesehen ist zum Uranbergbau aber nichts zu lesen. Vor allem Probleme kommen nicht vor. Dazu erzählt Uranexperte Paul Robinson: »In einigen Häusern in der Umgebung von Uranminen in Krasnokamensk wurden Radonkonzentrationen von bis zu 28.000 Becquerel pro Kubikmeter gemessen; dieser Wert liegt 190-mal über dem Grenzwert, bei dem zum Beispiel in den USA Sofortmaßnahmen gesetzlich vorgeschrieben sind.«[38]

Was passieren kann, wenn Aktivist*innen einem autoritären Staat unliebsame Fragen stellen, zeigt das Beispiel Sun Xiaodi. Der Chinese kritisierte öffentlich die Probleme, die der Uranbergbau in der Uranmine Nr. 792 mit sich brachte, und erhielt infolgedessen den Nuclear Free Future Award. Weil er immer und immer wieder fragte und keine Ruhe gab, wurde er zunächst entlassen, später unter Hausarrest gestellt, bis er schließlich 2009 wegen Aufhetzung der Öffentlichkeit zu zwei Jahren Straflager verurteilt wurde, wie die Ärzt*innenorganisation IPPNW berichtete.

KAPITEL 7

Die militärische Nutzung von Uran

Ohne das Ziel, Atombomben zu bauen, wäre der Abbau von Uran wahrscheinlich nie vorangetrieben worden. Den Weg zur ersten Atombombe am 16. Juli 1945 in der Wüste von New Mexico habe ich bereits im Eingangskapitel beschrieben. Die Atombomben auf Hiroshima und Nagasaki am 6. und 9. August beendeten nicht nur den Zweiten Weltkrieg, sie läuteten auch den Beginn eines ungeheuren Wettrüstens zwischen Ost und West ein. Damit verbunden war die Suche nach Uran, dem Rohstoff für die Atombombe.

Es dauerte nicht einmal zwei Jahre und die Weltgemeinschaft erkannte, in welche Richtung es gehen sollte: »Der Begriff ›Kalter Krieg‹ war geprägt, als Ausdruck der sich verschlechternden Beziehungen zwischen den Vereinigten Staaten und der vorher mit ihnen alliierten Sowjetunion«, fasst Stephanie Cooke die damalige Entwicklung zusammen. »Und dieser Kalte Krieg diente jetzt als treibende Kraft für den Bau weiterer Kernwaffen. Bald erfanden Wissenschaftler die thermonukleare Vision der Bombe, tausendmal so stark wie die über Japan abgeworfenen Bomben und mit theoretisch unbegrenztem Vernichtungspotenzial.«[1]

Die Sowjetunion zündet am 29. August 1949 auf dem Testgelände von Semipalatinsk im Nordosten Kasachstans ebenfalls ihre erste Atombombe. Spätestens damit beginnt das atomare Wettrüsten. Um die Stimmung der damaligen Zeit zu verstehen: Zwischen dem 24. Juni 1948 und dem 12. Mai 1949 hatte die Sowjetunion die Land- und Wasserstraßen West-Berlins blockiert. Ihr Ziel: die drei westlichen Besatzungszonen in ihr sozialistisches Wirtschaftssystem zu integrieren. Die Westmächte hatten am 20. Juni bekanntgegeben, dort die D-Mark als neues Zahlungsmittel einzuführen – entgegen aller Warnungen Stalins, damit eine Grenze zu überschreiten. Weil die immer wertloser werdende Reichsmark trotz Grenzkontrollen in die sowjetische Zone eingeschmuggelt wurde, reagierte die Sowjetunion mit der Blockade West-Berlins. Es war die erste große Konfrontation zwischen Ost und West.

In den USA bestimmte offener Antikommunismus die Stimmung. In der sogenannten McCarthy-Ära – benannt nach dem erzkonservativen Senator Joseph McCarthy – wurden Mitglieder der Kommunistischen Partei, aber auch linke Intellektuelle und Künstler*innen politisch verfolgt, angeklagt, zu Geld- und Haftstrafen verurteilt und nicht selten beruflich ruiniert. Mit welcher Radikalität die Behörden vorgingen, zeigt das Beispiel von Julius Rosenberg und seiner Frau Ethel. Der jüdische Elektrotechniker soll, so der Vorwurf, geheime Unterlagen zum Bau der Atombombe an die Sowjetunion weitergegeben haben. Er und seine Frau waren bekennende Kommunisten, aber beide leugneten sämtliche Vorwürfe. Weil die Anklage keine Beweise vorlegen konnte, fälschte sie nach einem Bericht des WDR Beweise, beeinflusste Zeug*innen und machte unzulässige Absprachen mit dem Richter. Das Ehepaar wurde zum Tode verurteilt und – trotz Protesten von unter anderem Pablo Picasso, Albert Einstein und Papst Pius XII. – 1953 hingerichtet. Seine Unschuld beteuerte es bis zuletzt. Historiker*innen sprechen heute von einem politisch motivierten Justizverbrechen.[2]

Auch wenn es wahrscheinlich nicht die Rosenbergs waren, die der Sowjetunion die entscheidenden Unterlagen zum Bau der Atombombe lieferten, war das Wettrüsten eröffnet: Die USA verfügten 1950 bereits über 369 Atombomben, die Sowjetunion über 5. Fünf Jahre später standen den USA 3.057 Atombomben zur Verfügung, der Sowjetunion 200, im Jahr 1960 war das Verhältnis 20.468 zu 1.605. Erst in den 1970er-Jahren begann es sich anzugleichen und schließlich sogar umzukehren: Im Jahr 1986 konnten die USA mit 23.254 Atombomben drohen, die Sowjetunion hatte 40.723.

Weitere Staaten machten beim atomaren Wahnsinn mit: Großbritannien zündete seine erste Atombombe im November 1952 auf Trimouille Island, einer der kleinen Montebello-Inseln vor der Nordwestküste Australiens. China ließ 1964 auf Top Lor im Nordwesten der Volksrepublik seine erste Bombe explodieren. Frankreich folgte zwei Jahre später mit dem ersten Test auf dem Fangataufa-Atoll im Südpazifik. Israel (1973), Indien (1974), Pakistan (1998) und Nordkorea (1998) gehören inzwischen ebenfalls zum Kreis der Atommächte.

Ohne Uran, das sei an dieser Stelle nochmals erwähnt, wäre der atomare Irrweg nicht möglich gewesen. Bis in die 1960er-Jahre des vergangenen Jahrhunderts war dessen Förderung hauptsächlich militärisch begründet.

2.058 Atombombentests

Mit dem Wettrüsten testeten die Atommächte sehr viele Atombomben. »We are the most bombed nation in the world«, wiederholen Ian Zaparte und viele andere Sprecher*innen der Western Shoshone Nation immer wieder, wenn sie über Atombombentests sprechen: »Wir sind die am meisten bombardierte Nation der Welt.« Denn in der Wüste von Nevada errichteten die USA rund 100 Kilometer nordwestlich von Las Vegas ihr Testgelände, die Nevada Test Site – und das, obwohl die USA 1863 fast zwei Drittel von Nevada als Territorium der Western Shoshone anerkannt hatten. »In den 30er-Jahren des 20. Jahrhunderts wurde ihr Territorium rechtswidrig der Verwaltung diverser US-Behörden unterstellt«, so die Gesellschaft für bedrohte Völker.[3] Die Western Shoshone akzeptieren diese Enteignung bis heute nicht.

Nach dem Zweiten Weltkrieg führte das US-Militär zunächst mehrere Dutzend Atombombentests im Südpazifik auf den Atollen Enewetok und Bikini durch, die zu den Marshall-Inseln gehören, entschieden sich 1950 nach dem Beginn des Koreakriegs aber aus »Gründen der nationalen Sicherheit« vor allem für Atomtests im eigenen Land. Eine Fläche von 3.000 Quadratkilometer in Nevada erklärten sie zum militärischen Sperrgebiet. Zwischen 1951 und 1992 ließ die US-Armee dort 928 Atombomben detonieren, davon bis zum Vertrag über das Verbot von Kernwaffenversuchen in der Atmosphäre im Jahr 1963 hundert oberirdisch.

Niemand wurde in den 1950er- und 1960er-Jahren über die radioaktiven Wolken und die Folgen des Fallouts informiert – weder die Bewohner*innen von Las Vegas und anderer Orte, die »downwind« lebten, noch die Soldat*innen, die zum Teil im Freien und ungeschützt in nur wenigen Kilometern Entfernung einer Explosion ausgesetzt wurden, und schon gar nicht die Western Shoshone. Und das, obwohl den Verantwortlichen die tödliche Gefahr bewusst war, wie inzwischen veröffentlichte Dokumente belegen. Denn schon Anfang 1953 verendete ein Viertel aller Schafe, die im Testgebiet auf der Weide standen. Die Menschen dort hielten es für das Normalste der Welt, Kadaver von fehlgebildeten Lämmern zu sehen.

Doch dabei blieb es nicht: »In den frühen 60er-Jahren fingen all die Krankheiten an, die wir jetzt durchmachen«, berichtet Lijon Eknilang auf der Webseite des IPPNW über den Schauplatz Bikini. Das Mädchen war acht Jahre alt, als am 1. März 1954 die US-amerikanische Wasserstoffbombe »Bravo« auf dem Bikini-Atoll detonierte. »Viele Menschen leiden hier unter Schilddrüsentumoren, Totgeburten, Augenkrankheiten, Leber- und Magenkrebs und Leukämie. Die am häufigsten vorkommenden Missgeburten auf den Marshall-Inseln waren die Quallenbabies. Diese Kinder werden ohne Knochen und mit durchsichtiger Haut geboren. Wir können ihre Gehirne betrachten und ihre Herzen schlagen sehen. Aber sie haben keine Beine, keine Arme, keinen Kopf, nichts. Einige dieser Geschöpfe haben wir acht oder neun Monate lang ausgetragen. Sie leben normalerweise einen oder zwei Tage.«[4]

Die Sowjetunion hatte mit Semipalatinsk im heutigen Kasachstan ein vergleichbares Testgelände. Von 1949 bis 1989 führten die Militärs dort 456 Bombentests durch, davon 160 oberirdisch. Die Sprengkraft entsprach insgesamt dem 2.500-Fachen der Hiroshima-Bombe. Der radioaktive Staub verbreitete sich über ein Gebiet von der Größe Deutschlands; rund 1,5 Millionen Menschen wurden durch die Explosionen verstrahlt. Was das bedeutet, zeigt Karipbek Kuyukov. Der Mann aus dem östlichen Kasachstan ist als Folge der radioaktiven Verseuchung ohne Arme und Hände auf die Welt gekommen. Er widmet sein Leben und seine Kunst – aufrüttelnde Bilder, die er mit Mund und Zehen malt – dem Ziel, »dass niemand mehr unter den schrecklichen Folgen von Atomtests und Atombomben zu leiden« hat.

»Rund tausend Familien, allesamt ethnische Kasachen, die über das Testgelände verteilt gelebt haben, sind zu Opfern der Strahlenbelastung geworden«, sagte Kuyukov während seiner Dankesrede, als ihm 2018 der Nuclear Free Future Award in Salzburg verliehen wurde. »Für den ersten Atomtest bereiteten Militärstrategen ein sogenanntes Experimentierfeld vor. Im Epizentrum des Felds wurde die Kernladung installiert. Nicht weit vom Epizentrum entfernt wurden militärische Ausrüstung, Panzer, Flugzeuge und gepanzerte Autos aufgestellt. In vielen dafür errichteten Unterkünften wurden Versuchstiere – Schafe, Schweine, Hunde – untergebracht. Und dann gab es noch die Menschen, die seit 40 Jahren in der Nähe des Testgeländes lebten und arbeiteten. All dies war vorbereitet, um die zerstörerische Kraft und Macht einer Atombombenexplosion zu untersuchen. Meine Familie erinnert sich noch heute, wie unser Haus von der Druckwelle der regelmäßigen Explosionen erschüttert wurde.«

1991 wurde das Testgelände geschlossen – auch ein Verdienst des Nevada-Semipalatinsk-Movements, einer der ersten Anti-

Atom-Bewegungen in der früheren Sowjetunion. Schon mit seiner Namensgebung solidarisierte sich die Organisation mit den Strahlenopfern in Nevada.

In Australien machte Großbritannien die Maralinga-Wüste, das Emu Field sowie die Monte-Bello-Inseln zum atomaren Testgelände. Zwischen 1952 und 1963 wurden zwölf Atombomben in Regionen gezündet, die Aboriginals als ihre Heimat beanspruchen. Frankreich zündete seine erste Bombe im Februar 1960 im algerischen Teil der Sahara-Wüste und verlagerte die Tests wenige Jahre später in die Südsee auf das unbewohnte Mururoa-Atoll. China, Indien, Pakistan und Nordkorea haben ihre Bomben allesamt im eigenen Land getestet.

Inzwischen hat die Weltgemeinschaft einen vollständigen Kernwaffenteststoppvertrag ausgehandelt, den Comprehensive Test Ban Treaty (CTBT). Die Verhandlungen dazu begannen 1994, die USA strebten unter der Clinton-Regierung das Verbot sämtlicher Atomwaffentests an und wurden dabei von Russland unterstützt. 1996 hat die Vollversammlung der Vereinten Nationen das Vertragswerk durch die UN-Resolution 50/245 angenommen.

Deutschland gehört mit Australien, Finnland, Kanada, den Niederlanden und Japan zur »Gruppe der Freunde des CTBT«, die sich besonders für das Inkrafttreten des Vertrags einsetzt. 184 Staaten haben ihn unterschrieben, 167 ratifiziert. Damit er in Kraft tritt, müssen ihn der Iran, Israel, Ägypten, China, die USA, Indien, Pakistan und Nordkorea ratifizieren. Die drei letztgenannten haben ihn nicht unterzeichnet und noch nach 1996 Atombombentests durchgeführt.

Eine atomare Abrüstung schien möglich

Die Ärzt*innenorganisation IPPNW hat im Jahr 2019 gemeinsam mit ICAN, der Kampagnenorganisation zur Abschaffung aller Atomwaffen, in einer Studie gezeigt, welche dramatischen

Folgen ein begrenzter Atomkrieg zwischen Indien und Pakistan weltweit haben würde. Die Annahme: Indien setzt 100 strategische Atomwaffen ein, Pakistan antwortet seinerseits mit 150. 50 Millionen Menschen würden sofort an den Folgen der Druck- und Hitzewelle sterben, wenn die Bomben eine Sprengkraft von jeweils 15 Kilotonnen hätten – das entspricht ungefähr der Größe der Atombombe, die auf Hiroshima abgeworfen worden ist (rund 12,5 Kilotonnen). Würden Atomwaffen mit einer Sprengkraft von 50 Kilotonnen eingesetzt, kämen 100 Millionen Menschen unmittelbar zu Tode.

»Noch katastrophaler wären die globalen Klimaauswirkungen. Ein Krieg mit 15 KT Atombomben würde die durchschnittliche globale Oberflächenlufttemperatur um 3 Grad Celsius senken, ein Krieg mit 50 KT-Atombomben hätte einen Niedergang der globalen Temperaturen von 4,5 Grad Celsius zur Folge«, fasst ICAN die Ergebnisse zusammen. »Der Temperaturrückgang wäre nicht nur in den Landgebieten wesentlich stärker als über den Ozeanen, es gäbe außerdem erhebliche regionale Unterschiede. Im Falle eines Krieges mit 50 KT-Atombomben wäre der Temperaturabfall in weiten Teilen Nordamerikas und Eurasiens mit etwa 10 Grad Celsius fast doppelt so hoch wie im Weltdurchschnitt.«

Eine frühere Studie von IPPNW kam im Jahr 2002 zu dem Ergebnis, dass der Atomwaffeneinsatz zwischen Indien und Pakistan eine globale Hungerkatastrophe mit bis zu zwei Milliarden Toten zur Folge hätte. Die neue Studie 2019 nennt zwar keine konkrete Zahl, geht aber davon aus, dass die »Auswirkungen auf die globale Nahrungsmittelversorgung [...] wesentlich gravierender« wären.[5]

Was ein Temperatursturz von zehn Grad bedeutet, können wir uns kaum vorstellen: Nach dem Ende der letzten Eiszeit vor ungefähr 10.000 Jahren erwärmte sich die Erde um ungefähr drei Grad Celsius. Diese drei Grad sind die Voraussetzung zur »Ausbildung menschlicher Hochkulturen«, wie der Kulturhistoriker

Wolfgang Behringer schreibt.[6] Schon kleine Temperaturanomalien führen zur Blüte oder ins Chaos. Nicht einmal ein weiteres Grad mehr zwischen etwa 1000 bis 1300 n. Chr. sorgt während der sogenannten mittelalterlichen Warmzeit für eine Blüte in Mittel- und Nordeuropa. Das Wikingervolk besiedelt Island und Grönland, im deutschsprachigen Raum wächst die Zahl der Städte von wenigen hundert auf über dreitausend.[7]

Vollkommen gegensätzliche Bedingungen brachte die Kleine Eiszeit mit knapp einem Grad unter dem Mittel der vergangenen 10.000 Jahre. Die veränderten Klimabedingungen sind eine Ursache für den Ausbruch der Französischen Revolution: Im vorrevolutionären Frankreich ist das Klima über Jahre für den landwirtschaftlichen Ertrag und damit für die landwirtschaftliche Bevölkerung katastrophal. Der Winter 1783/84 war außerordentlich schneereich und streng. Deshalb fällt die anschließende Ernte schlecht aus, die Getreidepreise steigen weltweit und damit auch in Frankreich. Und das Wetter setzt den Menschen weiter zu: »1788 war ein extremes Dürrejahr«, recherchiert Wolfgang Behringer. Darüber hinaus verwüstet ein Hagelsturm am 13. Juli 1788 ganze Landstriche. Die Getreidebauern und -bäuerinnen in Frankreich, die den Bedarf der wachsenden Bevölkerung ohnehin nicht decken können, fahren 20 Prozent weniger ein als im Durchschnitt der vergangenen zehn Jahre. Hunger breitet sich aus und soziale Spannungen werden größer. Im Winter bringt der Frost die Mühlen zum Stillstand, im Sommer sorgt Trockenheit für eine schlechte Ernte. »Ein symbolisches Datum zeigt den Zusammenhang zwischen Revolution und Hunger: Die Getreidepreise erreichten ihren Höchststand am 14. Juli 1789, dem Tag des Sturms auf die Bastille.«[8]

Ein Grad weniger als das bisherige Mittel trug also zum Ausbruch der Französischen Revolution bei. Ein Atomkrieg hätte auf der nördlichen Halbkugel einen Temperatursturz von zehn Grad zur Folge. Die Studienautor*innen zeigen, dass es gar nicht notwendig ist, die vielen tausend Atomwaffen einzusetzen, mit denen sich die Atommächte hochgerüstet haben, um den gesamten Globus in einen lebensfeindlichen Planeten zu verwandeln. Es reichen wenige hundert.

Eine vergleichbare Untersuchung gab es Mitte der 1980er-Jahre noch nicht, als die damaligen Atommächte über insgesamt rund 70.000 Atombomben verfügten. Aber man kannte die Folgen der Hiroshima-Bombe, die 70.000 bis 80.000 Menschen sofort tötete. Und durch 2.058 Atombombentests war den Verantwortlichen klar, welche Sprengkraft ihre Arsenale hatten. Im INF-Vertrag, dem sogenannten Washingtoner Vertrag über nukleare Mittelstreckensysteme, haben der damalige US-Präsident Ronald Reagan und UdSSR-Generalsekretär Michail Gorbatschow im Dezember 1987 vereinbart, sowohl ihre Nuklearraketen an Land mit einer Reichweite von 500 bis 5.500 Kilometern als auch deren Abschussvorrichtungen und die dazu gehörende Infrastruktur innerhalb von drei Jahren zu vernichten und keine neuen herzustellen. Der Vertrag war ein Meilenstein zur Beendigung des Kalten Krieges.

Seitdem folgten weitere Abrüstungsverträge: Mehr als vier Fünftel ihres Atomwaffenarsenals haben die USA und Russland/die Sowjetunion abgerüstet. Insgesamt verfügten nach Angaben des Friedensforschungsinstituts SIPRI die neun Atommächte zu Beginn des Jahres 2022 über folgende Zahl an Atomsprengköpfen: Russland besaß 5.977, die USA 5.428, China 350, Frankreich 290, Großbritannien 225, Pakistan 165, Indien 156, Israel 90 und Nordkorea 20 Atomsprengköpfe. Das sind insgesamt gesehen zwar 400 Sprengköpfe weniger als im Jahr zuvor, diese Verringerung ist aber kein Zeichen weiterer Abrüstung. Im Gegenteil: Der Rückgang ist fast ausschließlich »auf die Demontage von Sprengköpfen [in Russland und den USA] zurückzuführen, die bereits vor einigen Jahren aus dem militärischen Einsatz genommen worden waren«, kommentieren die Friedensforscher*innen ihre eigenen

Ergebnisse. »Die Anzahl der Sprengköpfe in den nutzbaren militärischen Beständen der beiden Länder blieb 2021 relativ stabil.« Ja mehr noch: Die SIPRI-Wissenschaftler*innen schätzen, dass sich etwa 2.000 Atomsprengköpfe »in hoher Alarmbereitschaft« befanden, fast alle in den Arsenalen Russlands und der USA.

Der INF-Vertrag war jedoch nicht die erste Vereinbarung, um die atomare Bedrohung einzugrenzen. Die Kubakrise im Oktober 1962 – damals befand sich die Welt erstmals am Rand eines Atomkriegs – brachte den Atommächten die Erkenntnis, dass es besser sei, die nukleare Gefahr zu verringern. Was war geschehen? Der sowjetische Regierungschef Nikita Chruschtschow ließ damals 36 Atomraketen und 98 Nuklearsprengköpfe auf Kuba stationieren, quasi im Vorgarten der USA.[9] Nach dem Spanisch-Amerikanischen Krieg 1898 war Kuba bis zur Machtübernahme der Guerilla-Armee unter Fidel Castro Anfang 1959 so etwas wie ein Vasallenstaat der USA. Das neue kubanische Regime hatte den Grundbesitz von US-Bürger*innen auf Kuba verstaatlicht und ließ die sowjetischen Atomraketen auch deshalb stationieren, um sich vor einer möglichen Invasion der USA zu schützen. Die Sowjetunion wiederum verwendete die dortigen Atomwaffen als Abschreckung und Gegenmaßnahme, da die USA Atomwaffen in Italien und der Türkei stationiert hatten.

US-Präsident John F. Kennedy ordnete daraufhin eine Seeblockade Kubas an, die Hardliner unter den Militärs waren jedoch für sofortige Luftangriffe und befahlen – ohne den Präsidenten zu informieren – die strategische Alarmbereitschaft der Luftstreitkräfte. Die beiden Atommächte standen sich in direkter Konfrontation gegenüber und die Welt stand vor dem atomaren Abgrund. Erst die Zusicherung der USA, Kuba nicht durch eine Invasion zu überfallen, und ihre hinter den Kulissen geschlossene Vereinbarung, die Militärbasen in der Türkei wieder abzubauen, führten dazu, dass Chruschtschow einlenkte und die Atomraketen von Kuba abzog.

Was folgte, waren Verhandlungen. Bereits am 5. August 1963 unterzeichneten die Sowjetunion, die USA und Großbritannien den Comprehensive Test Ban Treaty, den Vertrag über das Verbot von Kernwaffenversuchen in der Atmosphäre, im Weltraum und unter Wasser. Der Vertrag wurde unter anderem auch deshalb geschlossen, weil weltweit immer mehr Menschen gegen die radioaktive Belastung durch den Fallout der Bomben protestierten. Bis zur Unterzeichnung hatten die USA 206 und die UdSSR 216 Atombomben in der Atmosphäre detonieren lassen. Cäsium-137, Strontium-90 sowie Plutonium-239 reicherten sich in der Atmosphäre an. Strontium-90 mit einer Halbwertszeit von 28 Jahren wird vom menschlichen Körper mit Kalzium verwechselt und in Knochen und Zähnen eingelagert. Eine nicht veröffentlichte Studie der amerikanischen Regierung schätzte 2002, dass der Fallout der Bombentests in den USA 35.000 Krebsfälle, darunter 15.000 Todesfälle, verursacht hat.[10] IPPNW spricht von »weltweit 3 Millionen zusätzlichen Krebstoten«.[11]

Fünf Jahre später, am 1. Juli 1968, initiierten die USA, Großbritannien und die Sowjetunion den sogenannten Atomwaffensperrvertrag (Treaty on the Non-Proliferation of Nuclear Weapons), mit dem die Länder, die den Status »Atommacht« erlangt hatten, sich dazu verpflichten, Atomwaffen nicht zu verbreiten (Artikel 1) und »in redlicher Absicht Verhandlungen zu führen [...] über einen Vertrag zur allgemeinen und vollständigen Abrüstung unter strenger und wirksamer internationaler Kontrolle« (Artikel 6). Alle anderen Unterzeichner verzichten auf Atomwaffen (Artikel 2).[12] Von Indien, Pakistan, Israel und dem Süd-Sudan abgesehen, haben weltweit alle Länder dieses Abkommen unterzeichnet. Nordkorea ist 2003 wieder ausgetreten.

Es folgen 1972 und 1979 SALT 1 und SALT 2 (Strategic Arms Limitation Talks) zur Begrenzung strategischer Rüstung und nuklearer Trägersysteme und 1972 der ABM-Vertrag (Anti-Ballistic Missile Treaty), mit dem Raketenabwehrsysteme begrenzt werden sollten, den die USA im Jahr 2002 jedoch einseitig kündigten. START I (Strategic Arms Reduction Treaty, 1991) und START II (1993) hatten das Ziel, die Bestände weiter zu verringern und auf landgestützte Interkontinentalraketen mit Mehrfachsprengköpfen zu verzichten. Die USA hätten demnach ihre Bestände auf 3.500 Atomsprengköpfe abrüsten müssen, Russland auf 3.000. Der SORT-Vertrag (Strategic Offensive Reductions Treaty/2002) ging noch einen Schritt weiter: Die beiden atomaren Großmächte sicherten sich gegenseitig zu, bis 2012 ihr Arsenal auf jeweils 1.700 bis 2.200 Sprengköpfe zu verringern.

US-Präsident Barack Obama entwarf noch am 5. April 2009 vor 20.000 Menschen in Prag die Vision einer atomwaffenfreien Welt: »Als einzige Atommacht, die eine Atomwaffe eingesetzt hat, haben die Vereinigten Staaten eine moralische Verantwortung zu handeln. [...] Deshalb erkläre ich heute Amerikas Verpflichtung, den Frieden und die Sicherheit einer Welt ohne Atomwaffen anzustreben.«[13] Davon ist heute nichts mehr zu spüren. Zunächst haben die beiden Atommächte ihre zugesagten Abrüstungsziele nicht eingehalten. Gleichzeitig ist der weltweite Abbau einsatzbereiter Sprengköpfe zum Stillstand gekommen. Das SIPRI-Institut erwartet, dass ihre Zahl in den nächsten Jahren sogar wieder steigen wird. »Alle nuklear bewaffneten Staaten vergrößern oder modernisieren ihre Arsenale und die meisten verschärfen ihre nukleare Rhetorik und die Rolle, die Atomwaffen in ihren militärischen Strategien spielen«, sagte dementsprechend Wilfred Wan, Direktor des SIPRI-Programms für Massenvernichtungswaffen anlässlich der Vorstellung des SIPRI-Jahrbuchs 2022.[14]

Der russische Überfall auf die Ukraine

Mit dem Überfall Russlands auf die Ukraine im Jahr 2022 entstand eine neue Ost-West-Konfrontation. Kaum jemand hätte sich vorstellen können, dass Russland unter Präsident Wladimir Putin die Ukraine überfällt und offen mit dem Einsatz von Atomwaffen droht, um die NATO und die westlichen Staaten davon abzuhalten, sich direkt in den Krieg einzumischen. Sind damit alle Bemühungen zunichte gemacht, eine atomwaffenfreie Welt zu schaffen?

Zunächst einmal lässt sich festhalten, dass die NATO-Atommächte richtig reagiert haben, indem sie nicht ebenfalls mit Atomwaffen gedroht haben. »Das ist der richtige Schritt zur Deeskalation«, sagt Friedensforscher Sascha Hach im Telefon-Interview. »Jedes Drohen vergrößert in dieser Situation nur das gegenseitige Misstrauen und das Risiko von Fehlwahrnehmungen und -kalkulationen.« Wie schwierig nukleare Deeskalation angesichts des russischen Angriffskriegs jedoch ist, zeigt die neue *Nuclear Posture Review*, mit der die USA festlegen, welche Rolle Atomwaffen für sie spielen: Während US-Präsident Joe Biden noch im Wahlkampf davon sprach, Atomwaffen niemals zuerst einzusetzen, sind er und die US-Sicherheitsstrateg*innen in der neuen Erklärung von dieser weitreichenden Selbstverpflichtung abgerückt: Zwar wurde die Rolle von Nuklearwaffen im Vergleich zur Trump-Doktrin deutlich reduziert. Jedoch wird der Einsatz von Atomwaffen weiter »unter extremen Umständen in Betracht gezogen«.[15]

»Angesichts des russischen Überfalls auf die Ukraine sind die USA leider nicht so weit gegangen, sich kategorisch auf einen ›no first use‹ festzulegen, also keinesfalls als erste Atomwaffen einzusetzen«, erklärt Sascha Hach. »Das ist aber genau das, was aktuell entscheidend dazu beitragen würde, das nukleare Eskalationsrisiko zu minimieren und was viele Expertinnen und Vertreter der Zivilgesellschaft fordern.« Das wäre ein erster großer Fortschritt auf dem Weg zu einer atomwaffenfreien Welt.

Auch wenn es schwerfällt, muss man auch heute den Weg für Verhandlungen mit Russland offenhalten: »Wir müssen wegkommen von dem Narrativ ›Demokratien gegen Autokratien‹«, sagt

Sascha Hach weiter. Dazu gehöre auch, dass der Westen nicht auf eine vollständige Niederlage Russlands im Krieg gegen die Ukraine setzen sollte. Denn: »Je stärker sich Putin in die Enge getrieben sieht, desto größer wird die Gefahr, dass Russland auf Massenvernichtungswaffen oder taktische Nuklearwaffen zurückgreift.«

Wenn es um Atomwaffen geht, sollten Verhandlungen also eigentlich das Mittel der Wahl sein. Allerdings modernisieren und erweitern alle Atomwaffenstaaten momentan ihre Schreckensarsenale. Russland hat sowohl im Langstreckenbereich als auch im für Europa besonders bedrohlichen Mittelstreckenbereich Trägersysteme neu entwickelt und stationiert. Auch die anderen nuklear bewaffneten Staaten setzen auf neue Waffensysteme, so der SIPRI-Report. China ist gerade dabei, sein Atomwaffenarsenal erheblich zu erweitern, und auch Indien und Pakistan scheinen ihre Atomwaffenbestände zu vergrößern. Nordkoreas militärisches Nuklearprogramm ist zentraler Bestandteil seiner nationalen Sicherheitsstrategie.

Die russische Drohung wiederum, Atomwaffen einzusetzen, hat bereits ein Tabu gebrochen und sollte jedem klar machen, dass Atomwaffen tatsächlich auch im 21. Jahrhundert eingesetzt werden könnten.

Atomwaffenverbotsvertrag als Ausweg?

Vor diesem Hintergrund haben Initiativen wie die von ICAN initiierte Kampagne zur Abschaffung aller Atomwaffen momentan kaum Chancen, die Atommächte zu einem Umdenken zu bewegen. Und dennoch ist die Mehrzahl der Staatengemeinschaft dafür, Atomwaffen zu verbieten: Im Juli 2017 kam das Abkommen zum Verbot von Atomwaffen in die Vollversammlung der Vereinten Nationen. 122 Staaten stimmten damals dafür, 91 Staaten haben den Vertrag inzwischen unterzeichnet, 68 ratifiziert (Stand Januar

2023) – im Januar 2021 ist er in Kraft getreten. Deutschland gehört genauso wenig zu den Unterzeichnern wie die anderen NATO-Staaten, denn auf dem US-Militärstützpunkt in Büchel in der Eifel lagern bis zu 20 gefechtsbereite Atombomben. Diese dürften nicht weiter in Deutschland stationiert werden, sollte Deutschland den Vertrag unterzeichnen. Die Regierungsparteien der Ampel haben sich noch in ihren Wahlprogrammen zu einer atomwaffenfreien Welt bekannt beziehungsweise gefordert, Atomwaffen aus Deutschland langfristig abziehen zu wollen.[16]

Der russische Überfall auf die Ukraine hat eine Welt ohne Atomwaffen jedoch wieder in die Ferne gerückt. Umso wichtiger ist es, dass die Zivilgesellschaft in den demokratischen Staaten ihre Repräsentant*innen immer wieder neu dazu auffordern, sich für Rüstungskontrolle und atomare Abrüstung einzusetzen. Die großen Schritte in Richtung nuklearer Abrüstung haben die Atommächte in der Vergangenheit auch nach Krisen gemacht, in denen ein Atomkrieg zu einer realen Bedrohung geworden war.

Seit 1982 setzt sich dafür auch die von den Bürgermeistern Hiroshimas und Nagasakis gegründete Organisation Mayors for Peace ein. 8.234 Städte aus 166 Ländern und Regionen haben sich der Initiative inzwischen angeschlossen. Die Zivilgesellschaft will eine atomwaffenfreie Welt. Und sie kann entscheidend dazu beitragen: ICAN untersucht mit der Kampagne Don't Bank on the Bomb seit 2012 die Kreditvergabe zum Bau von Atombomben. Allein zwischen Januar 2017 und Januar 2019 investierten Banken dafür 900 Milliarden US-Dollar. Für über die Hälfte waren nur zehn Finanzinstitute verantwortlich: Vanguard, BlackRock, Capital Group, State Street, Verisight (inzwischen Newport Group), T. Rowe Price, Bank of America, JP Morgan Chase, Wells Fargo und die Citigroup. Das Geschäftsmodell wird jedoch zunehmend stigmatisiert: ABP, der fünftgrößte Pensionsfonds der Welt mit Vermögenswerten in Höhe von 500 Milliarden US-Dollar, will sicherstellen, dass Atomwaffenproduzenten keine Kredite aus dem

Geld ihrer Anleger*innen bekommen. Die KBC, eine Bankengruppe mit elf Millionen Kund*innen, hat alle finanziellen Beziehungen zu Atomwaffenherstellern beendet. Auch die Deutsche Bank reagiert. Genauso wie Finanzinstitute in den USA, Großbritannien und Frankreich. Jeder kann seine Bank fragen, ob sie Kredite an Konzerne vergibt, die mit Atombomben Geschäfte machen.

Uranwaffen verletzen die Menschenrechte

Doch Uran ist nicht nur in Atomwaffen zu finden, die eine enorme Zerstörungskraft besitzen und als Abschreckungsmittel dienen. Uran ist auch Teil von Waffen, die häufiger verwendet werden – und das mit Folgen.

Uran ist ein Schwermetall mit einer Dichte von 19 Gramm pro Kubikzentimeter. Es ist deutlich schwerer als Blei und mehr als doppelt so schwer wie Eisen und Stahl. Granaten und Projektile, die aus Uran hergestellt oder mit Uran gehärtet worden sind, haben eine weit bessere Durchschlagskraft als herkömmliche. Ein Urangeschoss durchdringt einen Panzer oder ein gepanzertes Fahrzeug nahezu mühelos. Kein Wunder, dass Militärs und Rüstungskonzerne schon vor Jahrzehnten auf die Idee gekommen sind, sich seine Eigenschaften zunutze zu machen. Rüstungskonzerne in China, Frankreich, Großbritannien, Pakistan, Russland und den USA härten mit abgereichertem Uran (Uran-238) die Munition ihrer Streitkräfte und machen sie dadurch wirkungsvoller.

Billig ist die Methode auch noch. Abgereichertes Uran bleibt bei der Urananreicherung für Brennelemente und Atombomben als Abfallprodukt zurück und müsste eigentlich als Atommüll jahrtausendelang in einem Endlager sicher verwahrt werden. Allein bei der nordrhein-westfälischen Urananreicherungsfabrik Urenco kommen jedes Jahr rund 5.000 Tonnen Uran-238 zusammen. Das Material zu Munition zu verarbeiten, spart die Kosten, es wie auch immer zu entsorgen und endzulagern. Anreicherungskonzerne sind wahrscheinlich froh, das Entsorgungsproblem auf diese Weise wenigstens teilweise lösen zu können, Rüstungskonzerne nehmen das Material dankbar ab.

»Depleted Uranium« heißt die Uranmunition im Fachjargon, kurz DU. Uranwaffen sind zwar durchschlagskräftiger als herkömmliche Projektile, sie haben aber in verschiedener Weise verheerende Nebenwirkungen: Trifft ein Urangeschoss einen Panzer, entsteht durch den Aufprall binnen Sekundenbruchteilen heißer Uranstaub, dessen Partikel sich durch den Sauerstoff in der Luft selbst entzünden. Der Brand im Innern eines Panzers tötet eventuell noch überlebende Besatzungsmitglieder und führt möglicherweise dazu, dass die mitgeführte Munition explodiert und den Panzer in Stücke zerreißt. Durch den Aufprall des Geschosses, den entstehenden Brand und die mögliche Explosion verteilt sich das Uran des Geschosses als hochgiftiger Staub in der Umgebung. Die Staubteilchen strahlen radioaktiv und sind gleichzeitig chemisch hoch toxisch. Soldat*innen und Zivilpersonen werden damit gleichermaßen vergiftet und verstrahlt.

Uran-238 hat eine radioaktive Halbwertszeit von fast 4,5 Milliarden Jahren. Urangeschosse strahlen damit praktisch auf ewig. Wenn sie einmal abgefeuert sind und sich das enthaltene Uran als Staub im jeweiligen Kriegsgebiet verteilt, lassen sich die Folgen kaum mehr beseitigen. Rückholen von Staub? Nahezu unmöglich!

Seit dem Jahr 2003 gibt es eine internationale Koalition zur Ächtung von Uranwaffen (International Coalition to Ban Uranium Weapons, kurz ICBUW), der 160 Gruppen in 33 Ländern angehören. Die Kampagnenarbeit wird hauptsächlich von der Ärzt*innenorganisation IPPNW und der Gruppe IALANA unterstützt (Juristen und Juristinnen gegen atomare, biologische und chemische Waffen). »Der Einsatz von DU-Waffen gehört zu den besonders verabscheuungswürdigen Formen der Kriegsführung, die den Krieg für unabsehbare Zeit in den Frieden hinein verlängern«, heißt es zur Kampagnenarbeit auf der Webseite der Koalition. »Er verletzt geltende Standards des Humanitären Völkerrechts, des internationalen Menschenrechtsschutzes und des Umweltrechts.«[17]

Eingesetzt wurden Uranwaffen bisher im ersten Golfkrieg 1991 im Irak durch die USA und Großbritannien. »In den Einsatzgebieten dieser Munition sind Krebserkrankungen und Missbildungen bei Neugeborenen gehäuft aufgetreten«, kritisiert IPPNW. »Viele Soldat*innen sind inzwischen erkrankt und verstorben; daher die Bezeichnung ›Golfkriegssyndrom‹; bis heute kämpfen die Überlebenden um die Anerkennung ihrer ›Berufskrankheit‹.«[18] Bosnien-Herzegowina, Serbien, Kosovo, Montenegro und Syrien folgten als Länder, in denen Uranmunition mit Sicherheit eingesetzt wurde. In Afghanistan, Syrien, Libyen, dem Jemen und Somalia ist sein Einsatz wahrscheinlich. Ramsey Clark, zwischen 1967 und 1969 Justizminister der USA und für die Ausarbeitung des Atomwaffensperrvertrags mitverantwortlich, bezeichnete Uranmunition als »Metal of Dishonor«, als »Metall der Unehre«, in Anlehnung an die »Medal of Honor«, die höchste Auszeichnung, die Mitglieder der Streitkräfte verliehen werden kann.[19]

Der US-amerikanische Konzern Alliant Tech Systems war in der Vergangenheit der weltweit größte Produzent von Uranwaffen.[20] 2017 wurde das Unternehmen von dem Waffenkonzern Northrop Grumman übernommen, der nach einem Bericht des *New Scientist* wiederum Anfang 2022 verkündet hat, die Produktion von Waffen mit abgereichertem Uran einzustellen.[21] Dem entspricht die Meldung, dass die Zentrale, die über die Waffenvergabe der US-Armee entscheidet, bereits 2021 dem Unternehmen General Dynamics den Auftrag erteilt hat, DU-gepanzerte Fahrzeuge und DU-Waffen zu entsorgen. Das sind Schritte in die richtige Richtung, sie bedeuten aber längst nicht das Ende von Uranwaffen.

Russland verfügt über Uranwaffen in verschiedener Form und erheblichem Umfang. Weil das Land Uran in großem Stil selbst anreichert, gleichzeitig große Mengen importiert hat – beispielsweise 18.000 Tonnen zwischen Mai 2019 und Oktober 2020 von Urenco aus Deutschland – und abgereichertes Uran wie in allen Anreicherungsanlagen zurückbleibt, kann Russland DU-Munition in großer Menge produzieren. Nach dem russischen Überfall auf die Ukraine hat das nordrhein-westfälische Unternehmen Urenco die Zusammenarbeit mit Russland beziehungsweise dem russischen Atomkonzern Rosatom für beendet erklärt. Ob Russland DU-Munition im Krieg gegen die Ukraine eingesetzt hat, kann ICBUW bislang weder bejahen noch verneinen. Die Organisation befürchtet aber dessen Einsatz, weil Russland Panzer und Waffensysteme nutzt, die dazu in der Lage sind, DU-Projektile abzufeuern. Die Ukraine wiederum verfügte bereits zu Sowjetzeiten über DU-Munition. Ein Großteil dieses Materials wurde nach dem Zusammenbruch der Sowjetunion in die russische Föderation gebracht oder vernichtet, weil die Munition zu alt und für moderne Waffensysteme nicht mehr vorgesehen war. Zu Gerüchten, denen zufolge die USA, Frankreich und andere NATO-Staaten DU-Munition an die Ukraine geliefert haben sollen, hat ICBUW keine zuverlässigen Quellen gefunden.[22]

Das grundsätzliche Problem in Sachen DU-Munition ist: Unabhängig davon, ob Rüstungsfirmen eines Landes Waffensysteme herstellen, die Depleted Uranium abfeuern können, und die dazugehörige Munition dann auch liefern, oder ob ein Land Kanonen und Geschosse von außerhalb kauft – die Informationen sind in der Regel als geheim eingestuft. Mit Griechenland, der Türkei, Israel, Saudi-Arabien, Bahrain, Ägypten, Kuweit, Jordanien, Oman, Thailand und Taiwan gibt es eine ganze Reihe von Staaten, die über Waffensysteme verfügen oder verfügten, mit denen DU-Geschosse abgefeuert werden können. Inwiefern diese noch in Dienst oder ausgemustert sind, ist unklar.

KAPITEL 8

Der Ausstieg aus der Atomenergie

Die Nuklearindustrie sollte unendliche Energiemengen bringen und der Menschheit Reichtum und Wohlstand bescheren. Dazu ist es nie gekommen. Im Gegenteil: Die zivile Sparte der Atomindustrie gerät schon in den 1960er- und 1970er-Jahren unter Druck. Ihr Niedergang hat verschiedene Ursachen. Neben immens gestiegenen Kosten und gravierenden Fehleinschätzungen sind es die großen Katastrophen und der zivile Widerstand der Bevölkerung, die dafür gesorgt haben, dass die Atomindustrie nie die prognostizierten Verheißungen erfüllen konnte. Die Katastrophen wurden von der Atomindustrie durchweg verharmlost, verschwiegen oder bagatellisiert. Das beginnt bereits im Jahr 1957, die *Atoms for Peace*-Rede von US-Präsident Roosevelt liegt noch nicht einmal vier Jahre zurück (siehe Seite 35).

Am 29. September 1957 explodiert im russischen Majak ein Tank mit hochradioaktiven Abfällen. Gleich zehn Reaktoren gehören dort zur Atombombenschmiede der Sowjetunion. Sie liefern dem Militär Plutonium für das sowjetische Kernwaffenprogramm. Schon im Normalbetrieb gelangen ungeheure Mengen Radioaktivität in die Umwelt. Nukleare Partikel und Abfälle werden über die Luft und direkt in den Fluss Tetscha entsorgt. Weil die Anwohner*innen Strahlenschäden aufwiesen, wurde bereits 1953 das erste Dorf im Umfeld evakuiert; bis 1956 folgten weitere 18.

Als es ein Jahr später zur vulkanartigen Explosion kommt, ist sie Hunderte Kilometer weit zu sehen und wird offiziell zur Polarlicht-Erscheinung erklärt. Die radioaktive Wolke zieht in 1.000 Meter Höhe nach Nordosten: eine 40 Kilometer breite und 300 Kilometer lange Spur. Eine Fläche von 20.000 Quadratkilometer mit etwa 270.000 Einwohner*innen ist radioaktiv hoch belastet. Immer neue Gebiete müssen evakuiert werden. Die Explosion bleibt geheim, erst 1989 wird sie von Moskau bestätigt.

Zehn Jahre später gründete Nadezhda Kutepova die Organisation Planeta Hope – Planet der Hoffnung. Ihre nächsten Verwandten waren an Krebs erkrankt – so wie viele andere Menschen in ihrer Heimat, die an Leukämie, Lymphdrüsen- und anderen Krebsarten gestorben sind. Oberstes Ziel der Selbsthilfeorganisation mit dem hoffnungsvollen Namen war es vor allem, die Menschen in der »geschlossenen Stadt« Majak über Strahlungsdosen, -gefahren und vor allem über ihre Rechte aufzuklären. Der »Hoffnungsplanet« schuf ein Parlament der Betroffenen, vermittelte Fachkenntnisse, trug den Protest bis auf den Roten Platz in Moskau, suchte und fand Unterstützung im Ausland und setzte trotz staatlicher Blockaden qualifizierte Untersuchungen im Sperrgebiet durch.

Denn auch Jahrzehnte später ist die Gefahr in der Gegend groß: In der strahlenbelasteten Majak-Region trocknen Seen und Flüsse aus, deren Sedimente durch Einleitungen aus der örtlichen Wiederaufarbeitungsanlage hoch strahlenbelastet sind. Bisher waren die radioaktiven Partikel von Schlamm und Wasser bedeckt. Fast beunruhigender noch als diese Entwicklung ist die »Beruhigung« durch offizielle Stellen: »Die Bevölkerung hat nichts zu fürchten, die Verantwortlichen haben die Situation voll im Blick«, sagte ein Offizieller der Majak-Organisatorin am Telefon. Der Klimawandel verschlimmert die Situation noch. Die strahlenbelasteten Wälder und Torfböden trocknen immer mehr aus. Großflächige Brände, mit denen strahlende Partikel in die Atmosphäre gelangen und verteilt werden, sind nur eine Frage der Zeit.

Für ihr Engagement erhielt Nadezhda Kutepova 2011 den Nuclear Free Future Award. Wenige Jahre später wurde ihre Organisation vom russischen Staatsapparat als »ausländische Agentin« eingestuft. Der staatliche Fernsehsender Russia TV berichtete darüber und rückte die engagierte Aktivistin ins nationale Rampenlicht. Sie wurde als Agentin dargestellt, die in Industriespionage verwickelt gewesen sein sollte und ein Komplott gegen die Atomindustrie des Landes geschmiedet hätte. Aus Angst, im Straflager zu landen, flüchtete sie mit ihren vier Kindern nach Paris. Der britische Guardian berichtete darüber.[1]

Der Reaktorbrand Windscale Pile 1

Die radioaktive Verseuchung Majaks gelangte bei uns jahrzehntelang ebenso wenig in die Medien wie die Brandkatastrophe am 10. Oktober 1957 im englischen Atomkraftwerk Windscale. Im Nordwesten des Landes, an der Küste zur Irischen See, bricht im Atomreaktor Windscale Pile 1 ein Feuer aus. Die Mannschaft hatte wie schon etliche Male zuvor versucht, überschüssige Wärmeenergie aus dem Reaktorkern und den Graphit-Moderatoren abzuleiten. Hohe Temperaturen sind sowohl für die 1.966 Tonnen Graphit im Reaktorkern als auch für das metallische Natururan in den Brennelementen gefährlich. Weil dieses Problem bei der Konstruktion des Meilers nicht bedacht worden war, gab es keine entsprechenden Temperaturanzeigen. Die Mannschaft agierte nach Gefühl und machte das, was schon 15 Mal funktioniert hatte. Vorgesehene Höchsttemperatur: 350 Grad Celsius.

Diesmal klappte es nicht: Kanal 20/53 glühte rot wie eine Kirsche. Alle Versuche, den Reaktor herunterzukühlen, schlugen fehl: Die Temperatur im Kern stieg auf 1.300 Grad: Windscale brannte. Während im Herzen des 2.000 Tonnen schweren Graphitblocks ein Feuer loderte, entwich aus dem Schornstein ständig radioaktiver Rauch. Die Menschen in der Umgebung lagen ahnungslos in ihren Betten. Alle Löschversuche mit Kohlendioxid und Wasser scheiterten. Im dritten Anlauf gelang es schließlich, die Flammen zu ersticken. Die Bevölkerung wurde erst nach dem Löschen des Brands gewarnt. Die Behörden ließen die mit Jod-131 kontaminierte Milch aus Farmen der Umgebung einsammeln und ins Meer schütten; rund um den Reaktor versickerten Millionen Liter radioaktives Löschwasser.[2]

»Obwohl man das Feuer auf eine Serie von Bedienfehlern zurückführte, hatten die Probleme in Wirklichkeit begonnen, als sich die Anlage noch auf den Reißbrettern in der Entwurfsphase befand und die Planer nicht alle Betriebsmerkmale richtig beurteilten«, bringt Stephanie Cooke das Problem auf den Punkt. »Das Resultat war ein Kraftwerk, dessen Techniker nicht über die nötigen Instrumente verfügten, um beim Ablassen überschüssiger ›Wigner-Energie‹ – benannt nach dem ungarischen Physiker Eugene Wigner, der sie entdeckte – das Leistungsniveau und die Temperaturen im Kern zu messen.«[3] Typisch für Behörden und die Atomindustrie sollte die Bevölkerung beruhigt werden: »Der Unfall setzte nur geringe, ungefährliche Mengen von Radioaktivität frei, und die trieb der Wind alsbald aufs Meer hinaus«, meldete die britische Atomenergiebehörde geradezu reflexhaft.[4] Tatsächlich trug der Wind am 10. Oktober den gesamten Tag die radioaktiven Partikel aus dem brennenden Reaktorkern nicht nur auf die Irische See, sondern auch südwärts über Land.[5]

Bis 1990 wurden 70 Untersuchungsberichte zum Windscale-Brand geschrieben. Die Forscher*innen versuchten, die freigesetzte Strahlung in Krebstote umzurechnen. Man einigte sich auf 100 Opfer. Eine Leukämiewelle sorgte in den 1980er-Jahren für Aufregung, bis die Erinnerung allmählich verblasste.[6] Die British Nuclear Fuels Ltd., die 1971 aus der staatlichen UK Atomic Energy Authority Production Division ausgegründet worden und seitdem für den Standort verantwortlich war, entschied sich zu einer sprachlichen Entsorgung: Damit die Atomanlage nicht auf Ewigkeiten mit Reaktorbrand und freigesetzter Radioaktivität in Verbindung gebracht würde, taufte sie den Standort 1981 in »Sellafield« um. So einfach kann man sich von Altlasten befreien. Die Reaktorblöcke 1–4 des Kernkraftwerks Canderhall am gleichen Standort waren alle noch dreieinhalb Jahrzehnte in Betrieb, ehe sie 2003 abgeschaltet wurden. Die Wiederaufbereitungsanlage Thorp folgte 2005, die Sellafield Mox Plant nach der Reaktorkatastrophe in Tschernobyl, weil die Anlage zu der Zeit nur noch plutoniumhaltige Brennelemente für japanische Atomkraftwerke herstellte. Erst Jahrzehnte nach dem Windscale-Brand wird der Standort scheibchenweise geschlossen.

Der zivile Widerstand gegen die Atomkraft in Deutschland begann mit dem Bau des Atomkraftwerks Wyhl. »Ohne das Kernkraftwerk Wyhl werden zum Ende des Jahrzehnts in Baden-Württemberg die ersten Lichter ausgehen«, behauptete der damalige Ministerpräsident Hans Filbinger am 27. Februar 1975 im Stuttgarter Landtag. Es ist ein Zitat, das für die Atomdebatte in Deutschland in verschiedener Hinsicht bezeichnend ist. Zunächst kennzeichnet es das Denken der politisch Verantwortlichen. Atomkraft als Licht und Zukunft. Keine Atomkraft wurde dabei mit Dunkelheit assoziiert und wenn man so will als Steinzeit. Und zwar binnen weniger Jahre.

Mit Lingen (1968), Gundremmingen A (1967) und Obrigheim (1969) waren die ersten kommerziellen Atommeiler Deutschlands bereits am Netz. Die Bundesrepublik war im Atomzeitalter angekommen und musste erste Schattenseiten erleben: Der Druckröhrenreaktor Niedereichbach in Niederbayern an der Isar wurde Anfang 1973 in Betrieb genommen. Nach einer Betriebsdauer von nur 18 Volllasttagen wurde er bereits anderthalb Jahre später wegen »erheblicher technischer Probleme« endgültig abgeschaltet. 115 Millionen D-Mark hatte der Bau gekostet, 140 Millionen der Rückbau. Die Bundesregierung war mit 60 Millionen am Bau beteiligt, der Freistaat Bayern mit weiteren fünf Millionen. Den Rückbau finanzierten mit 132 Millionen D-Mark fast ausschließlich die Steuerzahlenden.[7]

Wyhl sollte nun selbstverständlich eine Erfolgsgeschichte werden. Anfang 1973 entschied sich die zuständige CDU-geführte Landesregierung für den Standort im Nordwesten des Kaiserstuhls, nachdem zunächst geplant war, das Kernkraftwerk wenige Kilometer südlich bei Breisach zu bauen. Gegen den Standort hatten neben den Atomkraftgegner*innen vor allem die Winzer*innen der Region protestiert, die wegen der Kühltürme mehr Wolken und damit schlechtere Bedingungen für ihre Reben befürchteten. Am Standort Wyhl sollten zwei Reaktorblöcke der 1.300-Megawatt-Klasse entstehen, die damit zu den leistungsstärksten der Welt gehört hätten. Allein Politiker*innen und Planer*innen hatten die Rechnung ohne die Menschen der Region gemacht.

»NAI hämmer gsait« wird zum Schlachtruf des Widerstands. Am 18. Februar 1975 stellen sich Männer und Frauen mit ihren Kindern vor die Baumaschinen und besetzen den Platz, um den für diesen Tag geplanten Baubeginn zu verhindern. Zwei Tage später räumt die Polizei mit Hundestaffeln und Wasserwerfern das Gelände. Nach einer Großkundgebung am darauffolgenden Sonntag – nach Polizeiangaben mit 28.000 Menschen – erfolgt die zweite Besetzung, durch die sich Ministerpräsident Filbinger zu seiner sehr bezeichnenden Aussage hinreißen ließ. »Die Bauplatzbesetzung in Wyhl von Februar bis Oktober 1975 gilt als Beginn der bundesdeutschen Anti-Atomkraft-Bewegung«, fasst die Bundeszentrale für politische Bildung die damalige Zeit zusammen.[8]

»Schadensersatzforderungen, Berufsbehinderungen, Stromabschaltungen, Telefonüberwachungen, Anzeigenkampagnen sollen die Bevölkerung einschüchtern«, schreiben die Aktivist*innen rückblickend.[9] Der Widerstand wird dadurch nicht gebrochen. Mehrere Gemeinden und Bürger*innen reichen Anfang 1975 Klage beim Verwaltungsgericht Freiburg ein, das am 14. März 1975 einen Baustopp wegen eines fehlenden Berstschutzes verfügt. Der Verwaltungsgerichtshof in Mannheim kassiert ein halbes Jahr später die Entscheidung der Freiburger Kolleg*innen, verweist aber darauf, dass das Risiko eines Weiterbaus allein beim Betreiber liege.

Links und rechts des Rheins schließen sich die badisch-elsässischen Bürgerinitiativen zum Widerstand zusammen. Aus diesem Widerstand heraus wird am 5. November 1977 das Öko-Institut gegründet: »Wir wissen: Die Forschung von heute entscheidet mit über die künftigen Lebensbedingungen. Wir dürfen diese Forschung nicht länger nur Staat und Industrie überlassen. Wir wollen deshalb selbst Alternativen für die Zukunft erforschen«, heißt es in der Gründungserklärung. Das Ziel: Umwelt- und Anti-Atombewegung auch vor Gericht mit wissenschaftlicher Expertise und Gutachten zu versorgen.

45 Jahre später gehört das Öko-Institut zu den angesehensten Institutionen in Deutschland. Mit über 180 Mitarbeiter*innen an den Standorten Freiburg, Darmstadt und Berlin ist es zu einem gefragten Ratgeber für Politik, Wirtschaft und Gesellschaft geworden. »Das Öko-Institut hat seit seiner Gründung eine wissenschaftliche Abteilung zu Nukleartechnik und Anlagensicherheit«, erklärt Rainer Grießhammer, der 39 Jahre am Institut tätig war und 30 Jahre der Geschäftsführung angehörte, im Gespräch. »In einem Gutachten für das Bundesamt für die Sicherheit der nuklearen Entsorgung hat das Institut beispielsweise gezeigt, dass mit einem kommerziellen Flüssigsalzreaktor der vierten Generation nicht vor dem Jahr 2060 zu rechnen ist. Flüssigsalzreaktoren können damit nichts zur Bewältigung der Klimakrise beitragen, weil die wesentlichen Klimaschutzmaßnahmen bis spätestens 2040 durchgeführt sein müssen.«

Den Streit um das Atomkraftwerk Wyhl hatte das Öko-Institut noch nicht beeinflussen können. In seiner Entscheidung vom 30. März 1982 urteilte der Verwaltungsgerichtshof Mannheim (VGH), dass es »praktisch ausgeschlossen« sei, dass der Reaktordruckbehälter in die Luft fliege. Der VGH ließ die Revision vor dem Bundesverwaltungsgericht aber ausdrücklich zu. Der Streit um Wyhl verlagerte sich damit von der Straße in Gerichts- und Parlamentssäle.

Ministerpräsident Filbinger musste bereits 1978 zurücktreten, weil immer neue Urteile ans Licht gekommen waren, in denen er in den letzten Tagen des Zweiten Weltkriegs Matrosen zum Tode verurteilt hatte, die sich weigerten, den Wahnsinn Hitlers weiter zu unterstützen. Sein Nachfolger Lothar Späth hatte von der Protestbewegung gelernt und 1982 in einem Interview mit dem Fernsehjournalisten Franz Alt zu verstehen gegeben: »Wir brauchen Wyhl gar nicht.« Einen möglichen Baubeginn sah er frühestens im Jahr 1993.

Die Katastrophe von Tschernobyl im Jahr 1986 bedeutete dann das Ende der Wyhler Atomfantasien. In Deutschland ging danach kein Atomkraftwerk mehr in die Planungsphase, einzig die Anlagen Brokdorf, Isar 2, Lingen und Neckarwestheim wurden noch zu Ende gebaut. Obwohl das Bundesveraltungsgericht in Sachen AKW Wyhl im Dezember 1985 die Revision der Kläger zurückwies, war das Projekt politisch tot. 1994 wurde es endgültig eingestellt, der Bauplatz ist inzwischen als Naturschutzgebiet ausgewiesen.

Wyhl war allerdings zum Symbol des Widerstands gegen Atomkraft geworden. Der Slogan »Atomkraft – nein danke!« war durchschlagend, auch wenn er nicht in Wyhl erfunden wurde, sondern in Dänemark.[10] Vor allem aber wurde der Natur- und Umweltschutz grundsätzlich gestärkt. Das Öko-Institut unterstützt die Umweltbewegung seither erfolgreich mit wissenschaftlichen Fakten. Die Aktivist*innen selbst haben sich organisiert und sind zu einem wichtigen Teil unserer Zivilgesellschaft geworden: »Aus dem Widerstand gegen Wyhl haben wir 1976 den Landesverband Baden-Württemberg des Bund für Umwelt und Naturschutz Deutschland gegründet«, betont Erhard Schulz, der den Landesverband von 1976 bis 2000 leitete, im Gespräch. »Wir waren aber nicht nur gegen Atomkraft, sondern haben von Anfang an die Alternativen aufgezeigt: Schon 1976 haben wir im benachbarten Sasbach die erste Solarmesse mit zwölf Ausstellern und 15.000 Besuchern veranstaltet.« 20 Jahre nach der Auftaktveranstaltung in Sasbach und bevor in Deutschland von einer »Energiewende« geredet wurde, zeigten auf dem Messegelände in Freiburg 540 Aussteller 56.000 Besucher*innen ihre Produkte zu einer regenerativen Energiezukunft. »Und bereits 1979 hat der BUND ein Versorgungskonzept ohne Atom und Erdöl vorgelegt«, erinnert sich Erhard Schulz. »Wir haben schon damals gefordert, unsere Energieversorgung mit Erneuerbaren zu sichern und gleichzeitig den Verbrauch deutlich zu verringern.« Das ist heute so aktuell wie damals.

Ein atomares Endlager in Gorleben?

Wyhl war nicht der einzige Ort, an dem Atomkraftgegner*innen mit dem Staat in Konflikt kamen. In Gorleben gingen die Bürger und Bürgerinnen auf die Straße, nachdem am 22. Februar 1977 die Nachricht wie eine Bombe einschlug, dass in ihrer Nachbarschaft ein Endlager für hoch radioaktiven Atommüll entstehen sollte. Auch hier die üblichen Bilder: auf der einen Seite Platzbesetzungen, Castor-Blockaden, kulturelle Widerstandspartys, ja sogar die Ausrufung der »Republik Freies Wendland«, auf der anderen Seite Wasserwerfer und Schlagstöcke. Dazu Gerichtsverfahren mit Gutachten und Gegengutachten. Dass Gorleben als Standort für ein geologisches Endlager auserkoren wurde, lag nicht daran, dass Geolog*innen ihn für besonders geeignet hielten, sondern daran, dass die politischen Entscheidungsträger*innen keinen besonderen Widerstand erwartet hatten.[11]

Es kam jedoch anders. Nachdem der Salzstock in Gorleben jahrzehntelang als Standort für ein Endlager gegen alle Widerstände durchgesetzt werden sollte, beschloss der Bundestag 2013 mit großer Mehrheit einen Neustart und setzte die Kommission Lagerung hoch radioaktiver Abfälle ein, in der alle wichtigen gesellschaftlichen Gruppen in Deutschland vertreten waren. Zu groß war der Protest, zu unsicher die Eignung.

Drei Jahre später schlug sie in ihrem Abschlussbericht eine ergebnisoffene Suche nach einem geeigneten Standort vor. Nach Jahrzehnten heftigster Proteste gab das Bundesumweltministerium im September 2021 schließlich bekannt, dass die bisherige Erkundung beendet wird: »Das Kapitel Endlager Gorleben wird ab dem heutigen Tag geschlossen«, sagte der damalige Umweltstaatssekretär Jochen Flasbarth. Mit der Suche nach einem geeigneten Standort wurde die 2016 gegründete Bundesgesellschaft für Endlagerung beauftragt, die wiederum dem Bundesamt für die Sicherheit der nuklearen Entsorgung (BASE) unterstellt ist (siehe Seite 217 ff.).

Wackersdorf reiht sich nahtlos ein

Die im oberpfälzischen Wackersdorf geplante Wiederaufbereitungsanlage scheiterte genau wie Gorleben am Widerstand der Zivilgesellschaft. In Wackersdorf sollten aus abgebrannten Brennelementen noch verwendbares Uran-235 und Plutonium extrahiert werden. Insgesamt wird die Atommüllmenge dadurch jedoch vervielfacht. Die Technik wurde ursprünglich aus militärischen Gründen entwickelt, um Plutonium für den Atombombenbau zu bekommen.

Am 4. Februar 1985 entschied sich die Deutsche Gesellschaft für Wiederaufarbeitung von Kernbrennstoffen (DWK) für Wackersdorf als Standort für eine Wiederaufarbeitungsanlage (WAA). Bereits zwei Wochen später gingen 40.000 Menschen im nahe gelegenen Schwandorf auf die Straße. Menschen jeden Alters und Beamt*innen stritten dafür, ihre Heimat als lebenswerte Region zu erhalten. Einige solidarisierten sich mit sogenannten Chaot*innen, die in den Augen der Bayerischen Staatsregierung nur angereist waren, um »Randale« zu machen. Hans Schuierer, von 1972 bis 1996 Landrat in Schwandorf, wurde zur Symbolfigur dieses Widerstands. Jahrelang widersetzte er sich – als einziger Landrat in Bayern – einer Weisung der bayerischen Staatsregierung und seines obersten Dienstherrn Franz Josef Strauß, die Pläne zum Bau der WAA zu unterzeichnen. Die Staatsregierung änderte sogar Gesetze, um den renitenten Landrat mit der sogenannten Lex Schuierer auszuhebeln und mit dem Bau beginnen zu können.

Am Widerstand der Oberpfälzer änderte dies nichts. Franz Josef Strauß, der die WAA für kaum gefährlicher hielt als eine »Fahrradspeichen-Fabrik«, bekam in der Region keinen Rückhalt. Stattdessen gab es Großdemonstrationen, ein Anti-WAAhnsinns-Musikfestival mit 100.000 Besucher*innen, ein Hüttendorf und jahrelangen Widerstand. Auf der anderen Seite standen zigtausend Polizist*innen, Wasserwerfer, Reizgas, Gummischrotgeschosse und ein mehrere Kilometer langer stählerner Bauzaun. Die Reaktorkatastrophe in Tschernobyl bestärkte die Gegner*innen in ihrer Haltung, die WAA verhindern zu müssen. Die Dokumentarfilmer Claus Strigel und Bertram Verhaag haben diese Zeit in ihrem 1987 fertiggestellten Film *Spaltprozesse* eingefangen. Hans Schuierer wurde für seine Standhaftigkeit 2014 mit dem Nuclear Free Future Award ausgezeichnet.

Die Atomindustrie entschied 1989 schließlich, dass es angesichts des nicht enden wollenden Widerstands besser sei, den Atommüll in die französische WAA La Hague zu bringen, und gab Wackersdorf als Standort auf. Die bereits investierten 2,5 Milliarden D-Mark waren auch hier buchstäblich in den Sand gesetzt.

Die Katastrophe von Tschernobyl

Die Katastrophe von Tschernobyl, die als erste nicht verheimlicht wurde beziehungsweise verheimlicht werden konnte, veränderte alles und gab vielen Protesten gegen die Atomkraft neuen Anschub. Am 26. April 1986 um 1:23 Uhr explodierte Block 4 des Atomkraftwerks in Tschernobyl, der Reaktorkern war geschmolzen. Die brennenden Graphitblöcke schleuderten tagelang radioaktives Material in hohe Luftschichten. Die meisten Menschen, mit denen man sich über die Katastrophe unterhält, wissen heute noch, wo sie zum Zeitpunkt der Berichterstattung über Tschernobyl gewesen sind. Ich war am 1. Mai mit Freunden am Kaiserstuhl westlich von Freiburg auf einer Fahrradtour unterwegs. Frühlingstemperaturen, kaum ein Wölkchen am Himmel, beste Stimmung. Am Abend meldeten die Nachrichten erstmals von der radioaktiven Wolke, durch die ich den ganzen Tag geradelt war. Schweden, Finnland und Lappland, aber auch Österreich, Deutschland, der Balkan und Griechenland waren betroffen. Jod-131 und Caesium-137 wurden in den darauffolgenden Tagen zu den Problemstoffen, die die Berichterstattung bestimmte. Jetzt war das Wirklichkeit geworden, was ich und viele Aktivist*innen schon in den 1970er-Jahren bei den Protesten gegen das geplante Kernkraftwerk Wyhl befürchtet hatten: der Super-GAU.

Eine Umweltministerin gab es damals noch nicht. »Ja, absolut auszuschließen. Denn eine Gefährdung besteht nur in einem Umkreis von 30 bis 50 Kilometer um den Reaktor«, antwortete der zuständige CSU-Bundesinnenminister Friedrich Zimmermann noch am 28. April in der *Tagesschau* zur besten Sendezeit auf die Frage, ob eine Gefährdung für die Bundesrepublik auszuschließen sei.

Die Folgen der Katastrophe lassen sich bei uns jedoch bis heute noch immer messen: In Oberschwaben, am Alpenrand und im Bayerischen Wald führten Anfang Mai 1986 heftige Gewitter dazu, dass die radioaktiven Spaltprodukte aus der Luft in den Boden gelangten. Während Jod-131 mit einer Halbwertszeit von acht Tagen sich von selbst abgebaut hat, sorgt vor allem Cäsium-137 mit einer Halbwertszeit von 30 Jahren noch immer für hohe Strahlenwerte. Nach dem Reaktorunfall strahlten die Böden in Bayern mit durchschnittlich 20.300 Becquerel pro Quadratmeter, wobei das Umweltinstitut München Spitzenwerte von über

173.000 Becquerel ermittelt hat. Heute – 37 Jahre danach – sind die Werte noch immer fast halb so hoch. Das Umweltinstitut München warnt deshalb auch im Jahr 2023 vor dem Verzehr von Wildschweinfleisch und einigen Pilzarten aus den belasteten Gebieten.

Um Tschernobyl ist die Lage viel dramatischer: Eine Fläche rund 20-mal so groß wie der Nationalpark Bayerischer Wald wurde zum Sperrgebiet, 350.000 Menschen mussten ihre Heimat verlassen. Heute leben dort Wölfe, Luchse und Bären. Bis zum Überfall Russlands auf die Ukraine durften Tourist*innen tageweise Tschernobyl und die Landschaft besuchen. Die Ruine selbst wurde in den Monaten nach der Katastrophe von mehreren 100.000 Liquidatoren notdürftig abgedichtet. Weil die Schutzhülle aber schon binnen weniger Jahre Risse bekam, finanzierten die EU und weitere 40 Länder einen neuen Sarkophag, der darüber geschoben wurde: Nach Angaben des Bundesumweltministeriums 108 Meter hoch, 162 Meter lang, 257 Meter breit und 35.000 Tonnen schwer. Er soll 100 Jahre halten und kostete 2,1 Milliarden Euro.

Wie viele Menschen an den Folgen der Katastrophe gestorben sind, ist umstritten: Die Weltgesundheitsorganisation WHO sprach in den Monaten nach der Katastrophe lediglich von 30 toten Arbeiter*innen und Feuerwehrleuten, die in direkter Folge des Unglücks ums Leben kamen. Heute, angesichts der vielen Krebstoten, beziffert sie die Zahl der Toten mit 6.000. Die Ärzt*innenorganisation IPPNW spricht dagegen von bis zu 1,4 Millionen Toten.[12] Zum 20. Gedenktag der Katastrophe interviewte ich Sebastian Pflugbeil, den Präsidenten der Gesellschaft für Strahlenschutz. Auf die Frage, wie er die niedrigen Zahlen von WHO und Atomenergiebehörde beurteilt, antwortete er: »Schon die WHO-eigene Studie, auf die sich die veröffentlichten Zahlen beziehen, kommt zu doppelt so vielen Opfern. Die gesamte Weltpresse hat aber die Pressemitteilung abgeschrieben, ohne jemals in die Langfassung zu schauen. Dort wird mit 9.000 Opfern gerechnet.«

Zudem beruhten alle Zahlen nur auf unsicheren Schätzungen, wie Sebastian Pflugbeil weiter erklärt: »Nur zu neun Prozent der weißrussischen Liquidatoren gibt es überhaupt Angaben, mit welcher Strahlendosis sie belastet wurden. Und die sind auch noch mit Messfehlern behaftet. [...] Das ist so als würde ein Fieberthermometer statt 37 Grad einen Wert zwischen sieben und 175 Grad anzeigen. Solche Daten können Sie auf den Müll schmeißen und dementsprechend sind alle Berechnungen Makulatur.«[13] Der Wissenschaftler hat die offiziellen Strahlenangaben der Sowjetunion zum Maßstab genommen und ist damit auf 24.000 Tote gekommen und aufgrund der Niedrigstrahlung auf bis zu einer Viertelmillion weiteren Krebstoten.[14]

Das Desaster von Fukushima

Die westlichen AKW-Betreiber und Atomkraftbefürworter*innen übertrafen sich ein Vierteljahrhundert in dem Narrativ, dass der Super-GAU von Tschernobyl einzig auf minderwertige sowjetische Atomtechnik zurückzuführen sei. Windscale ließen sie geflissentlich unter den Tisch fallen und die Beinahe-Katastrophe von Harrisburg bei New York aus dem Jahr 1979 ist ihnen dabei auch nicht in den Sinn gekommen: Drei Viertel des Reaktorkerns mit seinen 36.816 Brennelementen war bei Temperaturen nahe 2.800 Grad geschmolzen. Wie durch ein Wunder hielt der Reaktordruckbehälter stand.[15]

Fukushima sollte die öffentliche Wahrnehmung von der scheinbar sicheren westlichen Atomtechnik grundsätzlich verändern. Das US-amerikanische Unternehmen General Electric, der weltweit größte Reaktorbauer, und die japanischen High-Tech-Konzerne Hitachi und Toshiba waren am Bau der sechs Meiler beteiligt. Japan ist wegen seiner geografischen Lage – unter dem Land treffen gleich vier tektonische Platten aufeinander – für seine Erdbebenhäufigkeit bekannt. Als am 11. März 2011 ein Seebeben mit der Stärke 9 einen gewaltigen Tsunami auslöst, werden auch die Reaktorblöcke 1–6 von Fukushima getroffen. In den Reaktorblöcken 1–4 fallen sowohl die normale als auch die Notstromversorgung aus, in den Blöcken 1–3 kommt es zur Kernschmelze, in den Blöcken 1, 2 und 4 beschädigen Wasserstoffexplosionen das Reaktorgebäude schwer. Die Bilder gingen um die Welt. Im Nachhinein stellte sich heraus, dass das Beben eine Stärke hatte, auf die Fukushima nicht ausgelegt war. Durch die 13 bis 15 Meter hohe Tsunamiwelle wurden die zehn Meter über dem Meeresspiegel gelegenen Reaktorblöcke 1–4 fünf Meter überschwemmt, die drei Meter höher gelegenen Blöcke 5–6 um einen Meter. Die Meerwasserpumpen wurden vom Tsunami zerstört, die Abwärme konnte nicht mehr aus dem Reaktorkern ans Meer abgeführt werden.

Die japanische Regierung hat alle 54 in Betrieb befindlichen Atommeiler nach der Katastrophe abgeschaltet. Zehn dieser Meiler sind seither wieder ans Netz gegangen, 23 befinden sich noch immer im Wartestatus und 21 sind endgültig stillgelegt worden. Die zerstörten Atommeiler von Fukushima bringen ihre eigenen Probleme mit sich: Die Brennelemente müssen noch immer und noch viele Jahre mit Wasser gekühlt werden. Dabei wird das Kühlwasser radioaktiv kontaminiert. Auch wenn es aufbereitet und teilweise erneut zur Kühlung verwendet wird: Jedes Jahr kommen 60.000 Kubikmeter tritiumhaltiges Wasser hinzu, von denen Fukushima-Betreiber Tepco inzwischen nicht mehr weiß, was er damit machen soll. Denn auf dem Betriebsgelände stehen bereits tausend riesige Tanks voller strahlendem Wasser. Die verantwortliche Ministerkonferenz der Regierung hat deshalb am 13. April 2021 beschlossen, das tritiumhaltige Wasser ins Meer einzuleiten. Fischereiverbände, lokale Gemeinden, Bürgergruppen und Umweltorganisationen laufen Sturm gegen die Entscheidung. Trotzdem soll irgendwann im Laufe des Jahres 2023 mit der Entsorgung im Meer begonnen werden.[16]

Noch immer sind nicht alle Brennelemente geborgen worden. Die noch nicht geschmolzenen aus der zerstörten Einheit 4 waren bereits 2014 herausgeholt. Die Arbeiten in Block 3 begannen am 15. April 2019 und wurden am 28. Februar 2021 abgeschlossen. Die Strahlung im Reaktorkern war so hoch, dass kein Mensch in seine Nähe kommen durfte, ohne sich tödliche Strahlendosen einzufangen. Roboter waren die Lösung. »Es ist das erste Mal, dass diese Aufgabe für einen Reaktor mit einer Kernschmelze abgeschlossen wurde«, kommentiert der World Nuclear Industry Status Report.[17] Die Brennelemente der Blöcke 1 und 2 sollen bis 2027 herausgenommen werden.

Bleiben die Menschen in der Region Fukushima. Zunächst sind 110.000 in der Präfektur Fukushima aufgrund der Strahlenbelastung evakuiert worden. Bis März 2022 hat die Zahl der Langzeit-Evakuierten auf 32.400 Bewohner*innen abgenommen. Die nur 270 Kilometer südlich gelegene Monopolregion Tokio mit ihren rund 40 Millionen Einwohner*innen ist von der Evakuierung verschont geblieben, nachdem sie kurzzeitig in Erwägung gezogen wurde.

Investitionsruine Kalkar

Kommen wir zurück in die 1970er- und 1980er-Jahre. Bevor die Katastrophen von Tschernobyl und Fukushima die Ausmaße eines Super-GAUs zeigten, wurde – wie auch im Fall Wyhl und Wackersdorf – heftig gegen den Schnellen Brüter in Kalkar am Niederrhein protestiert. Im Gegensatz zu Wyhl und Wackersdorf wurde der Brutreaktor jedoch 1985 fertig gebaut. Er war nicht einen Tag am Netz und wurde 1991 endgültig stillgelegt. Die Investitionsruine hat 6,5 Milliarden D-Mark verschlungen.

Im Gegensatz zum geplanten Atomkraftwerk Wyhl und der Wiederaufarbeitungsanlage Wackersdorf sind es jedoch keine politischen, sondern in allererster Linie technische Gründe, die das

Scheitern des Schnellen Brüters verursachten. Der Brüter sollte Strom erzeugen und Plutonium aus Uran-238 gewinnen, das dann mit schnellen Neutronen gespalten werden sollte. Der Reaktor sollte also mehr Brennstoff produzieren als verbrauchen. Nette Idee, könnte man sagen. Allerdings war sie, wie man im Nachhinein feststellte, nicht umsetzbar.

Statt Wasser sollte Natrium die Brennelemente kühlen. Natrium beginnt jedoch zu brennen, wenn es mit Luft in Berührung kommt. Weil »schnelle Neutronen« verwendet werden – daher der Name Schneller Brüter – ist die Technik viel schwieriger zu beherrschen als die eines bis dato normalen Reaktors.

Das Katalyse-Institut beschreibt die besondere Problematik: »Das Kühlmittel stellt eine besondere Gefahr als Störfallauslöser dar, da es mit Wasser und Luft heftig reagiert. Bei einem Störfall mit Kühlmittelverlust zeigt der Schnelle Brüter im Gegensatz zum LWR [Leichtwasserreaktor] keine Selbststabilisierung, vielmehr steigt seine Leistung sogar an. Es bleibt erheblich weniger Zeit, um den Reaktor mittels Schnellabschaltung abzuschalten.«[18] Die Folgen eines Super-GAUs wären laut Katalyse-Institut zwei- bis fünfmal so gravierend wie bei einem Leichtwasserreaktor: 1.400 Soforttote, 52.000 bis 2,7 Millionen Folgetote; rund eine Million Menschen müssten umgesiedelt werden. Auf einer Fläche so groß wie Bayern wäre Jahrhunderte lang keine Landwirtschaft mehr möglich, eine Fläche von 90 mal 90 Kilometer müsste oberflächlich abgetragen werden.

Es gab zum Glück keinen solchen Super-GAU, aber bei den bereits am Netz befindlichen Brütern traten große technische Probleme auf. Der Schnelle Brüter Superphénix im ostfranzösischen Département Isère an der Rhône war vom 7. September 1985 bis zum 31. Dezember 1998 in Betrieb, allerdings mit großen Zeiträumen des Stillstands: Der Superphénix produzierte nur in den Jahren 1986, 1987, 1989, 1990, 1995 und 1996 Strom, und das nur zu einem Bruchteil dessen, was in der Theorie prognostiziert worden war. »Die übrige Zeit stand der Reaktor still«, urteilte der Atomindustriefachmann Mycle Schneider.[19] Insgesamt lieferte die Anlage in all diesen Jahren 8,2 Milliarden Kilowattstunden Strom, nicht einmal ein Zehntel der Menge, die sie hätte erzeugen sollen. Für die Steuerzahlenden war das ein Desaster: Allein die Baukosten betrugen 26 Milliarden französische Franc, umgerechnet rund 4,5 Milliarden Euro.

Japan hatte seinen Schnellen Brüter Monju 1994 ans Netz gebracht. Nach insgesamt 250 Betriebstagen und zwei Unfällen in 15 Betriebsjahren entzog ihm die japanische Atombehörde 2010 die Betriebsgenehmigung, noch vor der Fukushima-Katastrophe. Und auch die USA verzeichnen einen missglückten Ausflug in die Brütertechnologie: Fermi 1 im Bundesstaat Michigan war bereits 1963 fertiggestellt worden. Der Reaktor lieferte zunächst nur kleinste Mengen Strom und musste nach einem Unfall im Jahr 1966 vier Jahre repariert werden, brachte aber auch danach nie seine volle Leistung. 1972 wurde Fermi 1 stillgelegt.

»Alle großen Industrienationen sind an der Brüter-Technologie gescheitert«, betonte der inzwischen verstorbene Klaus Traube bereits Mitte der 2000er-Jahre in einem Gespräch. Der Chefkonstrukteur der deutschen Brüteranlage in Kalkar war nach deren Stilllegung zu einem der schärfsten Kritiker der Atomindustrie geworden. Er wurde im Jahr 2000 dafür mit dem Nulear Free Future Award geehrt.

Russland ist das einzige Land, das noch an der Brütertechnologie festhält. Am Standort Beloyarsk östlich des Urals und 50 Kilometer von der Millionenstadt Jekaterinburg entfernt sind zwei Brutreaktoren in Betrieb. Die BN-800-Anlage ging – nach 31 Jahren Bauzeit! – im Jahr 2014 in Betrieb. Baubeginn war 1984. Nach der Tschernobyl-Katastrophe wurde der Bau gestoppt. In Gang kam er erst wieder, als die USA und Russland im Jahr 2000 im sogenannten Plutonium Management and Disposition Agreement vereinbarten, jeweils 34 Tonnen atomwaffenfähiges Plutonium zu vernichten. Das Material sollte in den Brütern unbrauchbar gemacht werden und gleichzeitig Strom liefern.[20] Die kleinere BN-600-Brüteranlage ist seit 1980 am Netz.

Der Fusionsreaktor: Unrealistische atomare Blütenträume

2006 unterzeichneten die Teilnehmerstaaten im Élysée-Palast in Paris den Vertrag, mit dem der Bau des Fusionsreaktors ITER im französischen Kernforschungszentrum Cadarache geregelt ist. Neben der europäischen Atomgemeinschaft EURATOM, zu der neben sämtlichen EU-Staaten auch die Schweiz und Großbritannien gehören, sind China, Indien, Japan, Russland, Südkorea und die USA an dem Milliardenprojekt beteiligt.

Es ist eine idyllische Region, in der an der vermeintlichen Zukunft der Atomtechnologie gebastelt wird. Die Idee: Einmal in Gang gebracht, kann mithilfe eines Fusionsreaktors – einer Weiterentwicklung des Atomreaktors – unendlich viel Energie erzeugt werden. Davon träumen Atomphysiker*innen seit den Anfängen des Atomzeitalters. In Cadarache, nur ein paar Kilometer östlich des kleinen Dorfs Saint-Paul-lès-Durance im Süden Frankreichs im Tal der Durance, soll die Fusionsidee verwirklicht werden. Sanfte Hügel und die Sonne der Provence prägen die Region.

»Wissen Sie«, erklärte Klaus Traube, der ehemalige Chefkonstrukteur der deutschen Brüteranlage in Kalkar, »die Atomindustrie hat 1960 gesagt, der Fusionsreaktor wird 1970 Wirklichkeit. 1970 hat sie von 1990 gesprochen und 1990 das Jahr 2020 als Jahr genannt, in dem der Fusionsreaktor fertig gestellt sein würde. Seit dem Jahr 2000 gibt sie kein Datum mehr an.« Beim Fusionsreaktor ITER sei das Scheitern geradezu vorprogrammiert, so Traube. »Der Fusionsreaktor ist technisch noch viel schwieriger zu beherrschen als der Schnelle Brüter. Um ihn zu verwirklichen, müssen die Bedingungen, wie sie auf der Sonne herrschen, auf der Erde simuliert werden, das ist vollkommen unrealistisch. Kein Material der Welt hält solchen Temperaturen und Verhältnissen stand.« Einzig im Vakuum könne die Fusion gelingen. An ihrer Oberfläche ist die Sonne 6.000 Grad Celsius heiß, in ihrem Innern 15.000 Grad. Wegen ihrer ungeheuren Masse liegt der Druck in ihrem Innern bei 250 Milliarden bar, die Dichte des Materials kommt auf 160 Gramm pro Kubikzentimeter. Das sind die Bedingungen, unter denen auf der Sonne die Kernfusion stattfindet. Zur besseren Einschätzung: Gold hat eine spezifische Dichte von 19,3 Gramm pro Kubikzentimeter.

Nach 70 Jahren Fusionsforschung und 100 Milliarden US-Dollar Forschungsmitteln ist noch keine einzige Kilowattstunde Strom erzeugt worden. »Der Fusionsreaktor ist ein Projekt unrealistischer atomarer Blütenträume«, ergänzte der ebenfalls verstorbene Solarpionier Hermann Scheer im Jahr 2008, »wir müssen den Fusionsreaktor Sonne nutzen«. Er liefere unendlich viel Energie.[21] Und um mit dem Fernsehjournalisten Franz Alt zu sprechen: »Die Sonne schickt uns keine Rechnung.«[22]

Mitte Dezember 2022 verkündete das Energieministerium der USA einen wissenschaftlichen Durchbruch in der Fusionsforschung: Dem staatlichen Lawrence Livermore National Laboratory (LLNL) östlich von San Francisco sei bereits am 5. Dezember eine Fusionszündung und das erste kontrollierte Fusionsexperiment gelungen, in dem mehr Energie gewonnen als hineingesteckt wurde. US-Energieministerin Jennifer M. Granholm sprach von einem »Meilenstein«. Die Arbeit des Teams werde dabei helfen, »die komplexesten und dringendsten Probleme der Menschheit zu lösen, wie die Bereitstellung sauberer Energie zur Bekämpfung des Klimawandels«.[23] Gleichzeitig könne die »nukleare Abschreckung ohne Atomtests aufrecht erhalten werden«.[24]

Das LLNL hat dazu den leistungsstärksten Laser der Welt gebaut, so groß wie ein Fußballstadion. Mit diesem Gerät haben die Forscher*innen die Wasserstoffisotope Tritium und Deuterium beschossen und eine Temperatur von knapp 60 Millionen Grad Celsius erzeugt. Die Wasserstoffisotope sind zu Helium verschmolzen und haben dabei einen kleinen Teil ihrer Masse in Form von Strahlung abgegeben. »Es ist derselbe Prozess, der die Sonne zum Leuchten bringt und Wasserstoffbomben ihre gewaltige Zerstörungskraft verleiht«, schreibt das Informationsportal Solarify.[25]

Jennifer M. Granholm spricht zwar von einem »Meilenstein«. Aber aus verschiedensten Kommentaren wird auch deutlich, dass Jahrzehnte weiterer Fusionsforschung notwendig sein werden, bevor der erste Fusionsreaktor bezahlbare Energie liefern wird.

Wäre es keine so große Geldvernichtung, könnte man die Fusionsforschung mit einem Schulterzucken abtun. Dem ist aber nicht so: Zwischen 2007 und 2013 hat allein EURATOM 3,5 Milliarden Euro aufgebracht, bis 2020 weitere 4,2 Milliarden. Bis 2025 sind nochmals 5,5 Milliarden Euro bewilligt und bis 2035 weitere 4,9 Milliarden, insgesamt also 18,1 Milliarden Euro.[26] Und dem Statement des US-Energieministeriums ist zu entnehmen, dass die Forschung am LLNL allein im Jahr 2022 624 Millionen US-Dollar verschlungen hat.

Österreich »verabschiedet« sich von der Atomkraft

Luftlinie rund 35 Kilometer westlich von Wien liegt das beschauliche niederösterreichische Zwentendorf. Rund 4.000 Menschen leben heute in der Marktgemeinde, vier Hotels und ein Campingplatz direkt am Donauradweg laden zum Verweilen ein. Neben dem Barockschloss der Grafen von Althann ist vor allem das AKW Zwentendorf – nur zwei Kilometer flussaufwärts vom Zentrum entfernt – eine Reise wert. Denn Zwentendorf ist das einzige Atomkraftwerk der Welt, das komplett fertig gebaut wurde, aber nicht einen Tag in Betrieb ging. Ein Knopfdruck hätte genügt –

und Österreich wäre mit der 592-Megawatt-Anlage ins Atomzeitalter eingestiegen. Allein die Österreicher*innen haben gezeigt: Es geht auch anders.

Aber der Reihe nach: Im November 1969 genehmigte die österreichische Bundesregierung den Bau des AKW Zwentendorf. Der Siedewasserreaktor sollte 5,2 Milliarden Schilling kosten, die deutsche Siemens AG beziehungsweise deren Tochter KWU wurden damit beauftragt, den Bau zu planen, zu errichten und schließlich in Betrieb zu nehmen. Wie in den meisten anderen Ländern Europas sollte auch in der Alpenrepublik Atomkraft die Energiezukunft sichern. Im März 1971 beschloss die Regierung unter Kanzler Bruno Kreisky den Baubeginn, am 4. April des darauffolgenden Jahres erfolgte der Spatenstich.

Aber wie im Nachbarland Deutschland und befruchtet vom erfolgreichen Widerstand gegen das Kernkraftwerk Wyhl gingen viele Menschen auf die Straße und protestierten gegen die Pläne und den Bau. »Nur wenige Wochen nach Baubeginn beschädigte ein Erdbeben mit der Stärke 5,3 die Grundmauern des Reaktors so stark, dass sie abgerissen und neu gebaut werden mussten«, erinnert sich Heinz Stockinger, der Gründer der atomkritischen Plattform PLAGE. »Das hat natürlich erheblich dazu beigetragen, die Sicherheit der Atomkraft grundsätzlich in Frage zu stellen. Hinzu kam, dass die Kreisky-Regierung hoch und heilig versprochen hatte, keine Brennelemente liefern zu lassen, bevor das Parlament der Inbetriebnahme nicht zugestimmt hat. Insider hatten durchgestochen, dass das Gegenteil der Fall war. Verrat und Lüge lautete der allgemeine Tenor.«

Das AKW Zwentendorf wurde trotz aller Einwände und Proteste zu Ende gebaut. Um den Kritiker*innen den Wind aus den Segeln zu nehmen, kündigte Kanzler Kreisky eine Volksabstimmung an, nachdem er im Parlament damit gescheitert war, die Inbetriebnahme des fertig gebauten AKW zu beschließen. Am 5. November 1978 votierten rund 1,61 Millionen Stimmberechtige gegen (50,47 Prozent) und 1,58 Millionen (49,33 Prozent) für die Inbetriebnahme.

Bis hinunter zur Schutzkleidung war die gesamte Ausstattung bereits geliefert worden, berichtete der ORF anlässlich des 40-jährigen Abstimmungsjubiläums.[27] Rund 200 eigens ausgebildete Techniker*innen standen bereit, die Brennstäbe waren bereits per Militärhubschrauber eingeflogen worden. Im AKW Zwentendorf warteten alle darauf, dass die Bürger und Bürgerinnen mit »Ja« stimmten und der Startknopf gedrückt werden konnte. »Dass es nicht dazu kam, war ein Glück für unser Land«, betont Heinz Stockinger. »Im Strombereich haben die Erneuerbaren in Österreich heute einen Anteil von fast 80 Prozent, vor allem durch Wasserkraft. Dass wir uns gegen Atomkraft entschieden haben, hat den Ausbau der Windenergie beschleunigt. Der bringt heute ein Mehrfaches der Zwentendorf-Leistung.«

Der Irrweg Zwentendorf kostete bis zur endgültigen Stilllegung im Jahr 1985 14 Milliarden Schilling, umgerechnet 1 Milliarde Euro. Heute ist das Kraftwerk so etwas wie ein Museum, das Zeugnis für ein Stück österreichischer Zeitgeschichte abgibt und von jedem – kostenfrei – besichtigt werden kann. Gleich hinter einer Jausenstation am Donau-Radweg geht es zum Eingang. Wie in einem normalen Atomkraftwerk, aber ohne Sicherheitscheck und Dosimeter kann man an einer Führung teilnehmen und dabei Bereiche besichtigen, die man sonst nie zu sehen bekommt: Schaltzentrale, Brennelemente-Wechselhalle mit den Stahlbehältern für alte und neue Brennstäbe, die Kühlbecken für Brennelemente und nicht zuletzt der nicht verschlossene Reaktordruckbehälter. 95 Prozent der einst installierten Technik sind hier noch vorhanden. Auf der Webseite des Betreibers EVN kann sich jeder und jede anmelden. Und wem die Reise nach Zwentendorf dann doch zu weit ist, der kann sich bei einem virtuellen Rundgang einen Eindruck verschaffen. So oder so in jedem Fall strahlenfrei.

Österreich hat den Ausstieg aus der Atomkraft damit besiegelt, bevor das Land überhaupt eingestiegen ist. Italien ist nach der Atomkatastrophe von Tschernobyl aus der Atomkraft ausgestiegen – ebenfalls nach einer Volksabstimmung. In einem ersten Referendum stimmte das Land 1987 gegen die weitere Nutzung der Kernenergie, der letzte der vier kommerziellen Atommeiler wurde daraufhin 1990 stillgelegt, der Bau eines weiteren Meilers eingestellt und auf Neubauten ein unbefristetes Moratorium verhängt. In einem zweiten Referendum im Jahr 2011 votierten 94 Prozent der Italiener und Italienerinnen gegen den Wiedereinstieg.

Deutschland hat den Atomausstieg für Ende 2022 festgelegt, auch wenn drei Reaktoren angesichts des russischen Überfalls auf die Ukraine und der sich daraus ergebenden Energiekrise nach heftigen Diskussionen noch ein paar Monate länger laufen dürfen. Schweden hat bereits 1980 den Atomausstieg beschlossen, aber immer noch sechs der damals zwölf Reaktoren am Netz. Darüber hinaus plant Belgien den Atomausstieg für das Jahr 2035, Spanien will den letzten Atommeiler zwischen 2027 und 2035 stilllegen. In der Schweiz beschloss die Landesregierung nach Fukushima ebenfalls den Ausstieg aus der Atomkraft, in einem Volksentscheid bestätigten die Schweizer und Schweizerinnen im Mai 2017 diese Entscheidung mit einem klaren »Nein« gegen Kernenergie und einem Ausstieg bis zum Jahr 2050. Besonders bemerkenswert: Unter den großen Atomstrom-Produzenten hat Süd-Korea entschieden, keine neuen Atomkraftwerke mehr zu bauen und Atomkraft auslaufen zu lassen. Aktuell sind dort 24 AKWs in Betrieb und drei weitere im Bau, bis 2034 soll die Zahl der im Betrieb befindlichen AKWs auf 17 verringert werden. Neben Deutschland haben damit mehrere Länder den Ausstieg aus der Atomkraft bereits vollzogen oder zumindest geplant. Und nicht zu vergessen: Die meisten Staaten sind in das Abenteuer Atomkraft erst gar nicht eingestiegen.

Atomkraft vor dem Ende

Der World Nuclear Industry Status Report erfasst seit Jahren die Rahmendaten der Atomindustrie. Nahezu alle Indikatoren zeigen, dass die Atomindustrie vor vielen Jahren ihren Höhepunkt erklommen hat: Im Jahr 2002 erreichte die Zahl der weltweit im Betrieb befindlichen Reaktoren mit 438 einen Höchststand, Ende Januar 2023 waren es noch 412; die Atomstromproduktion war 2006 am höchsten. In den Jahren 1984 und 1985 gingen jeweils 33 Meiler erstmals ans Netz, 2021 waren es 6, obwohl noch zu Jahresbeginn 16 angekündigt waren. Darunter der erste der beiden 100-MW-Blöcke in Shidao Bay in China, ein kleiner modularer Reaktor (SMR), dessen Bau 2012 begann und doppelt so lange dauerte wie geplant. 1979 waren 234 Meiler im Bau – ein absoluter Höhepunkt, im Januar 2023 waren es 58; 1976 wurde mit dem Bau von 44 Reaktoren begonnen: ein historisches Maximum; 2021 waren es noch zehn, sechs davon in China.

Entsprechend dieser Entwicklung sinkt die Bedeutung von Atomkraft kontinuierlich, während die von Sonne, Wind und Wasser unaufhörlich wächst: Die jährliche Stromproduktion aus erneuerbaren Energien ist von 2011 bis 2021 um rund 3.500 Terawattstunden gestiegen, die aus Atomkraft nahm lediglich um 148 Terawattstunden zu.[28]

Die Gründe dafür sind einfach zu erklären: Unabhängig von allen Risiken und Gefahren ist Kernenergie nicht mehr konkurrenzfähig, mit Kohlestrom sowieso nicht, aber seit Jahren auch nicht mehr mit Wind- und Sonnenstrom. Investitionen in den Neubau von Atommeilern sind immer teurer und zu einem wirtschaftlichen Abenteuer geworden, wie die Beispiele Flamanville und Olkiluoto zeigen. Vor allem aus wirtschaftlichen Gründen wurden komplette nationale AKW-Neubauprogramme abgebrochen oder ausgesetzt – zum Beispiel in Chile, Indonesien, Jordanien, Litauen, Südafrika, Thailand und Vietnam. Jeder achte Neubau der Nukleargeschichte wurde vor seiner Inbetriebnahme aufgegeben – mit dramatischen finanziellen Auswirkungen für die Atomkonzerne. Der historisch wichtigste AKW-Bauer Westinghouse (USA) musste Insolvenz anmelden; die französische Areva, die sich selbst zum »Weltmarktführer in der Atomenergie« ernannt hatte, wurde von der staatlichen Electricité de France (EdF) übernommen, um die Insolvenz abzuwenden. Areva hatte über einen Zeitraum von sechs Jahren einen Verlust von 10,5 Milliarden Euro angehäuft. Im Jahr 2017 hat es nach dem Bankrott des Herstellers Toshiba-Westinghouse zwei Meiler am Standort Virgil C. Summer im US-Bundesstaat South Carolina getroffen, obwohl die Projektträger bereits fünf Milliarden US-Dollar investiert hatten. Hitachi hatte 2012 mit der Übernahme der britischen Horizon Nuclear Power Ltd. die Lizenz zum Bau von zwei Siedewasserreaktoren in Wylfa an der walisischen Küste erhalten. Wegen fehlender privater Investoren legte der Konzern das Projekt 2018 zunächst auf Eis und schrieb es 2020 mit einem Verlust von 2,4 Milliarden Euro endgültig ab. Das ist das Dreifache dessen, was Hitachi den beiden deutschen Stromkonzernen E.ON und RWE für die Übernahme von Horizon Nuclear Power, der Eigentümerin von Wylfa, gezahlt hatte. Die japanische Toshiba, die bei der Insolvenz der ehemaligen Tochtergesellschaft Westinghouse rund sechs Milliarden US-Dollar verloren hatte, zog bei allen Atomprojekten in Übersee, einschließlich Moorside in Großbritannien, den Stecker.

Trotz dieser Entwicklung beschwört die Atomindustrie immer wieder neu eine scheinbare Atom-Renaissance: »Die heutige Kerntechnologie ist sicherer und wirtschaftlicher als je zuvor«, zitierte das *manager magazin* 2005 den damaligen finnischen Parlamentspräsidenten Paavo Lipponen. »Nicht nur Finnland und Europa, sondern die ganze Menschheit benötigt eine breit gefächerte Energiepolitik«, meinte der Politiker seinerzeit. Und dazu gehöre auch die Atomkraft. Den Worten des Parlamentspräsidenten folgend hatten die französische Framatome, die Kraftwerkssparte von Areva, und der deutsche Siemens-Konzern auf der Halbinsel Olkiluoto an der Westküste Finnlands den Grundstein für den ersten Atommeiler in Westeuropa seit der Reaktorkatastrophe von 1986 in Tschernobyl gelegt. Zwei Siedewasserreaktoren sind dort bereits seit 1978 beziehungsweise 1979 in Betrieb. Drei Milliarden Euro sollte der erste Europäische Druckwasserreaktor (EPR) kosten und mit einer Leistung von 1.600 Megawatt im Jahr 2009 ans Netz gehen. In Sachen Leistung ein neuer Weltrekord. »Seit mehreren Jahren prophezeien wir die Renaissance der Kernkraft«, jubelte damals Framatome-Chef Vincent Maurel auf der Webseite seines Unternehmens, »nun geht Finnland beispielhaft voran – und Frankreich eifert dem nach.«[29] Denn bereits 2004 hatte die Électricité de France bekannt gegeben, am Ärmelkanal am AKW-Standort Flamanville ebenfalls ein EPR-Atomkraftwerk bauen zu wollen. Geplante Fertigstellung war 2012, die kalkulierten Baukosten betrugen 3,3 Milliarden Euro.[30]

Seitdem sind bald zwei Jahrzehnte vergangen. An der Ostsee ist der finnische Meiler tatsächlich Mitte Februar 2022 ans Netz gegangen – mit rund 13 Jahren Verspätung. Die Baukosten sind dabei gewaltig in die Höhe geschossen: Olkiluoto 3 kostete 11 Milliarden Euro. Den darüber hinaus geplanten Bau von Block 4 hat das Unternehmen auf Grund dieser Erfahrungen aufgegeben. Flamanville 3 erweist sich als noch größeres Milliardengrab und soll nach einer endlosen Reihe von technischen und industriellen Debakeln nach Angaben des französischen Rechnungshofs 19 Milliarden Euro kosten. Fertigstellung: vielleicht irgendwann im Jahr 2023.

Bereits vor Jahren kursierten Berichte über Flamanville 3, dass das Reaktordruckgefäß, das Herz des Meilers, das später die Kernspaltung umschließen soll, aus einem Stahl gegossen ist, der nicht die erforderliche Festigkeit aufweist. »Es gibt ernste, sehr ernste Anomalien am Druckbehälter des EPR«, räumte denn auch Pierre-Franck Chevet, Chef der französischen Atomaufsicht ASN, ein. Der zylindrische Stahltank – knapp 13 Meter hoch, fast sechs Meter breit und über 500 Tonnen schwer – ist das einzige Bauteil eines Atomkraftwerks, das während der gesamten Betriebszeit nicht ausgetauscht werden kann. Es muss deshalb 60 Jahre lang 350 Grad Celsius, einen extremen Druck von 176 Bar und eine dauerhaft intensive Strahlung aushalten. Die Herstellerfirma habe, wie eine Anhörung im französischen Parlament enthüllte, schlechteres Ausgangsmaterial verwendet als bei früheren Reaktoren. Weil dem Atomkonzern Areva auf Grund seiner Beteiligungen an den Nuklearanlagen in Flamanville und Olkiluoto und den jeweiligen dramatischen Bauverzögerungen die Pleite drohte, übernahm der französische Staatskonzern Électricité de France 2015 Framatome, die Kraftwerkssparte von Areva. Die Siemens AG hatte sich nach diesen Erfahrungen bereits 2011 aus der Atomkraftsparte zurückgezogen.[31]

Im Dezember 2018 begann die EdF mit dem Bau des ersten Meilers von Hinkley Point C1 in Großbritannien. Die Kosten wurden auf 9,8 Milliarden britische Pfund veranschlagt – viereinhalbmal so viel, wie ursprünglich für den ersten EPR in Finnland kalkuliert worden war. Inzwischen ist mit Hinkley Point C2 ein zweiter Reaktor im Bau. Und wie könnte es anders sein: Auch bei diesen Projekten gibt es bereits Zeitverzögerungen und eine deutliche Kostensteigerung. Die beiden Reaktoren sollen nach Angaben der EdF 25 bis 26 Milliarden Pfund kosten und frühestens 2027 Strom produzieren. Der weltweit erste EPR, der ans Netz ging, ist Taishan-1: gebaut in China zwischen Oktober 2009 und Juni 2018, ebenfalls deutlich hinter dem Zeitplan und mit erheblichen Kostensteigerungen.

Aber auch bestehende Atomkraftwerke geraten unter wirtschaftlichen Druck und viele können auf liberalisierten Energiemärkten nicht mehr bestehen. Sechs US-Reaktoren sind bereits vorzeitig stillgelegt worden, weitere sollen folgen. Im September

2020 hatte der AKW-Betreiber Exelon Generation die Stilllegung von vier Atommeilern im Bundesstaat Illinois angekündigt, weil sie nicht mehr wettbewerbsfähig sind. Erst nachdem der Senat von Illinois am 13. September 2021 694 Millionen US-Dollar für die angeschlagene Nuklearsparte bewilligte, stoppte Exelon die für diesen Tag angekündigte Entnahme der Brennelemente. »Wir haben den ganzen Staat bereist, gründliche Anhörungen durchgeführt und in den Verhandlungen deutlich gemacht, dass gut bezahlte Arbeitsplätze und unsere Umwelt um jeden Preis erhalten werden müssen«, sagte der republikanische Senator Michael Hastings. »Das beginnt mit unserer Atomflotte, der wertvollsten natürlichen Ressource, die der Staat Illinois zu bieten hat.«[32]

Atomkraft als »wertvollste natürliche Ressource«? Obwohl die USA historisch betrachtet nach Kanada und Kasachstan der drittgrößte Uranproduzent sind, ist davon nichts mehr geblieben. Bereits 2020 hat das Land nur noch sechs Tonnen Uran gefördert und den Uranbergbau landesweit eingestellt. Sämtliche Atommeiler in den USA sind vor allem auf Uran aus Kanada und Kasachstan angewiesen.

Deutschlands unvollendeter Ausstieg: Lingen & Gronau

Mitte April 2023 sollen die letzten drei Atomkraftwerke in Deutschland stillgelegt werden.[33] Aber auch in Zukunft bleibt unser Land am Atomgeschäft beteiligt. Denn die Brennelementefabrik im niedersächsischen Lingen und die Urananreicherungsanlage in Gronau nahe der holländischen Grenze haben weiterhin eine unbefristete Betriebsgenehmigung. Das ist ein Skandal, den noch keine Bundesregierung angepackt hat.

In Lingen werden jährlich 800 Tonnen angereichertes Uran zu Brennelementen verarbeitet. Die Brennelemente werden dann unter anderem in die Niederlande, die Schweiz, nach Belgien, Frankreich, Großbritannien, Spanien, Schweden und Finnland exportiert. Lingen ist damit ein international bedeutendes Zentrum für die Brennstoffversorgung von Atomkraftwerken. »Die Bundesregierung muss komplett aus der Atomenergie aussteigen«, fordert deshalb BUND-Vorsitzender Olaf Bandt. »Stattdessen beliefern wir Risiko-Reaktoren wie die im belgischen Doel und Tihange oder die störanfälligen französischen Meiler in Cattenom nur wenige Kilometer von der deutschen Grenze entfernt.«[34]

Nur rund 50 Kilometer weiter südlich steht in Gronau die zweite Atomanlage mit unbefristeter Betriebsgenehmigung, die für ständig neuen Atommüll verantwortlich ist. Die Urenco Ltd. reichert Uran an, aus dem ebenso Brennelemente für Atomkraftwerke gemacht werden. Eigentümer sind zu jeweils einem Drittel der britische und der niederländische Staat, das restliche Drittel teilen sich E.ON Kernkraft und RWE Power. Bereits 2005 genehmigte die zuständige nordrhein-westfälische Landesregierung eine Kapazitätserweiterung auf 4.500 Tonnen Uranbrennstoff, eine Menge, mit der 30 große Atommeiler versorgt werden können. Das sind rund 10 Prozent des weltweiten zivilen Bedarfs an angereichertem Uran.

Zum besseren Verständnis: Um Uran als Brennstoff in Atomkraftwerken verwenden zu können, muss es »angereichert« werden. Dazu sind weltweit eine ganze Reihe Urananreicherungsanlagen wie die Urenco in Gronau in der Lage: Insbesondere die russische Rosatom und die Betreiber von Urenco dominieren den Markt und das Exportgeschäft, dazu kommt die französische Orano. Die chinesische CNNC bemüht sich zwar auch um Exporte, beliefert aber hauptsächlich den heimischen Markt. Alle anderen Anreicherungsanlagen – in Argentinien, Brasilien, Indien, Iran, Japan und Pakistan – verfügen nur über bescheidene Kapazitäten. Bei der Anreicherung bleibt abgereichertes Uranhexafluorid übrig, kurz UF_6. Weil Uran kein stabiles Element ist und bereits in natürlichem Zustand zerfällt, ist es ein problematischer

Eigenstrahler. Bei jedem Zerfall werden Alpha-, Beta- und Gammastrahlung freigesetzt.

»Jedes Jahr kommen bei Urenco ungefähr 5.000 Tonnen abgereichertes Uranhexafluorid zusammen«, kritisiert Matthias Eickhoff am Telefon, Sprecher des Aktionsbündnisses Münsterland gegen Atomanlagen. »Das ist Atommüll, der sicher endgelagert werden müsste.« Urenco und die Bundesregierung sehen das anders. Beide bezeichnen den Abfall als Wertstoff, weshalb das Unternehmen immer wieder Ausfuhrgenehmigungen für dieses Material bekommen hat.

Die Gründe für diese Einschätzung sind leicht durchschaubar: »Urenco, die Landesregierung NRW als zuständige Aufsichtsbehörde und die Bundesregierung haben ein maximales Interesse daran, dass Uranhexafluorid nicht als Atommüll eingestuft wird«, so Matthias Eickhoff weiter. Urenco müsste Entsorgungskosten bezahlen, die Landesregierung NRW bekäme ein neues Atommüll-Zwischenlager am Standort Gronau und die Bundesregierung hätte mit Uranmüll eine dritte Sorte Atommüll, für den ein neues Endlager gesucht werden müsste. »Das will keiner der drei Beteiligten.«

Bis 2009 hat Urenco bereits 27.300 Tonnen UF_6 aus Gronau als »Wertstoff« deklariert, nach Russland exportiert und diese Praxis erst nach massiven öffentlichen Protesten gestoppt. Das abgereicherte Uran könnte ja zur Härtung von Geschossen verwendet werden. Im Mai 2019 unternahm das Unternehmen einen neuen Anlauf für den Export nach Russland: Bis Oktober 2020 wurden weitere 18.000 Tonnen UF_6 über die Ostsee nach St. Petersburg und von dort nach Sibirien verfrachtet. Dabei liegen dort nach Angaben russischer Umweltorganisationen bereits eine bis 1,2 Millionen Tonnen in wenig sicheren Behältern unter freiem Himmel.

Die Zivilgesellschaft in Russland wehrt sich dagegen, weitere Lieferungen zu bekommen. »Russland ist nicht das Atomklo von Deutschland«, kritisiert unter anderem Ecodefense-Gründer Wladimir Sliwjak, der für seinen Widerstand mit dem Alternativen Nobelpreis ausgezeichnet worden ist und gemeinsam mit anderen Aktivist*innen Mitte Juni 2020 einen offenen Brief an Präsident Wladimir Putin und die damalige Kanzlerin Angela Merkel initiiert hat, um den Export von Uranhexafluorid nach Russland zu beenden. »Die Einfuhr gefährdet die Bevölkerung Russlands akut, aber zukünftige Generationen auch langfristig, weil radioaktive Stoffe freigesetzt werden können«, heißt es in dem Brief weiter.

Eine große Zahl an NGOs aus Russland, den Niederlanden und Deutschland sowie regionale und kommunale Politiker*innen aus Russland haben den Brief unterzeichnet, darunter der BUND, das Aktionsbündnis Münsterland gegen Atomanlagen und die Nuclear Free Future Foundation: »Wir appellieren an Sie, verehrte Frau Merkel, sich als deutsche Kanzlerin dafür einzusetzen, den Export von Atommüll von Deutschland nach Russland zu stoppen und die Verantwortung für die langfristig sichere Lagerung des in Gronau entstehenden Atommülls nicht auf andere Länder und Völker zu verlagern«, schreiben sie im Brief. Bereits im Januar 2020 überreichte Greenpeace-Russland zusammen mit der russischen Umweltorganisation Ecodefense 70.000 Protestunterschriften an den damaligen Umweltstaatssekretär Jochen Flasbarth. Erst der Überfall Russlands auf die Ukraine hat dazu geführt, dass Urenco seine Geschäftsbeziehungen mit Rosatom im März 2022 eingestellt hat. Damit vergrößert sich das Atommüllproblem von Urenco: 5.000 Tonnen abgereichertes Uran bleiben im Jahr zurück – wenn die Exportpraxis nicht grundsätzlich beendet wird.

Von der rot-gelb-grünen Ampelregierung ist wenig in Richtung Stilllegung zu erwarten. Die Grünen sind jetzt zwar Teil der Regierung und hatten in ihrem Wahlprogramm noch festgehalten, »die Atomfabriken in Gronau und Lingen schnellstmöglich zu schließen«. Im Koalitionsvertrag der Ampel-Regierung ist dazu aber nichts finden. Ich hatte die Gelegenheit, Bundesumweltministerin Steffi Lemke in einem Interview zu fragen, was sie in Sachen Stilllegung zu tun gedenke: »Das BMUV prüft diesbezüglich unter Einbeziehung anderer betroffener Ressorts das weitere Vorgehen im Lichte des Koalitionsvertrags«, lautete ihre Antwort. Und auf meine nochmalige Nachfrage: »Um es mit meinen Worten zu sagen: Die beiden Atomanlagen könnten stillgelegt werden ...« antwortete sie, »das BMUV prüft im Lichte des Koalitionsvertrags Handlungsoptionen.«[35] Anfang Dezember 2022 kündigt die Ministerin in einem Schreiben an das Aktionsbündnis Münsterland dann tatsächlich an: »Es ist aus Sicht des BMUV im Hinblick auf die Glaubwürdigkeit des deutschen Atomausstiegs generell erforderlich, die Kernbrennstoffproduktion zu beenden.« Mal sehen, ob das dann auch so kommt.

Dass Deutschland trotz Atomausstieg bislang weiterhin am Atomgeschäft beteiligt ist, geht auf eine Intervention von Gerhard Schröder zurück, der die beiden Atomanlagen in Gronau und Lingen ausdrücklich vom ersten Atomausstieg ausgenommen haben wollte, den die damalige rot-grüne Bundesregierung Anfang des Jahrtausends beschlossen hat. Das hatte mir ein seinerzeit am Ausstiegsgesetz beteiligter hochrangiger Mitarbeiter, der hier anonym bleiben soll, aus dem Umweltministerium schon vor Jahren mitgeteilt. Nachdem die CDU-geführte Bundesregierung unter Angela Merkel den ersten Atomausstieg 2010 zurückgenommen hatte, setzte die Kanzlerin den Atomausstieg nach der Fukushima-Katastrophe in nur leicht veränderter Form und kaum verändertem Ausstiegsdatum erneut durch – wobei die Atomkraftwerksbetreiber RWE, Vattenfall, EnBW sowie E.ON/Preußen-Elektra mit 2,4 Milliarden Euro entschädigt wurden. An der unbefristeten Betriebsgenehmigung für Lingen und Gronau änderte die Merkel-Regierung nichts.

So kam es, dass der unter der Flagge Panamas fahrende russische Frachter »Mikhail Dudin« mit angereichertem Uran aus

Russland zuletzt im September 2022 die Häfen von Rotterdam und Dünkirchen in Frankreich ansteuerte. Über die Straße wurde das atomare Material nach Lingen gebracht, um zu neuen Brennelementen verarbeitet zu werden. Der russische Überfall auf die Ukraine und Sanktionen gegen Russland? Spielen keine Rolle, Hauptsache das Atomgeschäft bleibt weiter am Laufen.

Framatome, die Betreiberfirma der Brennelemente-Fabrik, plante sogar über ein Joint Venture dem russischen Atomkonzern Rosatom die Beteiligung an der Atomfabrik in Lingen zu ermöglichen und damit den Zugang zum europäischen Atommarkt weiter zu öffnen. 126 Organisationen vor allem aus Deutschland, Frankreich und Russland haben kurz vor dem Ukrainefeldzug Russlands von der Bundesregierung gefordert, dieses Joint Venture zu unterbinden. Nach dem russischen Überfall hat Framatome den Antrag von sich aus zurückgezogen.[36]

Am grundsätzlichen Geschäftsmodell der Atomfabrik ändert das nichts. Mehrere Umweltverbände haben deshalb Anfang November 2022 in einem offenen Brief an Annalena Baerbock gefordert, dass die deutsche Außenministerin sich auf dem anstehenden G7-Treffen für ein Umdenken einsetzen sollte: »Deutschland ist zusammen mit Großbritannien, den Niederlanden, Schweden und den USA auch direkt mitverantwortlich dafür, dass in der Ukraine überhaupt noch die veralteten und nunmehr als Kriegswaffe eingesetzten AKWs in Betrieb sind. Der deutsch-niederländisch-britische Atomkonzern Urenco liefert seit einigen Jahren das angereicherte Uran für die Brennelemente in sechs Reaktorblöcken in der Ukraine – vier davon in Saporischschja! Diese Brennelemente werden vom US-Konzern Westinghouse in der schwedischen Brennelementefabrik Västeras hergestellt. Schon vor Jahren forderten Umweltorganisationen, der Ukraine stattdessen bei einer erneuerbaren Energiewende zu helfen – leider vergeblich. Nun müssen die gesamte Ukraine und halb Europa als atomare Geiseln des Kreml die Folgen dieser falschen Politik tragen.«[37]

Die Erneuerbaren als »Totengräber« der Atomtechnologie

Jeder Euro, der in die weitere Förderung von Atomkraft fließt, verhindert den schnellen Umstieg auf erneuerbare Energien. Rund um den Globus sind sie – auch ohne die gestiegenen Energiepreise aufgrund des Krieges in der Ukraine – inzwischen deutlich kostengünstiger als Atomstrom und gegenüber bestehenden Kohle- oder Gaskraftwerken konkurrenzfähig, wie die International Renewable Energy Agency in ihren Jahresberichten zeigt. Kosten pro Kilowattstunde: je nach Region 2 bis 6 US-Cent. In den sonnenreichen Ländern Nordafrikas und Arabiens sind große Sonnenkraftwerke sogar nochmals deutlich preiswerter: Das 600 Megawatt-Solar-Projekt Shuaibah IPP PV in Saudi-Arabien liefert die Kilowattstunde inzwischen für 1,04 US-Cent – ein Weltrekord.[38]

Aber auch in Deutschland könnte der gesamte Energiebedarf für Strom, Wärme und Verkehr zu 100 Prozent mit erneuerbaren Energien gedeckt werden. Und das Ganze dezentral und zu gleichen Kosten. Das hat ein Team des Deutschen Instituts für Wirtschaftsforschung um die Wirtschaftswissenschaftlerin Claudia Kemfert in einer bereits im April 2021 veröffentlichten Studie gezeigt. Wir brauchen weder Kohle- noch Atomkraft. »Insbesondere sind die Vorteile eines vom bisherigen System abweichenden, dezentralen Planungsansatzes zu berücksichtigen, welcher absehbare Netzengpässe einkalkuliert und stärker auf lastnahe Erzeugung bzw. auch Bürgerbeteiligung an Erzeugung und Verbrauch orientiert ist«, schreiben die Studienautoren.[39] Sprich: Wir brauchen einen völligen Systemwechsel. Die Bundesregierung hat in den vergangenen Jahren und Jahrzehnten einseitig große Konzerne bevorteilt und die Beteiligung von Bürgern und Genossenschaften erschwert. Genau das ist der falsche Weg.

»Das Ausbautempo muss stark gesteigert werden«, betont Claudia Kemfert, »sowohl bei der Windenergie als auch bei der

Solarenergie. Für eine Vollversorgung mit erneuerbaren Energien müssen wir die Rahmenbedingungen für alle Sektoren schaffen, nicht nur für Strom, sondern auch für Wärme und Mobilität. Dann könnte es sehr schnell gehen.«[40] An den Kosten kann es nicht liegen. Das Fraunhofer-Institut ermittelt alle zwei Jahre, wie teuer es ist, eine Kilowattstunde Strom mit neuen Kraftwerken zu erzeugen, zuletzt 2021: In Deutschland sind Photovoltaik-Freiflächenanlagen in Süddeutschland mit 3,6 Euro-Cent pro Kilowattstunde am besten, gefolgt von vergleichbaren Anlagen in Norddeutschland mit 5 Cent. Windkraft an Land ist mit 6,1 Cent nur knapp darüber, Offshore-Anlagen sind mit 9,7 Cent bereits deutlich teurer, aber immer noch kostengünstiger als Kohle-, Gas- oder Atomstrom. Und während die Preise für Öl und Gas durch den Krieg in der Ukraine durch die Decke gingen, tendieren Wind- und Sonnenstrom weiter nach unten.

Diese enorm günstigen Kosten bestätigt eine Anfrage beim Windkraftprojektierer Abo-Wind für dieses Buch: »Die Investitionskosten je Megawatt Windkraft an Land bewegen sich zwischen ein und zwei Millionen Euro«, bilanziert Unternehmenssprecher Alexander Koffka. »Die bislang größten von uns errichteten Windparks haben eine Nennleistung von gut 100 Megawatt. Die Stromproduktion unserer Windparks schwankt je nach Standort. Eine moderne Anlage erreicht zwischen 2.500 und 4.000 jährlichen Volllaststunden. Das heißt, ein 500 Megawatt-Windpark an einem guten Standort mit 4.000 Volllaststunden produziert jährlich 2.000 Gigawattstunden Strom. Am Ende ist es interessant, was die einzelne Kilowattstunde Windstrom während ihrer kalkulierten 25- bis 30-jährigen Betriebsphase kostet. Auch hier ist die Spanne groß: zwischen zwei und sieben Eurocent würde ich sagen.« Und da sind neben den Investitionskosten auch die laufenden Kosten – vor allem Pacht, Wartung, Versicherungen – bereits eingepreist.

Die Oekogeno eG mit Sitz in Freiburg, die sich ethisch-ökologisches Wirtschaften auf die Fahnen geschrieben hat, ist bei ihren Windkraftprojekten noch günstiger. »Ein einzelnes 3-Megawatt-Windrad kalkulieren wir mit rund 5,5 Millionen Euro«, rechnet Vorstand Joachim Bettinger mir vor. »Mit 4,3 Millionen ist die Anlage selbst am teuersten. Wir müssen aber auch die Bauflächen kaufen, Wege errichten, das gesamte Projekt entwickeln und nicht zuletzt Ausgleichsmaßnahmen für den Artenschutz finanzieren.«

Konventionelle Kraftwerke können da nicht mithalten. Bei einem neuen Braunkohlekraftwerk kommt die Kilowattstunde auf 12,9 Cent, bei Steinkohlekraftwerken sogar auf 15,5 Cent. Bei einem Gaskraftwerk steigen die Kosten für eine Kilowattstunde sogar auf 20,2 Cent pro Kilowattstunde – und das bei angenommenen Gaspreisen vor dem russischen Überfall auf die Ukraine.

Die Kosten für Atomstrom sind schwer in seriösen Zahlen festzuhalten. Das liegt zum einen daran, dass Atomkraftwerke nicht versichert werden können, weil kein Versicherer bereit ist, das Risiko eines Super-GAUs wie in Tschernobyl oder Fukushima zu versichern, und andererseits daran, dass die Kosten für die Atommüllentsorgung sowieso zum großen Teil von der Allgemeinheit getragen werden. Nach dem Übereinkommen über die Sicherheit der Behandlung abgebrannter Brennelemente und über die Sicherheit der Behandlung radioaktiver Abfälle aus dem Jahr 2018 bezahlen die Atomstromkonzerne »ca. 24 Milliarden Euro für die Zwischen- und Endlagerung« in einen Fonds. Den Rest trägt der Steuerzahler.[41]

Hilfsweise kann man die Vergütung heranziehen, die im englischen Hinkley Point für Atomstrom aus Kraftwerksblock C bezahlt werden soll: 2016 garantierte die britische Regierung den Kraftwerksbauern 11 Cent pro Kilowattstunde zuzüglich Inflationsausgleich über 35 Jahre. Damit kostet Atomstrom schon heute doppelt bis dreimal so viel wie Sonnen- oder Windstrom. Mit einem einfachen Inflationsrechner lassen sich die zukünftigen Kosten projizieren: Bei einer jährlichen Inflationsrate von zwei Prozent liegen sie in 35 Jahren bei 22 Cent pro Kilowattstunde. Bei angenommenen drei Prozent sogar bei rund 31 Cent. Berücksichtigt man dann noch, dass in dieser Zeit die Kosten pro Kilowattstunde für Sonnen- und Windstrom nach aller Voraussicht weiter sinken, so kommt diese Vereinbarung einem volkswirtschaftlichen Harakiri gleich.

Nach Angaben des Statistischen Bundesamts waren im März 2022 deutschlandweit 2,2 Millionen Photovoltaik-Anlagen mit einer Leistung von 58.400 Megawatt installiert. Zur besseren Einordnung: Das entspricht an einem sonnigen Sommertag der Leistung von 40 großen Atommeilern. Erfreulich dabei: Das waren zehn Prozent mehr als noch ein Jahr zuvor. Weniger erfreulich: Das ist weit weniger als möglich gewesen wäre, wenn die Bundesregierungen in den zurückliegenden Jahren den Bau von Wind- und PV-Anlagen nicht behindert und ausgebremst hätten.

Es waren Abstandsregeln und Ausschreibungsmodelle, die den Ausbau der Windkraft im Süden Deutschlands praktisch zum Erliegen gebracht haben. Auf eine Anfrage der Grünen räumt das Bayerische Staatsministerium ein, dass im Jahr 2020 nur drei Genehmigungsanträge für neue Windräder in ganz Bayern eingegangen sind, im größten Bundesland Deutschlands. Und in den ersten drei Quartalen des Jahres 2021 kein einziger! Während 2014 noch 160 neue Windräder in Bayern aufgestellt wurden, waren es 2019 gerade noch fünf. Vergleichbar Baden-Württemberg: Im »Musterländle« gingen zwischen 2014 und 2018 331 Windkraftanlagen in Betrieb, in den vier Jahren danach nur noch 51.[42]

Bei der Photovoltaik ist es nicht besser: Privatleute und Vermieter*innen sind durch einen Wust an Bürokratie davon abgeschreckt worden, auf ihrem Haus eine Photovoltaikanlage zu errichten. Das Bürgerprojekt Solarwende ist dadurch jahrelang weit hinter seinen Möglichkeiten zurückgeblieben. Die gesunkene Vergütung war dabei das geringste Problem, denn gleichzeitig sind ja die Kosten für Bau und Materialien enorm gesunken. Die CDU-geführten Regierungen haben den Ausbau der

Erneuerbaren jahrelang gedeckelt und damit die Energiewende gezielt ausgebremst.

Die Ampel-Regierung hat zumindest erkannt, dass dringend etwas getan werden muss: In sogenannten Beschleunigungspaketen sind für Wind- und Sonnenstrom die Ausbaupfade geebnet worden. Angesichts der Energiekrise infolge des russischen Überfalls auf die Ukraine soll die installierte Photovoltaikleistung von rund 60 Gigawatt Anfang 2022 auf mindestens 215 Gigawatt im Jahr 2030 erhöht werden. Erneuerbare Energien sollen dann 80 Prozent des Stroms liefern.

Um zu zeigen, dass mehr als nur weitere Dach- und Freiflächen möglich sind, hier ein paar Beispiele: Auf einem Feld der Demeter-Hofgemeinschaft Heggelbach in der Bodensee-Region untersucht das Fraunhofer-Institut für Solare Energiesysteme seit 2016, wie Photovoltaik und landwirtschaftliche Kulturen miteinander kombiniert werden können. Die Idee ist einfach: Unten wachsen Weizen oder Kartoffeln, ein paar Meter darüber wird Sonnenstrom geerntet. Schwere Landmaschinen können problemlos darunter den Acker bestellen. Der Hitzesommer 2018 brachte dann ein erstaunliches Ergebnis: Weizen, der unter den PV-Modulen vor der Hitze geschützt war, brachte 3 Prozent höhere Erträge, bei Kartoffeln waren es 11, bei Sellerie 12 Prozent.

Nimmt man das Beispiel Kartoffeln, so kommen die Forscher*innen auf eine Landnutzungseffizienz von 186 Prozent. Die Kartoffeln selbst kommen auf 103 Prozent, die darüber liegende PV-Anlage auf die restlichen 83 Prozent. Das Potenzial ist riesig: In der Obstbauplantage Babberich direkt hinter der holländischen Grenze und nur wenige Kilometer vom Rhein entfernt, hat der Landwirtschaftskonzern BayWa über einer 3,3 Hektar großen Himbeerplantage 10.250 Solarmodule mit einer Leistung von 2,67 Megawatt installiert. Die Module sorgen für ein günstiges Klima mit niedrigeren Temperaturen und schützen die Kulturen gleichzeitig vor Starkregen, Hagel und Frost.

Weltweit sind derzeit Agri-PV-Anlagen mit einer Leistung von 14 GWp* installiert. Das Fraunhofer-Institut schätzt, dass allein in Deutschland aufgeständerte PV-Anlagen über landwirtschaftlichen Kulturen mit rund 1700 GWp installiert werden könnten.[43] Das ist 28-mal so viel wie die gesamte installierte PV-Leistung Deutschlands, Stand Anfang des Jahres 2022. »Nur rund vier Prozent der deutschen Agrarflächen würden ausreichen, um mit hoch aufgeständerter Agri-PV bilanziell den gesamten aktuellen Strombedarf in Deutschland zu decken.«[44]

Darüber hinaus gibt es bereits schwimmende Photovoltaikanlagen auf Baggerseen, auf gefluteten Tagebau- und Stauseen, die keinerlei Landnutzungskonflikte erzeugen. Die größte schwimmende PV-Anlage in Europa ist derzeit in den Niederlanden mit einer Nennleistung von 27,4 MWp in Betrieb. Die Möglichkeiten sind groß, man muss sie nur endlich angehen. »Während im asiatischen Raum bereits einige Anlagen mit installierten Leistungen im zweistelligen Megawattbereich vorzufinden sind, beschränken sich die Anlagen in Deutschland infolge bisheriger Förderhemmnisse auf maximal 750 kWp«, stellt das Fraunhofer-Institut fest.[45]

Zusammenfassend bedeutet das: Wir reden in Deutschland zwar seit Jahrzehnten von Klimakrise und Energiewende, de facto haben aber die CDU-geführten Bundesregierungen zwischen 2005 und 2021 sehr viel dafür getan, um den Erfolg der erneuerbaren Energien auszubremsen und das Geschäftsmodell der großen Stromkonzerne mit ihren Kohle- und Atommeilern aufrechtzuerhalten. Dass angesichts der Energiekrise in Folge des Kriegs in der Ukraine einige Politiker*innen nicht nur gefordert haben, die Laufzeiten der drei noch laufenden Atomkraftwerke zu verlängern, sondern sogar abgeschaltete AKWs wieder hochzufah-

* Das kleine p steht für peak und bezeichnet die Leistung einer PV-Anlage bei höchster Sonneneinstrahlung.

ren und auch den Bau neuer Atomkraftwerke ins Spiel bringen, ist geradezu absurd.

Atomkraftwerke lösen kein Energieproblem, wie das Beispiel Frankreich im Sommer 2022 gezeigt hat. Frankreich ist mit 56 Atomkraftwerken nach den USA und China das Land mit den meisten Meilern. Ende Juli waren 18 dieser Meiler aufgrund langfristiger Wartungsarbeiten bereits seit Monaten im Stillstand. »Wegen der extremen Temperaturen im Juli mussten viele Kernkraftwerke abgeschaltet werden«, berichtet die Schweizerische NZZ. »Denn das Kühlwasser, das die AKW in die Flüsse ableiten, darf laut Gesetz eine bestimmte Temperatur nicht überschreiten. An vielen Standorten, wo die Temperaturen [...] teilweise bei über 40 Grad lagen, mussten die Meiler ihren Betrieb einstellen.«[46] Noch Anfang Dezember 2022 lautete eine Meldung: »In Frankreich geht das Licht aus.« Noch immer waren 27 Reaktoren außer Betrieb.[47]

Von zuverlässigem und wie versprochen billigem Atomstrom kann in Frankreich keine Rede sein. Denn die Preise gingen derweil steil nach oben: Lagen die Börsenpreise für Strom in Frankreich über Jahre kontinuierlich zwischen 40 bis 70 Euro pro Megawattstunde mit einem kurzen Peak Ende 2021, gingen sie im Sommer 2022 buchstäblich durch die Decke: 500 und 600 Euro musste die EdF an der Strombörse bezahlen, um den Ausfall ihrer Atomkraftwerke zu kompensieren. Und weil der Konzern diese Kosten aufgrund der Deckelung der Stromkosten nicht an die Verbraucher*innen weitergeben durfte, präsentierte er dem französischen Staat eine Rechnung über 8,34 Milliarden Euro.[48]

Nebenbei bemerkt: Nicht nur Atom-, sondern auch Kohlekraftwerke sind auf Kühlwasser aus Flüssen oder Seen angewiesen. Und während Solarstrom am 17. Juli 2022, einem sonnigen Sonntag, in Deutschland Strom mit einer Leistung von erstmals mehr als 40 Gigawatt ins öffentliche Netz einspeiste, sanken die Erträge von Frankreichs Atomflotte auf unter 30 Gigawatt.[49]

INTERVIEW »Atomkraft ist die Tochter von Grundlagenforschung und militärischer Kriegsführung«

Das Deutsche Institut für Wirtschaft (DIW) hat bereits 2021 in einer Studie gezeigt, dass der gesamte Energiebedarf für Strom, Wärme und Verkehr in Deutschland in 10 bis 15 Jahren zu 100 Prozent mit Erneuerbaren gedeckt werden kann. Christian von Hirschhausen hat an der Studie mitgearbeitet.

Herr Professor von Hirschhausen, in der Studie gehen Sie und das DIW vor allem von mehr Dezentralität aus. Was meinen Sie damit?

Die Energiewende ist ein Bürgerinnen- und Bürgerprojekt. Es geht darum, dass die traditionellen fossilen und atomaren Erzeugungsstrukturen aufgebrochen werden. Das ist durch das Erneuerbare-Energien-Gesetz in den frühen 2000er-Jahren auf den Weg gebracht worden. Jetzt geht es darum, die Potenziale dort zu nutzen, wo sich möglichst viele Leute beteiligen können: bei lokalen Windparks und PV-Dachanlagen. Man braucht die Flächen und die Unterstützung der Menschen. Damit das funktioniert, müssen die Gewinne einigermaßen gerecht verteilt werden und bei denen bleiben, die mit den Anlagen leben müssen. Das ist ein wesentlicher Teil der Energiewende.

Heißt das, wir brauchen einen Systemwechsel: weg von großen Kohle- und Atommeilern, hin zu regionaler und lokaler Energieversorgung?

Wir können die großen Konzerne noch brauchen, wenn sie sich dem neuen Organisationsmodell unterwerfen und aufhören, das alte fossil-fissile System unter der Hand weiter zu betreiben, wie das viele jetzt machen. Nehmen wir RWE als Beispiel: Der Konzern ist traditionell fossil und erweitert derzeit den Braunkohletagebau so, dass noch Dörfer im Rheinland in Anspruch genommen werden. Auch andere Unternehmen versuchen, jetzt, wo es kritisch wird, möglichst viel vom alten System zu retten. De-Karbonisierung ist nur noch Makulatur, wenn Langfristverträge zur Versorgung mit fossilem Erdgas geschlossen werden. So geht das nicht.

In Ihrer Studie sprechen Sie von »Effizienzsteigerungen im Wärme- und Verkehrsbereich«. Reicht das oder müssen wir nicht auch verzichten lernen?

Energie muss effizient und suffizient konsumiert werden. Effizient im techno-ökonomischen Sinn, also dort, wo Wirkungsgradsteigerungen oder Temperaturabsenkungen möglich sind. Bei der Verbrauchssuffizienz geht es auch darum, Verhaltensänderungen nahezulegen, die nicht besonders kompliziert und besser sind als die aufoktroyierte Schließung von Schwimmbädern, Saunen oder Tennishallen. Wobei hohe Energiepreise – nicht überhöhte – ein sinnvolles Mittel sind. Damit wird uns bewusst, was wir an Energie verbrauchen.

*Angesichts der aktuellen Energiekrise fordern Politiker*innen, die Laufzeiten der drei noch am Netz befindlichen Atomkraftwerke zu verlängern, drei abgeschaltete wieder hochzufahren und drei neue zu bauen, die Formel lautet: drei plus drei plus drei. Was halten Sie davon?*

Das ist numerisch elegant, entbehrt aber jeglicher techno-ökonomischen Rationalität. Fangen wir beim Letzten an. Den Bau neuer Atomkraftwerke kann nur jemand fordern, der uns in die Plutoniumwirtschaft führen möchte, die Heisenberg und von Weizsäcker schon in den 1950er-Jahren auf dem Zettel hatten. Das ist aus ökonomischen, technischen und ökologischen Gründen keine Option. Die Nutzung von drei älteren AKWs ist genauso unplausibel. Das sind Anlagen im Stilllegungsprozess. Drei weiterlaufen zu lassen, ist nach dem Stresstest zwar eine Möglichkeit, aber wenn man die Risiken berücksichtigt, auch nicht sinnvoll –

aus einem einfachen Grund: Atomkraft ist gefährlich. Atomkraft ist entwickelt worden, um gefährlich zu sein. Und sie ist auch in kommerziellen Anlagen gefährlich. Deshalb ist die längere Nutzung von Atomkraftwerken volkswirtschaftlich schlicht falsch.

Monatelang war über die Hälfte der französischen Atomflotte abgeschaltet, vor allem wegen Wartungsarbeiten. Ist das Land in einer besonderen Energiekrise?

Frankreich ist ein gutes Beispiel dafür, wie man eine Energiewirtschaft runterwirtschaften kann, wenn man aufs falsche Pferd setzt. Atomkraft war – aus energiewirtschaftlicher Perspektive – die falsche Entscheidung. Natürlich wäre es auch in Frankreich das Beste, die laufenden Atomkraftwerke auslaufen zu lassen und auf Erneuerbare zu setzen. Neue AKWs zu bauen, ist volkswirtschaftlich nicht sinnvoll. Frankreich hat gute Windstandorte und ein großes Potenzial an Sonne, um sich zu 100 Prozent mit Erneuerbaren zu versorgen. Wir haben das selbst errechnet, es gibt dazu aber auch andere Studien.

In Deutschland macht sich das Gefühl breit, die halbe Welt setze auf Atomkraft, nur wir in Deutschland nicht.

Viele Länder sind das nicht! Sie dürfen sich nicht von der Rhetorik einiger Industrieverbände täuschen lassen. Die Türkei, Bangladesch und Ägypten bauen erstmals neue Kernkraftwerke, also lediglich drei Länder. Insgesamt sind aktuell weltweit etwa 50 Atomkraftwerke im Bau, die meisten mit großen Verzögerungen. Erst jetzt ist in der Slowakei ein Atomkraftwerk ans Netz gegangen – nach einer Bauzeit von fast 40 Jahren. Da ist keine Musik drin. Und die Idee, dass aus der Ecke ein Schub in Richtung CO_2-Reduktion kommen könnte, war in der Vergangenheit falsch und ist für die Zukunft genauso unplausibel.

Die Atomindustrie spricht jetzt von der vierten Generation von Atomkraftwerken und sogenannten SMRs, Small Modular Reactors. Bringt das die Atomwirtschaft nach vorne?

Kernkraftwerke mit geringer Leistung sind mit Leichtwasser gekühlte und moderierte Reaktoren, von denen man seit den 1950er-Jahren weiß, dass sie funktionieren können. In der Regel sind das Reaktortypen, die aus Schiffsantrieben wie zum Beispiel den Westinghouse S2W abgeleitet wurden. Da ist nichts Neues dran. Sie sind aber noch unwirtschaftlicher als die Kernkraftwerke mit großer Leistung. Ich kann nicht nachvollziehen, warum man solche Reaktoren bauen will. Und zur sogenannten »vierten« Generation: Es schwebt einigen Leuten wohl vor, tatsächlich in die Plutoniumwirtschaft einzusteigen. Diesen Weg hat Glenn Seaborg, der Entdecker des Plutoniums, schon in der Nachkriegszeit vorgezeichnet. Sie ist aber nicht eingetreten und wird mit großer Wahrscheinlichkeit auch in Zukunft nicht kommen, weil diese Reaktoren gefährlich und noch teurer sind als die nichtwettbewerbsfähigen Leichtwasserreaktoren.

Der Vorstand von IPPNW hat einmal gesagt, es gebe drei Gründe für die Atomkraft: die Bombe, die Bombe und nochmals die Bombe. Ist da etwas dran?

Das ist technik-historisch eindeutig so. Und es ist bis heute richtig, dass die Entwicklung von Atomkraft immer etwas mit der militärischen Nutzung zu tun hat. Entweder direkt oder durch Technologieentwicklung, die immer auch das Potenzial für die militärische Nutzung in sich trägt. Seit den frühen 1940er-Jahren hatte die Entwicklung der Atomkraft das Ziel, Bomben zu entwickeln. Staaten, die sich heute für die Atomkraft interessieren, tun das immer unter militärischen Gesichtspunkten. Mein Kollege François Lévêque hat die Atomkraft als Tochter von Grundlagenforschung und militärischer Kriegsführung bezeichnet. Das spiegelt ihre Bedeutung sehr gut wider.

Prof. Christian von Hirschhausen, Jahrgang 1964, studierte Wirtschaftswissenschaften in Berlin. Nach sieben Jahren am Deutschen Institut für Wirtschaft (DIW) übernahm er 2004 den Lehrstuhl Energiewirtschaft an der TU Dresden. Seit 2009 leitet er das Fachgebiet Wirtschafts- und Industriepolitik an der TU Berlin. Parallel dazu ist er Forschungsdirektor am DIW.

Erneuerbare Wärme für eine Millionenstadt

Dass wir nicht nur im Strombereich klimaneutral werden müssen, sondern auch bei der Wärme- und Warmwasserversorgung und bei unserer gesamten Mobilität, ist letztlich eine Binsenweisheit. Wie wenig wir bislang – trotz Jahrzehnten intensiver Klimadebatten – in diese Richtung getan haben, offenbarte der russische Überfall auf die Ukraine. Auf einmal begreifen wir, dass auch im Gebäudebereich etwas getan werden muss. Russisches Gas gehört der Vergangenheit an und die Alternativen sind immens teuer. Vor allem auch deshalb, weil zwei Drittel des Altbaubestands noch immer keine gute Isolierung haben. 20 Liter Öl oder 20 Kubikmeter Gas pro Quadratmeter und Jahr werden dadurch verbraucht. Mehr Atomstrom ist keine Lösung, weil die meisten Hausbesitzer*innen – zum Glück – nicht auf Nachtstromspeicheröfen setzen und Gas und Öl nicht einfach durch Strom ersetzt werden können.

Die Gemeinde Grünwald südlich von München geht hier einen anderen Weg. Weil die Gemeinde mit einer klimaneutralen Wärmeversorgung bereits am Ziel ist, lohnt es sich, die Stadtpolitik näher anzuschauen. Dabei haben die Einwohner*innen gleich in mehrfacher Weise Glück. Einmal gibt es in rund 4.000 Meter Tiefe eine Schicht mit Wassertemperaturen von fast 130 Grad Celsius. Dann gehört die Gemeinde mit ihren über 11.000 Bürger*innen zu den eher wohlhabenden in Deutschland. Und nicht zuletzt haben Bürgermeister und Gemeinderat vor 15 Jahren beschlossen, den Schatz unter ihren Füßen zu heben, genauer gesagt anzuzapfen. Denn im Bayerischen Voralpenland bildete sich vor 135 Millionen Jahren eine mehrere hundert Meter mächtige wasserführende Kalksteinschicht, der sogenannte Malm. Unter dem Druck der entstehenden Alpen sank er Richtung Süden bis weit unter 5.000 Meter in die Tiefe. Wobei es mit jedem Tiefenmeter heißer wird: Auf der Höhe des Flughafens Münchens messen Geologen in 2.000 Meter Tiefe ungefähr 65 Grad warmes Wasser, direkt unter dem Zentrum von München sind es 93 Grad, 30 Kilometer weiter südlich bei Holzkirchen sogar 150 Grad – in über 5.000 Meter Tiefe. Das sind ideale Voraussetzungen zur geothermischen Nutzung.

»Unsere Stadtväter haben sich für ein Geothermiekraftwerk entschieden, als die Bundesregierung die enormen Möglichkeiten dieser Technik noch gar nicht auf dem Radar hatte«, erläutert Andreas Lederle, der Geschäftsführer der Erdwärme Grünwald, die damalige Entscheidung im Gespräch. Rund 200 Millionen Euro hat die Gemeinde seitdem aus ihren Rücklagen zur Verfügung gestellt und 2009 mit dem Bau der Anlage begonnen – keine vier Kilometer südlich vom Gemeindezentrum entfernt. Gleichzeitig hat sie das Fernwärmenetz bis ganz in den Norden Grünwalds verlegen lassen, um möglichst viele Bürger*innen anschließen zu können. 70 Millionen Euro kosteten die Bohrungen, das Heiz- und Stromkraftwerk, 100 Millionen das inzwischen 67 Kilometer lange Fernwärmenetz inklusive Hausanschlüsse. Und für knapp 30 Millionen Euro erwarb die Erdwärme Grünwald 95 Prozent der benachbarten Geothermieanlage in Unterhaching.

Zwei Bohrungen waren notwendig, die an der Oberfläche nur wenige Meter auseinander liegen. Mit der Produktionsbohrung holt die Erdwärme Grünwald aus 4.038 Meter Tiefe 128 Grad heißes Wasser an die Oberfläche – bis zu 140 Liter pro Sekunde. Nachdem das heiße Wasser seine Wärme per Wärmetauscher an das Wasser im Fernwärmenetz abgegeben hat und dadurch auf rund 60 Grad abgekühlt ist, wird es über die sogenannte Reinjektionsbohrung wieder in die Tiefe zurückgeführt, gut zwei Kilometer von der Entnahmestelle entfernt. »Wir entziehen keinen Tropfen Wasser, sondern halten das gesamte System in einem natürlichen Gleichgewicht«, so Geschäftsführer Lederle.

Auf die Frage, ob sich der Schatz unter seinen Füßen irgendwann abkühlen und versiegen könnte, lacht er und schüttelt den Kopf. »Nach menschlichem Ermessen nicht.« Einerseits versorgen radioaktive Zerfallsprozesse im Inneren der Erde die wasserführende Schicht ständig mit Wärme, darüber hinaus sind 99 Prozent der Erde ohnehin heißer als 1.000 Grad Celsius. Der zwischen 3.000 und 6.000 Grad heiße Erdkern erhitzt die wasserführende Schicht ständig von unten.

Wie wichtig derartige Projekte sind, verdeutlicht ein Blick auf den Hausbestand in Deutschland: 19 Millionen Gebäude mit 41,3 Millionen Wohnungen gibt es. Zwei Drittel wurden vor dem Inkrafttreten der ersten Wärmeschutzverordnung im Jahr 1978 errichtet, ein großer Teil in den 1950er- und 1960er-Jahren, als Öl derart billig war, dass sich niemand ernsthaft über Effizienz und Energiesparen Gedanken machte. Noch 1970 kostete der Liter Heizöl umgerechnet 8,2 Cent. Für etwas mehr als 300 Euro im Jahr ließ sich ein Zweifamilienhaus auf gemütliche Temperaturen heizen. Dass die dafür notwendigen 4.000 Liter Öl 11,6 Tonnen CO_2 emittieren, interessierte niemanden. Denn die Klimakrise als zentrales Zukunftsproblem wurde damals nur unter wenigen Fachleuten diskutiert.

Heute ist das zwar anders, aber unsanierte Altbauten haben wir noch immer nicht richtig im Blick. Dabei verursacht nach Angaben des Umweltbundesamts der Gebäudebestand in Deutschland »35 Prozent des Endenergieverbrauchs und etwa 30 Prozent der CO_2-Emissionen«.[50] Das ist fast doppelt so viel wie der gesamte Verkehrsbereich.

Das Vorzeigeunternehmen in Grünwald unterstützt viele Kommunen, Unternehmen und sogar Staaten, in die richtige Richtung zu investieren. Die Millionenstadt München muss nicht mehr überzeugt werden: Bereits im Jahr 2012 haben deren Stadtwerke (SWM) die »Vision 2040« entwickelt: Ihr zufolge soll die Münchner Fernwärme bis zum Jahr 2040 komplett CO_2-neutral sein. Der Stadtrat hat das Ziel inzwischen verschärft und vorgegeben, dass es bereits 2035 realisiert sein soll. »Dazu muss Geothermie den wesentlichen Beitrag liefern«, bestätigt Helge-Uve Braun, der Geschäftsführer Technik im Interview. »Den Rest soll vor allem Wasserstoff liefern, der aus Sonnen- und Windstrom hergestellt wird. Alle anderen Möglichkeiten sind nach unserer momentanen Einschätzung nicht zukunftsfähig.«

Mit gut 800 Kilometer Länge hat München eines der größten Fernwärmenetze in Europa. Ein Drittel der Stadt ist bereits angeschlossen, bis 2040 sollen 560.000 Haushalte dabei sein. Dabei kann auch München bereits auf gute Erfahrungen mit Geothermie zurückblicken: Die auf dem alten Flughafen neu gebaute Messestadt Riem mit ihren inzwischen 16.000 Einwohner*innen wird seit 2004 vorwiegend mit einer Geothermieanlage versorgt. 2014 haben die SWM in Sauerlach ein geothermisches Heizkraftwerk fertiggestellt, seinerzeit das größte in Deutschland. Im neuen Münchner Stadtteil Freiham ist seit 2016 ebenfalls eine Anlage in Betrieb. Und am Standort »Heizkraftwerk Süd« verwirklichten die Stadtwerke das größte Geothermieprojekt Deutschlands. Seit 2021 versorgt das Kraftwerk mehr als 80.000 Münchnerinnen und Münchner mit Wärme aus der Tiefe.

Nicht jede Kommune in Deutschland hat die Möglichkeiten Grünwalds oder Münchens. Aber: »Das sehr große Potenzial der Geothermie ist noch nicht annähernd genutzt«, kritisiert Ernst Huenges, Professor für Geothermie am Deutschen Geoforschungszentrum in Potsdam. »Im Norddeutschen Becken wegen der vielen wasserführenden Schichten, im bayrischen Molassebecken wegen des weit verbreiteten Malmkarst oder auch im Oberrheingraben wegen der tektonisch bedingten Kluftsysteme wurden besonders hohe geothermische Potenziale geortet.«[51]

Deutschlandweit sind derzeit 42 Geothermieanlagen in Betrieb, Stand Februar 2023. Mit einer gesamten Wärmeleistung von rund 350 Megawatt ist ihre Leistung aber noch bescheiden. Dabei kann die Wärme aus der Tiefe einen zentralen Beitrag zur kohlenstoffarmen Wärmeversorgung leisten. Atomkraft braucht Deutschland dazu keinesfalls.

Atomkraft ist kein Klimaretter

Trotz der ungeheuren Möglichkeiten Erneuerbarer Energien, nutzt die Atomindustrie seit Jahren jede Gelegenheit, sich als Retterin in der Klimakrise zu positionieren. Aber was ist dran, an diesem ständig wiederholten Narrativ? Kann die Atomindustrie tatsächlich einen Beitrag zur Lösung liefern?

Zunächst einmal gilt es festzuhalten: Atomstrom ist zwar nicht frei von CO_2-Emissionen, aber im Vergleich zu Kohle, Öl und Gas relativ emissionsarm. In Gramm CO_2 pro Kilowattstunde Strom ergibt sich folgender Vergleich.[52]

Braunkohle:	1.214
Steinkohle:	1.004
Erdgas:	703
Biogas:	141
Atomkraft:	104
PV Freifläche Deutschland:	98
PV Dach Deutschland:	93
PV Freifläche Südeuropa:	64
Wind onshore:	30
Wind offshore:	15
Flusswasser:	4

Damit enden aber bereits die Vorteile von Atomkraft. Im Jahr 2019 hatte sie einen Anteil von 4,3 Prozent an der weltweiten Energieerzeugung, die Kohle kam dagegen auf 33 Prozent, Öl auf 27 Prozent und Gas auf 24,2 Prozent. Das sind die entscheidenden Energieträger, die es zu ersetzen gilt. Grob vereinfacht kann man sagen: Öl wird zum größten Teil für unsere Mobilität gebraucht, weil noch immer rund 99 Prozent aller Autos und Lastkraftwagen mit einem Verbrennungsmotor ausgerüstet sind, Gas benötigen wir zur Wärmeerzeugung und Kohle zur Stromherstellung.

Atomstrom kann dafür nicht die Lösung sein. Jeder kann im Dreisatz nachrechnen, wie viele Atomkraftwerke weltweit gebaut werden müssten, nur um die klimaschädliche Kohle zu ersetzen: 2.600. Ein solch massiver AKW-Ausbau würde das bereits bestehende Sicherheitsrisiko dramatisch vergrößern und die jeweiligen Staaten wirtschaftlich enorm belasten. Neben den enormen Kosten, die Atomkraftwerke verursachen – siehe die europäischen Druckwasserreaktoren Flamanville, Olkiluoto und Hinkley Point – ist es das Zeitfenster, das uns noch bleibt, um die Klimakrise zu lösen und die schlimmsten Folgen abzuwenden: Das sind noch wenige Jahre. Bereits im Pariser Klimaabkommen hat sich die Weltgemeinschaft dazu verpflichtet, bis zur Mitte des Jahrhunderts weitgehend auf Kohle, Öl und Gas zu verzichten. Geschehen ist bislang praktisch nichts, im Gegenteil: 2015 wurden weltweit 35,5 Milliarden Tonnen CO_2 emittiert, im Jahr 2021 waren 36,3 Milliarden Tonnen – so viel wie nie zuvor.

Dass wir sofort und schnell etwas tun müssen, zeigt das Buch *3 Grad mehr*, in dem Klimaforscher*innen und Wissenschaftler*innen vor der »drohenden Heißzeit« warnen. Es ist ein Alptraumszenario, das sie vor Augen führen: die Radikalisierung des Wettergeschehens als Normalfall. Nur dass niemand vorhersagen kann, wo genau, wann und in welcher Form uns die nächste Wetterkatastrophe heimsuchen wird. »Ich bin nicht sicher, ob das halbwegs zivilisierte Zusammenleben, wie wir es kennen, unter diesen Bedingungen noch Bestand haben wird«, bilanziert Klimaforscher Stefan Rahmstorf. »Ich persönliche halte eine 3-Grad-Welt für eine existenzielle Gefahr für die menschliche Zivilisation.«[53]

Also muss die Weltgemeinschaft jetzt und sofort handeln und nicht erst in zehn oder 15 Jahren. Selbst in China, dem einzigen Land der Welt, das in den vergangenen Jahren im großen Stil neue Atomkraftwerke gebaut hat, ist ein Umdenken in Sicht: Das Land hat in den Jahren 2020 und 2021 zwar fünf neue Reaktoren ans Netz gebracht, sie lagen aber alle hinter ihrem Zeitplan. Besonders dramatisch: die Zwillingsblöcke des gasgekühlten Hochtemperaturreaktors HTGR Shidao Bay, deren Bau im Dezember 2012 begann. Block 1 ging im Dezember 2021 ans Netz, wann Block 2 folgt ist nicht absehbar (Stand Februar 2023). Weit wichtiger: Trotz ehrgeiziger Pläne zur Verringerung der CO_2-Emissionen hat die chinesische Staatsführung in ihrem Fünfjahresplan 2021 bis 2025 keine weiteren AKW-Neubauten angekündigt und das Ziel, Atomkraftwerke zu exportieren, komplett aufgegeben. Das entspricht der aktuellen Entwicklung: Im Jahr 2020 sind in China zwei Atomreaktoren mit einer Leistung von insgesamt 2 Gigawatt ans Netz gegangen, die Gesamtkapazität der erneuerbaren Energien stieg im gleichen Zeitraum um 135 Gigawatt.[54] Auch die Nationale Energiebehörde Chinas (NEA) hat erkannt, dass der Bau neuer Atomkraftwerke viel zu lange dauert und gleichzeitig viel zu teuer ist, um zur Lösung der Klimakrise etwas beitragen zu können. Ihr Ziel: Bis zum Jahr 2025 sollen 70 Gigawatt Kernkraftleistung installiert werden, ein Ziel, das bereits vor einem Jahrzehnt für das Jahr 2020 festgelegt wurde und wahrscheinlich auch 2025 nicht erreicht werden wird. Für Wind- und Sonnenstrom sieht die NEA dagegen bis 2030 1.200 Gigawatt vor – und wird dieses Ziel wahrscheinlich bereits Mitte der 2020er-Jahre erreichen.

Dass Atomkraft auch weltweit nichts zur Lösung der Klimakrise beitragen kann, lässt sich an verschiedenen Parametern erkennen und erklären: Im Jahr 2020 gingen insgesamt fünf Reaktoren ans Netz – sieben weniger als geplant. Gleichzeitig wurden sechs endgültig stillgelegt. Mit dieser Langsamkeit lassen sich Kohlekraftwerke nicht ersetzen. In Deutschland waren im Jahr 2021 noch sechs Atomkraftwerke in Deutschland am Netz. Nach Angaben des Kerntechnik e. V. haben sie bei einer Leistung von 8.545 Megawatt 69,13 Milliarden Kilowattstunden Strom erzeugt.[55] Pro Kernkraftwerk sind das im Schnitt 8,64 Milliarden.

Zum Vergleich: Der Windpark Havelland 40 Kilometer nordwestlich von Berlin gehört zu den größten zusammenhängenden Onshore-Windparks in Deutschland, also Windparks, die auf dem Festland errichtet werden. In einer strukturreichen Landschaft aus Wiesen, Feldern, Hecken und Wäldern sorgen 83 Windräder mit einer Nennleistung von 171 Megawatt für jährlich 1,24 Milliarden Kilowattstunden Strom. Man braucht also rund sieben solcher Windparks, um die gleiche Strommenge zu erzeugen wie ein Kernkraftwerk.

Spannend wird es, wenn man auf die Kosten schaut. Kurz zusammengefasst: viel mehr Strom für viel weniger Geld. Denn die Preise für neue Windräder sind in den vergangenen Jahrzehnten enorm gesunken. Bei der Ausschreibungsrunde zum Gebotstermin 1. Februar 2022 hat die Bundesnetzagentur Gebote mit einem Umfang von 1.332 Megawatt angenommen. Der Preis pro Kilowattstunde liegt bei 5,76 Cent pro Kilowattstunde. Das ist nicht einmal halb so viel, wie Großbritannien für den Strom aus dem lange noch nicht fertiggestellten AKW Hinkley Point bezahlen muss (siehe Seite 188). Und vor allem: Ist der Planungs- und Genehmigungsprozess erst einmal abgeschlossen, liefert ein Windrad in weniger als einem halben Jahr Strom.

Noch besser sieht es im Bereich Solarstrom aus: Der Solarpark Schornhof südwestlich von Ingolstadt ist momentan der größte Solarpark in Bayern. Auf einer Fläche von 220 Fußballfeldern wurden 343.000 PV-Module installiert. Das Besondere: Das Sonnenkraftwerk wurde auf Moorboden errichtet und trägt nun dazu bei, dass sich die Moorflächen erholen und dadurch wieder Kohlenstoff aufnehmen können. Die Umweltbank als Finanzier liefert die Eckdaten: Baubeginn war im Frühjahr 2020, die vollständige Inbetriebnahme erfolgte im August 2021. 120 Megawatt bringt die Anlage bei voller Sonneneinstrahlung. Die Kosten: 60 Millionen Euro. Jährlich soll das Solarkraftwerk über 90 Megawattstunden Strom liefern und damit 26.100 Dreipersonenhaushalte mit emissionsfreiem Strom versorgen. Weil die Anlage kaum gewartet werden muss und die Sonne nach wie vor keine Rechnung schickt, kann Betreiber Anumur die Kilowattstunde für unter fünf Cent an den Ökostromanbieter naturstrom verkaufen. Und das voraussichtlich die nächsten 20 bis 30 Jahre.

Alles schön und gut, werden jetzt die Befürworter*innen von Atomstrom sagen. Aber was machen wir an windstillen und nebligen Januartagen, wenn eine sogenannte Dunkelflaute dafür sorgt, dass der Stromertrag aus Sonnen- und Windkraft gleichzeitig gegen null sinkt?

Die Antwort darauf ist vielschichtig: Zunächst brauchen wir eine weit bessere Steuerung der Stromnachfrage, ein sogenanntes Demand Side Management. Energieversorger benötigen dafür den Zugriff auf die Geräte ihrer Kund*innen. Diese können dann beispielsweise die Batterien von Elektroautos in der Nacht aufladen, wenn ohnehin die Nachfrage sinkt, und damit sicherstellen, dass ihr Netz nicht überlastet wird. Vor allem die Industriebranchen Chemie, Stahl oder Glas mit ihrem großen Strombedarf haben ein großes Potenzial, stromintensive Prozesse in die Zeiten zu verschieben, in denen das Stromangebot ausreichend vorhanden ist. Da dies gleichzeitig ihre Energiekosten verringern kann, darf man deren Interesse voraussetzen, solche Steuerungen zuzulassen.

Und selbstverständlich brauchen wir zuverlässigen Ersatz für die nicht immer zuverlässige Sonnen- und Windkraft. Dazu gehören flexibel nutzbare konventionelle Kraftwerke, die im Bedarfsfall hochgefahren werden, in erster Linie Gaskraftwerke. Seit dem russischen Überfall auf die Ukraine wissen wir, dass auch Gas ein knappes Gut ist. Dass Erdgas zu den fossilen Rohstoffen gehört und perspektivisch ohnehin ersetzt werden muss, ist dagegen nicht neu. Also bleiben Bio-Gas und vor allem aus Wind- und Sonnenstrom in Zeiten des Überflusses hergestelltes synthetisches Gas. Hinzu kommen Stromspeicher in Form von (großen) Pumpspeicherkraftwerken und Batteriesystemen. Nicht zuletzt helfen Stromimporte im Rahmen des europäischen Stromverbunds, Engpässe zu überbrücken, auch die möglichst aus regenerativen Kraftwerken. »Erneuerbares Gas ist absehbar eine wichtige Möglichkeit, um genügend Energie zu speichern und in solchen Situationen Versorgungssicherheit gewährleisten zu können«, halten die wissenschaftlichen Dienste des Deutschen Bundestags fest.[56]

Verschiedene Untersuchungen zeigen, wie Deutschland – ohne Atomkraft – solche Engpässe überbrücken kann. Erwähnt sei hier nur die Studie der Deutschen Energieagentur.[57] Zusammengefasst kommen die Autor*innen der Studie zu dem Ergebnis, dass bis 2030 die erneuerbaren Energien bereits 70 Prozent der Nettostromerzeugung abdecken und Gaskraftwerke etwa 20 Prozent liefern können. Auch die Kohle liefert noch einen kleinen Anteil, allerdings nur noch 2 Prozent. Aus dem Ausland werden 6 Prozent importiert. Bis 2045 ist der Anteil von Gas auf einen verschwindend geringen Anteil gesunken. Bis dahin decken die erneuerbaren Energien (89 Prozent) sowie aus Sonne und Wind erzeugter Wasserstoff (8 Prozent) im Wesentlichen die Stromversorgung. Die restlichen 3 Prozent werden aus dem Ausland importiert. Atomkraft – weder erwünscht noch erforderlich. Im Gegenteil: Sie blockiert den Umstieg auf die Erneuerbaren allein durch die enormen Kosten, die sie verursacht.

Die Atomreaktoren der vierten Generation sind auch keine Lösung

Von der Atomlobby wird behauptet, dass die im Entwicklungsstadium befindlichen Atomreaktoren der vierten Generation die Lösung seien. Diese Flüssigsalzreaktoren (Molten Salt Reactor und dessen Weiterentwicklung Molten Salt Fast Reactor) arbeiten nicht mit Uran, sondern mit Thorium als Brennstoff. In einer Studie für die Schweizerische Energie-Stiftung zitiert das Öko-Institut die staatliche britische National Nuclear Laboratory. Ihr zufolge sei »die Technologie der Thorium-Nutzung technisch innovativ, jedoch noch nicht ausgereift. Aufgrund erheblicher technischer und finanzieller Risiken ohne erkennbare Vorteile sei Thorium gegenwärtig für Betreiber von Kernkraftwerken nicht von Interesse.«[58]

Dennoch wiederholen viele meiner Journalistenkollegen und -kolleginnen immer wieder scheinbare Vorteile, ohne jedoch irgendwelche Belege dafür zu liefern. Christoph Pfistner vom Öko-Institut hat sie in der erwähnten Studie zusammengetragen:

- Die neuen Thoriumreaktoren produzieren »10.000 mal weniger Abfälle« als gängige Kernkraftwerke,
- diese Abfälle werden bereits »nach 1.000 Jahren« ungefährlich sein,
- die Stromproduktion werde »so billig, dass sich sogar Schwellenländer die Technik leisten können«,
- die Reaktoren seien »inhärent sicher«, schwere Unfälle werden somit unmöglich,
- aufgrund des verwendeten Thoriums als Brennstoff bieten solche Reaktoren »keine Möglichkeit, Waffen herzustellen« und
- bereits »in 15 bis 25 Jahren« werden sie am Markt verfügbar sein.[59]

Das sind alles schöne Versprechungen, die von der Atomlobby auch immer wieder in die Öffentlichkeit getragen werden. Selbst wenn einzelne Prognosen richtig sein sollten: Vor dem Jahr 2060 werden die Reaktoren der vierten AKW-Generation nicht verfügbar sein, so zitieren die Wissenschaftlichen Dienste des Deutschen Bundestags das Öko-Institut.[60] Die Klimafrage ist bis dahin längst entschieden.

Das Öko-Institut kommt zu einem eindeutigen Ergebnis: »Übergeordnet kann festgestellt werden, dass zwar einzelne Reaktorkonzepte in bestimmten Bereichen tatsächlich potenzielle Vorteile gegenüber der heutigen Generation von Kernkraftwerken erwarten lassen. Kein Konzept ist jedoch in der Lage, gleichzeitig in allen Bereichen Fortschritte zu erzielen. Vielfach stehen die einzelnen Kriterien untereinander im Wettbewerb, sodass Fortschritte in einem Bereich zu Nachteilen in anderen Bereichen führen. So bewirken beispielsweise häufig Maßnahmen zur Erhöhung der Sicherheit Nachteile im Bereich der Ökonomie, Vorteile bei der Ressourcenausnutzung stehen vielfach im Widerspruch zu einer Verbesserung im Bereich der Proliferation. Es ist jedoch nicht zu erwarten, dass ein Reaktorkonzept, welches nur in einzelnen Bereichen Fortschritte bietet, zu einer deutlich verbesserten gesellschaftlichen Akzeptanz der Kernenergienutzung beitragen könnte.«[61]

Trotz dieser eindeutigen Einschätzung werden Reaktoren der vierten Generation weiterhin hoch gelobt und getestet. Die Atomindustrie spricht nach wie vor von einer höheren Sicherheit gegenüber bestehenden Atomkraftwerken, einem besseren Verhältnis von erzeugtem Strom zu erzeugtem Atommüll, höherer Wirtschaftlichkeit und sogar der Möglichkeit, Atommüll oder zumindest Teile davon als Brennstoff zu nutzen und damit sogar die vorhandene Atommüllmenge zu verringern.

Der Schein trügt: Es gibt noch keinen Reaktor der vierten AKW-Generation zur kommerziellen Stromerzeugung. Aber die

Atomindustrie hat ein großes Interesse daran, das Thema immer wieder neu in die Öffentlichkeit zu tragen. Denn nur so sind die Regierungen in Staaten, die weiterhin auf Kernenergie setzen, bereit, Forschungsmittel freizugeben. Auch wenn der Atomindustrie damit nichts weiter gelingt, als den ihr inhärenten Traum von der unendlichen Energiegewinnung am Leben zu halten, mit dem sie 1953 nach der *Atoms for Peace*-Rede von US-Präsident Eisenhower in die zivile Atomkraftnutzung gestartet ist.

Kleine modulare Reaktoren?

Auch Konzepte sogenannter kleiner modularer Reaktoren (SMR) werden seit wenigen Jahren als Lösung angepriesen. Nach der allgemein üblichen Definition sind damit Reaktoren gemeint, die eine Leistung zwischen 1,5 und 300 Megawatt haben.[62] Russland hat 2020 ein schwimmendes Atomkraftwerk realisiert. Die Akademik Lomonossow ging – nach 13 Jahren Bauzeit! – mit zwei Reaktoren in der arktischen Hafenstadt Pewek im Nordosten Sibiriens vor Anker. Ihre elektrische Leistung ist mit insgesamt 70 Megawatt nicht besonders hoch und dennoch viel zu groß für die dort lebenden Menschen. In der Region Tschukotka leben auf einer Fläche doppelt so groß wie Deutschland gerade einmal 50.000 Einwohner*innen. Die Indigenen treiben noch immer Rentiere auf ihre Weiden und leben vom Fischfang. Gleichzeitig bietet die Region etwas, was Russland und die Welt schätzen: Gold und Kupfer. Der kasachische Konzern KAZ-Minerals hat sich die Rechte an dem Fördergebiet Peschachanka gesichert, einem der größten Kupfervorkommen der Welt. Und genau dafür soll die Akademik Lomonossow nach einem Bericht des MDR ihren Strom liefern.

Kraftwerksbauer Rosatom hat wahrscheinlich noch andere Pläne: Der russische Staatskonzern will zum Weltmarktführer in Sachen kleiner modularer Reaktoren werden und präsentierte die Technologie auf der Expo 2020 in Dubai. »Meiner Meinung nach ist es ein Ziel, das wir anstreben müssen, um allen Menschen Zugang zu kohlenstoffarmer Energie zu verschaffen, insbesondere in einer Welt, in der fast eine Milliarde Menschen noch immer keinen solchen Zugang haben«, sagte Alexey Likhachev, Chef von Rosatom, während der Veranstaltung.[63] Das sind die Sprechblasen, mit denen die Politiker*innen in den 1950er-Jahren in den USA und Europa für Atomkraft warben und die noch heute das Selbstverständnis der Atomorganisation IAEA prägen.

Was der Rosatom-Chef nicht sagte: Der Strom aus den kleinen Reaktoren ist nicht ganz billig. Die Baukosten des russischen Reaktortyps sind ungefähr fünfmal so hoch wie die Baukosten für Sonnen- und Windstrom. Eine Anlage mit einem Megawatt Leistung soll nach Investment-Bankern umgerechnet 4 Millionen US-Dollar kosten.[64] Und was er auch nicht sagte: Welches Risiko käme auf die Welt zu, wenn »alle Menschen Zugang« zur Hochrisikotechnologie Atomkraft bekämen und tatsächlich viele kleine Atomkraftwerke gebaut würden? Nur ein Beispiel: Indonesien hat seit 2010 Kohlekraftwerke mit einer Kapazität von rund 25.000 Megawatt neu gebaut. Um diese Kohlemeiler zu ersetzen, müssten rund 700 SMR-Atomkraftwerke des Akademik-Lomonossow-Typs gebaut werden.

Neben Rosatom sind mehrere Start-up-Designs im Umlauf, darunter von Bill Gates' Terrapower, NuScale und Rolls Royce. Zunächst sei der Hinweis gestattet, dass »kleine« Reaktoren an sich noch nichts Neues sind. »Sowohl als Antrieb für U-Boote und Schiffe, als auch als kommerzielle Reaktoren zur Stromproduktion wurden bereits frühzeitig Reaktoren mit geringer Leistung entwickelt und eingesetzt«, hält das Öko-Institut in einer Studie fest.[65] Allein: Weil sie noch unwirtschaftlicher sind als große Atomkraftwerke, sind sie hauptsächlich im militärischen Bereich eingesetzt worden, in dem Geld schon immer eine untergeordnete Rolle gespielt hat. Hauptsächlich sind sie Stromlieferant für die Elektromotoren in U-Booten.

Ihre geringe Größe macht die kleinen modularen Reaktoren für den kommerziellen Betrieb aber höchst uninteressant. »Erste kleine, modulare Reaktoren wurden bereits in den 1960er-Jahren gebaut und betrieben«, bilanziert das Öko-Institut. »Bis heute ist es jedoch zu keinem Zeitpunkt gelungen, ein ökonomisch konkurrenzfähiges SMR-Reaktorsystem am Markt zu etablieren. Veränderte technische oder ökonomische Randbedingungen, die demgegenüber heute einen ökonomischen Erfolg von SMR-Konzepten erwarten lassen würden, sind nicht erkennbar.«[66] Außerdem produzieren sie immer noch hochradioaktiven Abfall. Es ist politisch gewollt, dass die Milliarden Dollar und Euro für ihre Entwicklung und nicht zum Ausbau der Erneuerbaren investiert werden. Dabei sind es die Erneuerbaren, die weltweit dazu beitragen, die Klimakrise zu bewältigen.

Europas Abhängigkeit von Uran und Brennelementen aus dem Ausland

Es ist erstaunlich, dass in vielen Ländern Atomkraft als sichere, zuverlässige und oftmals sogar als heimische Energiequelle eingestuft wird, obwohl nicht ein einziges Kilogramm Uran im eigenen Land gewonnen wird. Der russische Überfall auf die Ukraine hat dies nochmals in aller Deutlichkeit offengelegt. Englands damaliger Premier Boris Johnson nahm den Ukraine-Feldzug der russischen Armee zum Anlass, ein Loblied auf die Kernkraft anzustimmen: »Nuclear is a reliable, safe and constant source of clean energy«, twitterte der Premierminister am 2. Mai 2022, »it's absolutely crucial to weaning us off fossil fuels, including Russian oil and gas.«[67] Damit Europa unabhängig von russischem Öl und Gas werden könne, müsse die Kernenergie eine größere Rolle spielen als bisher. Und um die »heimische Energiesicherheit zu erhöhen«, kündigte der Premierminister an, »we're going to build one [nuclear power plant] every year«:[68] »Wir werden jedes Jahr ein neues Atomkraftwerk bauen.« Kein Wort darüber, dass im Vereinigten Königreich bislang nicht ein Kilogramm Uran gewonnen wurde und Atomkraft alles andere ist, nur keine heimische Energiequelle. Und auch kein Wort darüber, woher das Uran stammt, das in den Atomkraftwerken Großbritanniens für Energiesicherheit sorgen soll.

In Frankreich, mit 56 Atommeilern nach den USA und China der drittgrößte Betreiber von Atomkraftwerken, wird Atomkraft nicht nur als heimische Energie betrachtet, sondern in einer Art nationalem Mythos gegen alle Kritik verehrt: Atomkraft sei untrennbar mit dem Schicksal der Nation verbunden. Ende 2020 erinnerte Präsident Emmanuel Macron daran, dass nicht nur »unsere energetische und ökologische Zukunft von der Kernkraft abhängt«, sondern auch »unsere wirtschaftliche, industrielle« und »strategische Zukunft«.[69] Anders formuliert, glaubt Frankreich, der atomare Sektor entscheide über Lebensqualität, Unabhängigkeit und Größe des Landes.

Dabei ist Frankreichs atomarer Sektor seit 20 Jahren vollständig auf Uranlieferungen von außerhalb angewiesen, nachdem die letzte der insgesamt 247 französischen Uranminen im Jahr 2003 geschlossen wurde. Vielleicht betrachten die Franzosen und Französinnen die Uranlieferungen aus dem Niger – der Großteil der 154.000 Tonnen, die dort bis 2021 gefördert wurden, ging nach Frankreich – in neokolonialer Überheblichkeit als »heimisch«. Tatsache ist jedoch, dass das nigrische Uran aus einem Land stammt, das seit seiner Unabhängigkeit im Jahr 1960 etliche Militärregierungen erdulden musste und jahrzehntelang in französischer Abhängigkeit verblieb. Vom Wert des exportierten Urans hat die nigrische Regierung nur zwölf Prozent erhalten (siehe Seite 77 ff.).

Der Krieg gegen die Ukraine hat ohnehin die Abhängigkeit Deutschlands und der EU von Energieimporten aus Russland schonungslos offengelegt: Laut Angaben des Bundeswirtschaftsministeriums bezog Deutschland 2021 rund 55 Prozent seines Gases, 35 Prozent seines Öls und 50 Prozent seiner Steinkohle aus Russland. Aber auch im Bereich der atomaren Brennstoffversorgung sind Deutschland und Europa von Russland abhängig, auch wenn das in der Öffentlichkeit kaum diskutiert wurde: Nach Angaben von EURATOM bezog die EU im Jahr 2021 19,7 Prozent des benötigten Urans aus Russland, weitere 23 Prozent kamen von Russlands Verbündetem Kasachstan.[70] Die damals noch laufenden deutschen Atomkraftwerke wurden nach Aussagen von PreussenElektra hauptsächlich mit Uran aus Russland und Kasachstan betrieben. Auch in der Schweiz ist die Abhängigkeit unübersehbar: Zwei von drei AKWs beziehen Uran für Brennelemente direkt vom russischen Staatskonzern Rosatom.

Noch gravierender ist die Abhängigkeit (Ost-)Europas von russischen Brennelementen: 18 Reaktoren in der EU sind ausschließlich auf russische Brennelemente angewiesen: sechs Meiler in Tschechien, jeweils vier in Ungarn und der Slowakei sowie zwei in Bulgarien und zwei in Finnland. Und anders als beispielsweise bei einem Auto, bei dem problemlos der Motor des Herstellers A durch den von Konkurrent B ersetzt werden kann, kommen die AKW-Betreiber nur schwer aus dieser Abhängigkeit heraus. Sie sind auf die sechseckigen Brennelemente von Rosatom angewiesen und können nicht einfach zum US-amerikanischen Unternehmen Westinghouse oder zur Brennelementefabrik im niedersächsischen Lingen wechseln. Die Atomstromversorgung in Tschechien, Ungarn, Bulgarien und der Slowakei ist damit zu 100 Prozent in russischer Hand, die in Finnland zu 50 Prozent.

Diese Energieabhängigkeit schreibt kuriose Geschichten: Die EU hat nur wenige Tage nach dem Überfall Russlands ein Flugverbot für russische Flugzeuge über ihrem Luftraum verhängt. Doch bereits am 1. März durfte eine russische Il-76-Transportmaschine in der Slowakei mit einer Sondergenehmigung landen, um die slowakischen Atomkraftwerke mit Brennelementen zu versorgen.

KAPITEL 9

Die ungelöste Endlagerfrage

Am 2. Dezember 1942 fand in Chicago als Teil des Manhattan-Projekts die erste nukleare Kettenreaktion der Welt statt. An diesem Tag wurde der erste hochradioaktive Abfall produziert – ein Becher voller Atommüll für die Ewigkeit. Einen Plan, diese neue Art von Müll zu entsorgen, gab es nicht. Die Lösung wurde auf »später« verschoben. Inzwischen ist es »später«, aber noch immer ist kein Lager für hochradioaktiven Atommüll in Betrieb.

Der Welt einen deutlichen Schritt voraus ist Finnland. In einer abgelegenen Region auf der Halbinsel Olkiluoto und nur ein paar Kilometer vom gleichnamigen Atomkraftwerk entfernt ist das weltweit einzige Endlager für hochradioaktiven Atommüll im Bau: Onkalo, wie die Finnen den Ort nennen, zu Deutsch »kleine Höhle«. Bereits im Jahr 2025 soll dort damit begonnen werden, 6.000 Tonnen für die Ewigkeit einzulagern – so viel hochradioaktiven Müll erwarten die finnischen AKW-Betreiber letztendlich. Onkalo selbst soll 6.500 Tonnen in 450 Meter Tiefe und in einer stabilen Granitformation aufnehmen können.

Die Halbinsel Olkiluoto ist sehr typisch für Finnland: Umgeben vom Wasser der Ostsee, mit Fichten bewachsen und kaum besiedelt. Es gibt ein paar einsame Häuser, Eurajoki, das nächstgelegene Städtchen mit rund 9.500 Einwohner*innen, ist keine 15 Autominuten entfernt. In Sichtweite des Endlagers stehen allerdings drei Atomreaktoren: Olkiluoto 1, 2 und 3 sind seit 1979 beziehungsweise 1982 sowie 2021 im kommerziellen Betrieb. Das deutsche Fernsehen berichtete darüber, dass die Gemeinde mit großer Mehrheit dem Bau des Endlagers zugestimmt hat.[1]

Die restliche Welt mit ihrem inzwischen 390.000 Tonnen hochradioaktiven Atommüll ist noch lange nicht so weit.

Endlager Meer

Wie man Atommüll schnell und kostengünstig entsorgen kann, hatten die USA schon früh vorgemacht: 1946 füllten sie radioaktive Abfälle in 200-Liter-Fässer und versenkten sie im Pazifik – bei den Farallon-Inseln rund 50 Kilometer vor der kalifornischen Küste. So wurde das Meer zur atomaren Müllkippe. Jahrzehnte später musste die US-Regierung gegenüber der Internationalen Atomenergie-Agentur IAEA einräumen, dass das Land bis 1970 rund 90.000 Fässer an verschiedenen Stellen im Pazifik und Nordatlantik entsorgt hat.

Wie sich einer Statistik entnehmen lässt, die von der IAEA in den 1990er-Jahren zusammengestellt wurde, sind etliche Staaten dem Vorbild der USA gefolgt: Belgien, die Schweiz, Frankreich, Schweden, die Niederlande, Italien, Deutschland und vor allem Großbritannien haben den Atlantik als atomares Endlager missbraucht und über 100.000 Tonnen radioaktiven Müll entsorgt. Deutschland hat daran einen eher kleinen Anteil: Im Mai 1967 wurden 480 Fässer mit radioaktiven Abfällen aus dem Kernforschungszentrum Karlsruhe in Emden verladen und 450 Kilometer vor der Küste Portugals im Atlantik versenkt. Die Russische Republik wiederum hat nach dem Fall der Mauer gegenüber der IAEA offengelegt, dass zu Sowjetzeiten rund 190.000 Kubikmeter Atommüll im Arktischen Meer und fast 150.000 in Pazifik und Ostsee verschwunden sind – darunter auch ausgediente Atom-U-Boote und mindestens 16 Atomreaktoren aus U-Booten. Darüber hinaus sind sechs atomgetriebene U-Boote mitsamt der an Bord befindlichen Atomraketen gesunken, jeweils drei US-amerikanische und drei sowjetische. Noch heute liegen die Boote in einer Tiefe zwischen 1.700 und 5.500 Meter.

Wie viel hochradioaktiver Atommüll im Meer verklappt wurde, kann heute niemand genau sagen. Die Praxis wurde erst 1975 mit der sogenannten London Dumping Convention verboten, schwach- und mittelradioaktive Abfälle durften zunächst jedoch weiterhin dort entsorgt werden. Noch 1985 wies die Nuclear Energy Agency, eine Unterorganisation der OECD, in einem Bericht darauf hin, dass die radioaktiven Schadstoffe in den Ozeanen verdünnt und weiträumig verteilt würden, sollte das salzige Wasser Löcher in die Fässer fressen. Die Grenzwerte für Strahlenbelastung einzuhalten, sei insofern kein Problem.

Öffentlichkeitswirksame Proteste von Greenpeace brachten schließlich ein Umdenken. 1994 unterzeichneten alle Staaten, die bis dahin das Meer als Endlager nutzten, ein Moratorium, das bis heute Bestand hat. Welche Gefahren der vor Jahrzehnten im Meer verklappte Atommüll mit sich bringt, lässt sich aus einer Antwort der Bundesregierung auf eine Anfrage der Grünen aus dem Jahr 2012 erahnen: »Die Fässer waren nicht konzipiert, um einen dauerhaften Einschluss der Radionuklide am Meeresboden zu gewährleisten. Insofern muss davon ausgegangen werden, dass sie zumindest teilweise nicht mehr intakt sind und Radionuklide freigesetzt wurden.«[2]

Dass dem so ist, haben Aktivist*innen von Greenpeace und Journalist*innen längst gefilmt und publik gemacht: Fische und andere Meerestiere tummeln sich am Meeresgrund um zerborstene Metallfässer mit strahlender Altlast. Die Kommission, die über die Einhaltung des Vertrags zum Schutz der Meeresumwelt des Nordostatlantiks (OSPAR) wacht und der 15 Regierungen – darunter Deutschland und die EU – angehören, stellte bereits im April 2010 fest: »Die Analyse ergab erhöhte Konzentrationen von Plutonium-238 in Wasserproben aus den Versenkungsgebieten. Das deutet auf das Auslaufen der Fässer hin. An einigen Stellen waren auch die Konzentrationen von Plutonium-239, Plutonium-240, Americium-241 und Kohlenstoff-14 im Wasser erhöht.«[3] Obwohl es offensichtlich ist, dass der freiwerdende Atommüll die Meere radioaktiv belastet, gibt es bislang keinerlei Initiativen, ihn wieder zu bergen. Der Aufwand wäre wahrscheinlich unbezahlbar, liegen die meisten Fässer doch mehrere tausend Meter tief am Meeresgrund. Die Atomindustrie fühlt sich ohnehin nicht verantwortlich.

Der Ort, den fast alle suchen

Ungefähr einmal im Jahr muss ein Kernkraftwerk heruntergefahren werden, um verbrauchte Uran-Brennelemente zu ersetzen. Pro Reaktor bleiben dann 20 bis 30 Tonnen hochradioaktiven Atommülls zurück. In jedem einzelnen Kernkraftwerk entsteht jedes Jahr die Strahlungsintensität, die tausendmal höher ist als diejenige, die 1946 von der Hiroshimabombe freigesetzt wurde. Jedes Jahr wohlgemerkt. Der hochradioaktive Müll setzt sich aus verschiedenen Elementen mit kurz- und langlebig strahlenden Spaltprodukten zusammen. Bei Anfang Februar 2023 weltweit 412 Atomkraftwerken kann man im Dreisatz errechnen, dass weltweit jährlich um die 10.000 Tonnen hochradioaktiven Atommüll hinzukommen. Genauer lässt sich das nicht sagen, denn die Internationale Atomenergiebehörde IAEA und die World Nuclear Association (WNA) veröffentlichen die Daten dazu nicht und haben auf meine Anfragen nicht reagiert. So lässt sich lediglich festhalten, dass es weltweit inzwischen rund 390.000 Tonnen hochradioaktiven Atommüll gibt und dass außer in Finnland bislang nirgendwo auf der Welt ein Endlager im Bau ist.

Wiederaufarbeitungsanlagen verringern zwar die hochradioaktive Atommüllmenge, erhöhen dafür aber den mittelradioaktiven Abfall um ein Vielfaches.[4] Deutschland hat den Transport abgebrannter Brennelemente ins Ausland und damit die Aufarbeitung im Jahr 2005 untersagt. Bis dahin haben die hiesigen AKW-Betreiber 6.670 Tonnen zur Aufbereitung ins Ausland gebracht, zum größten Teil in die Aufbereitungsanlagen La Hague/Normandie und Sellafield/England.[5] Den Atommüll haben die deutschen AKW-Betreiber dadurch so gut wie nicht verringert. Und sinnvoll war die Aufbereitung genauso wenig. Die Idee stammt aus der Zeit, als man glaubte, das in abgebrannten Brennelementen entstandene Plutonium extrahieren und in Schnellen Brütern weiter nutzen zu können. Die Brütertechnologie ist aber in allen westlichen Ländern gescheitert (siehe Seite 151 ff.).

Unabhängig davon wissen wir: Jedes Land mit Atomkraftwerken braucht ein Endlager für radioaktiven Müll. Und dieser Ort sollte eine Million Jahre sicher sein. Denn so lange bleibt der strahlende Abfall eine tödliche Gefahr. Diese Erkenntnis ist auch schon das einzige, was bei uns in Deutschland sicher ist. Nachdem über Jahrzehnte der Salzstock Gorleben als Standort gegen alle Widerstände durchgesetzt werden sollte, beschloss der Bundestag 2013 mit großer Mehrheit einen Neustart und setzte die Kommission zur Lagerung hochradioaktiver Abfallstoffe ein. Diese legte im Juli 2016 ihren Abschlussbericht vor und empfahl eine Lagerung in mindestens 300 Meter Tiefe und in mindestens 100 Meter mächtigen Ton-, Salz- oder Granitformationen. Einer weißen Landkarte gleich sollte überall in Deutschland nach dem besten Ort gesucht werden.

2017 nahm die Bundesgesellschaft für Endlagerung (BGE) ihre Arbeit auf, Ende September 2020 veröffentlichte das staatseigene Unternehmen seinen Zwischenbericht: 90 Teilgebiete mit einer Gesamtfläche von gut 240.000 Quadratkilometer erscheinen prinzipiell als geeignet. Das sind 54 Prozent unserer Landesfläche. Außer im Saarland gibt es in allen Bundesländern brauchbare geologische Formationen, selbst unter Berlin. Der Salzstock Gorleben war nicht mehr dabei. »Das ist vollkommen richtig«, bestätigte mir Olaf Bandt, der Vorsitzende des Bundes für Umwelt und Naturschutz Deutschland (BUND), im Gespräch. »Der Salzstock ist geologisch ungeeignet und politisch verbrannt.«

Die 1,9 Milliarden Euro für die bisherige Erkundung von Gorleben sind damit vernichtet. »Aus unserer Sicht unverständlich«, kritisierte Bayerns Ministerpräsident Markus Söder, »es wäre sehr schade, wenn eine jahrzehntelange Arbeit der Erkundung einfach ausgeblendet und Milliarden an Steuergeldern verschwendet werden.«[6] Diese Verschwendung ist allerdings wohl eher der jahrzehntelangen Verblendung der Gorleben-Befürworter*innen zuzuschreiben. Sie hatten ignoriert, dass großen Teilen des Salzstocks ein schützendes Deckgebirge fehlt und der Salzstock selbst von Bändern aus Anhydrit und Kalisalz durchzogen ist. »Das hat in einem tiefengeologischen Atommülllager nichts zu suchen«, so Olaf Bandt.

Derzeit ist die BGE dabei, die identifizierten Teilgebiete einzugrenzen und Regionen vorzuschlagen, die sie dann weiter untersuchen wird. Bis zum Jahr 2031 soll die Entscheidung über den endgültigen Standort gefallen sein, so hat es die Bundesregierung 2017 im Endlagergesetz festgelegt. Das ist ein höchst ambitionierter Zeitplan, bei dem es vor allem darauf ankommt, die Öffentlichkeit und vor allem diejenigen, die es letztendlich treffen wird, in den Entscheidungsprozess einzubeziehen.

»Wir plädieren für Entschleunigung und mehr Zeit«, so Juliane Dickel, die atompolitische Sprecherin des BUND, am Telefon. Nur so könnten Informationen mit der notwendigen Sorgfalt geprüft und diskutiert werden. Andernfalls riskiere man weitere großgesellschaftliche Proteste und ein zweites »Gorleben«. Angesichts der politischen Brisanz des Themas und der Tatsache, dass die Landesregierungen in Sachsen und Bayern dem Thema Endlager skeptisch gegenüberstehen, ist die Zeitfrage wahrscheinlich entscheidend. Im Koalitionsvertrag zwischen CSU und Freien Wählern ist sogar festgehalten: »Wir sind überzeugt, dass Bayern kein geeigneter Standort für ein Atomendlager ist.« Da die Fertigstellung des Endlagers ohnehin erst in den 2050er-Jahren geplant ist, gehören Sorgfalt und Überzeugungsarbeit wahrscheinlich zu den wichtigsten Faktoren bei der Standortsuche. Um die Öffentlichkeit zu beteiligen, lädt das Bundesamt für die Sicherheit der Nuklearen Entsorgung zu mehreren Veranstaltungen ein, bei denen Bürger*innen und Verbände sich mit dem vorgelegten Zwischenbericht auseinandersetzen können.

Solange es kein Endlager gibt, wird der hochradioaktive Abfall oberirdisch in Castorbehältern an den Standorten der Atomkraftwerke sowie in Gorleben, Ahaus und Lubmin aufbewahrt. Auch das ist hochproblematisch: »Es fehlen Genehmigungen, die Sicherheitsvorkehrungen sind unzureichend, und es gibt kein Gesamtkonzept«, so das Fazit des BUND nach einer in Auftrag gegebenen Studie zur Zwischenlagerung. Der Verband fordert von der Bundesregierung »endlich ein belastbares Zwischenlagerkonzept – transparent erarbeitet, mit Beteiligung der Öffentlichkeit.«[7]

Die meisten Länder mit Atomkraftwerken und Atommüll sind von einer Lösung der Endlagerfrage noch weiter entfernt als Deutschland. Von Finnland abgesehen, ist nirgendwo auf der Welt ein Endlager im Bau. Ein kurzer unvollständiger Überblick:

Die **Schweiz** betreibt fünf Atommeiler, die zwischen 1969 und 1985 in Betrieb genommen worden sind. Nach der Reaktorkatastrophe von Fukushima beschloss der Bundesrat ebenfalls aus der Atomenergie auszusteigen, 2034 soll der letzte Reaktor stillgelegt werden. Das Land muss dann bis zu 4.300 Tonnen hochradioaktiven Atommüll entsorgen sowie weitere 92.000 Kubikmeter schwach- und mittelradioaktive Abfälle, wovon rund zwei Drittel beim Rückbau der Kraftwerke anfallen. Um das Problem zu lösen, wurde bereits 1972 die Nationale Genossenschaft für die Lagerung radioaktiver Abfälle gegründet, kurz NAGRA. Weit gekommen ist die NAGRA aber nicht. Denn die direkte Demokratie ermöglichte den Schweizer*innen unmittelbare Mitsprache: 1995 und 2002 lehnten sie zwei Standorte für schwach- und mittelradioaktiven Atommüll per Volksentscheid ab. Das Verfahren startete neu, wobei sowohl Stände- als auch Nationalrat 2015 ein Vetorecht der Kantone ablehnten, weil nationale Interessen höher zu gewichten seien und klar ist, dass ein Endlager in keiner Region auf große Akzeptanz stoßen wird. 2008 hat die NAGRA bereits sechs Standorte für ein geologisches Tiefenlager vorgeschlagen. Nachdem sie gebohrt, geforscht und weitere Voruntersuchungen durchgeführt hatte, schränkte sie die Standorte Anfang 2015 auf drei ein: Jura Ost, Nördlich Lägern und Zürich Nordost. Die Nagra hat inzwischen Nördlich Lägern als »sichersten Standort für ein Tiefenendlager« vorgeschlagen. Ende des Jahrzehnts könnte der Schweizer Bundesrat darüber entscheiden. Frühestens im Jahr 2050 soll dort ein geologisches Tiefenlager für schwach- und mittelradioaktive Abfälle in Betrieb gehen und etwa zehn Jahre später ein Endlager für hochradioaktive Abfälle.

Schweden: Wie in Finnland ist auch die Bevölkerung in Schweden gegenüber dem Bau eines Endlagers für hochradioaktive Abfälle aufgeschlossen. Mit der Standortsuche wurde 1977 begonnen. Nachdem Gemeinden und Gebietskörperschaften zunächst nicht einbezogen wurden, hagelte es Proteste und Absagen. Daraufhin lud die mit der Suche betraute Swedish Nuclear Fuel and Waste Management Company SKB Gemeinden ein, sich um den Standort zu bewerben, woraufhin gleich mehrere dieser Einladung folgten. Nach verschiedenen Machbarkeitsstudien entschied sich die SKB für Forsmark rund 120 Kilometer nördlich von Stockholm und eine kristalline Gesteinsschicht in 500 Meter Tiefe. 12.000 Tonnen sollen dort eingelagert werden. Mit dem Bau könnte noch in den 2020er-Jahren begonnen werden. Mögliche Bauzeit: zehn Jahre. Ende des Jahrhunderts könnte die Deponie dann versiegelt werden.

Die **USA** decken rund 20 Prozent ihres nationalen Strombedarfs mit Kernenergie und betreiben dazu 92 Reaktoren. Zwei weitere sind derzeit im Bau, 41 Reaktoren wurden bereits stillgelegt. Deshalb muss das Land ein oder mehrere Endlager für über 80.000 Tonnen hochradioaktiven Müll finden. Bereits 1983 wählte das amerikanische Energieministerium neun Standorte in sechs Bundesstaaten für Voruntersuchungen aus. 1985 wurden drei Standorte für weitergehende wissenschaftliche Untersuchungen ausgewählt: Hanford im Bundesstaat Washington, Deaf Smith County in Texas und Yucca Mountain in Nevada. Ohne die vergleichenden Untersuchungen abzuwarten, erteilte der Kongress 1987 mit der Nuclear Waste Policy den Auftrag, sich auf Yucca Mountain zu konzentrieren. 2002 bestätigte Präsident Bush die Eignung von Yucca Mountain, Abgeordnetenhaus und Senat verwarfen alle Einwände und starteten das Genehmigungsverfahren. Der Staat Nevada und die Western Shoshone Nation lehnten Yucca Mountain aber vehement ab. 2011 wurden die Pläne für den Standort verworfen. Außerdem ließen Atomkraftgegner*innen zwischenzeitlich gerichtlich klären, dass ein Standort nicht nur 10.000, sondern eine Million Jahre sicher sein muss. Seither haben die USA nicht mehr als eine hochrangig besetzte Kommission, die sich um die Endlagerfrage kümmern soll, aber keine Lösung.

Frankreich setzt seit Jahrzehnten auf Kernenergie. 56 Atommeiler decken derzeit nicht nur 71 Prozent des französischen Strombedarfs, sondern vergrößern auch Jahr um Jahr das Entsorgungsproblem um weitere 1.500 Tonnen hochradioaktiven Müll. Seit den 1970er-Jahren haben verschiedene französische Regierungen nach einem Standort für ein Endlager gesucht, mit dem Ergebnis, dass nach etlichen Kommissionen und Diskussionsrunden die Regierung 2012 festlegte, dass bei Bure in Lothringen ein Endlager in rund 500 Meter Tiefe inmitten einer 140 Meter mächtigen Tongesteinsformation entstehen soll. Das Öko-Institut Darmstadt hat in einer Studie grundsätzliche Zweifel an der Stabilität der gesamten Gesteinsformation in dieser Region geäußert. Einen Gesetzesentwurf für die Genehmigung des Standorts hat die Regierung noch nicht vorgelegt, einen Plan B hat sie aber auch nicht.

Auch **Großbritannien** mit seinen derzeit neun Kernreaktoren und perspektivisch über 4,7 Millionen Kubikmeter Atommüll braucht ein Endlager. Derzeit wird der radioaktive Abfall oberirdisch an über 30 Standorten dezentral gelagert, der hochradioaktive Abfall größtenteils am Standort Sellafield. Seit Jahrzehnten suchen Politiker*innen, Atomkraftbetreiber und Wissenschaftler*innen nach einer Lösung des Problems. 2008 setzte die Regierung auf ein geologisches Tiefenlager und einen Suchprozess, der auf Freiwilligkeit und Akzeptanz beruht. Da sich jedoch nur zwei Gemeinden überhaupt bereit erklärten, bei der Erkundung mitzumachen, wurde die freiwillige Beteiligung wieder verworfen. Derzeit steht der Lake District Nationalpark in Cumbria ganz oben auf der Liste der idealen Standorte. Einen politischen Konsens darüber gibt es aber nicht.

Japan hat bei der Endlagersuche ein grundsätzliches Problem. Unter dem Inselreich treffen vier tektonische Platten der Erdkruste zusammen, davon drei der sieben größten: die Nordamerikanische Platte im Norden, die Eurasische im Westen und die Pazifische im Osten. Sie drücken und pressen ständig gegeneinander, sodass sie sich jedes Jahr zwischen zwei und 20 Zentimeter gegen- und übereinander verschieben. Das Räderwerk der Plattentektonik hat bereits den verheerenden Tsunami verursacht, der zur Atomkatastrophe in Fukushima führte. Wie soll eine geologische Formation gefunden werden, in der Atommüll eine Million Jahre sicher verwahrt werden kann, wenn sich schon binnen 100 Jahren Gesteinsschichten um 20 Meter verschieben? Der Wissenschaftsrat des Landes riet deshalb bereits 2012, die Idee eines Endlagers in Japan aufzugeben. Dabei produzieren die japanischen Kraftwerke jedes Jahr weiter Atommüll. Ende 2021 lagerte das Land bereits 19.000 Tonnen abgebrannte Brennelemente in oberirdischen Zwischenlagern. »Japan ist völlig ratlos, wie das Entsorgungsproblem von hoch radioaktivem Abfall gelöst werden kann«, konstatiert der Atomkraftgegner Hideyuki Ban.[8]

Zu **Russland** belastbare Daten zu bekommen, ist ein kaum lösbares Problem. Nach einem Bericht des *Handelsblatts* sollen in der russischen Föderation »fast die Hälfte aller radioaktiven Abfälle weltweit« gelagert werden: »480 Millionen Kubikmeter in flüssigem Zustand, mehr als 75 Millionen Tonnen als Festmüll, verteilt auf 1.170 Deponien in 33 der 85 russischen Regionen.«[9] Jahrzehntelang habe Russland dabei Atommüll aus ganz Europa aufgenommen, auch aus Deutschland, obwohl es in Russland verboten ist, Atommüll zu importieren. Umschifft wurde dieses Verbot dadurch, dass ausrangierte Brennstäbe einfach zum »wertvollen Rohstoff« deklariert wurden. Bei der Frage, wo der hochradioaktive Müll irgendwann gelagert werden soll, ist Russland noch in der Erkundungsphase. In Frage kommt das Nischnekansky-Felsmassiv in der Region Krasnojarsk in Sibirien. Sollte der Standort sich als ungeeignet erweisen, steht das Land wieder bei null.

China ist das einzige Land der Welt, das noch in größerer Zahl neue Atomkraftwerke ans Netz bringt. Im Oktober 2022 waren 55 Atomkraftwerke in Betrieb, 23 weitere im Bau. Dementsprechend steigt auch die Menge des hochradioaktiven Atommülls rasant. Über die genaue Menge sind keine Angaben zu erhalten. Sicher ist nur, dass die abgebrannten Brennelemente in regionalen Zwischenlagern aufbewahrt werden und die Wüste Gobi mit einer Granitformation als Endlager favorisiert wird.

Brasilien, Mexiko, Niederlande und mehr: Es gibt zehn Länder, die nur ein oder zwei Atomkraftwerke betreiben. Wenn sie kein Land finden, das bereit ist, ihnen ihre hochradioaktive Altlast abzunehmen, müssen auch sie den gleichen Aufwand für die sichere Endlagerung betreiben wie die Staaten, die in großem Stil auf Atomkraft gesetzt haben. Im Verhältnis zum Stromertrag wird die Endlagerung dann deutlich teurer.

Australien ist ein Sonderfall: Das Land selbst betreibt kein einziges Atomkraftwerk, ist aber über den Uranabbau seit Jahrzehnten fest am Atomgeschäft beteiligt. Ein Drittel der weltweiten Uranreserven lagern auf dem Kontinent, über 4.000 Tonnen kamen 2021 von dort, historisch betrachtet ist Australien der fünftgrößte Uranproduzent. Bereits zweimal unternahmen geschäftstüchtige Leute den Anlauf, ein Endlager für die Welt zu bauen:

Erstmals 1990 wurde mit dem sogenannten Pangea-Projekt versucht, die australische Wüste der ganzen Welt als Endlager anzubieten. Der Plan scheiterte seinerzeit am massiven Widerstand der Aboriginals und Umweltorganisationen wie der Australian Conservation Foundation und wurde 2001 wieder aufgegeben. 2016 hauchte Jay Weatherill, seinerzeit Premierminister von Südaustralien, der Idee neues Leben ein: In den Wüstenregionen des Bundesstaates sollte nun ein internationales Atommüllendlager gebaut werden, das ungefähr ein Drittel des hochradioaktiven Atommülls aufnehmen könnte, der sich auf der Welt angesammelt hat und weiter ansammelt – in einer Region, in der praktisch niemand lebt – außer eben Gruppen von Aboriginals. Binnen 120 Jahren sollte das Projekt 257 Milliarden australische Dollar in die Kassen spülen, umgerechnet fast 180 Milliarden Euro.[10] »Das Projekt würde nicht nur die Kultur der dort lebenden Aboriginals bedrohen und auf ewige Zeit ein Sicherheitsrisiko darstellen«, erklärte mir der Atom-Campaigner Dave Sweeney im Gespräch, »es hätte auch noch einen ganz anderen Effekt: Die Atomindustrie könnte weltweit mit Verweis auf Australien behaupten, dass die Endlagerfrage endlich gelöst sei und zum business as usual zurückkehren«. Der Widerstand gegen das Endlager ist seither groß. Entschieden ist bislang allerdings nichts.

NACHWORT

Dieses Buch ist die konsequente Fortführung meiner journalistischen Auseinandersetzung mit Atomkraft und Uranbergbau. Der Widerstand gegen das Atomkraftwerk Wyhl, das in den 1970er-Jahren nur wenige Kilometer von meinem Elternhaus entfernt hätte gebaut werden sollen, und die Reaktorkatastrophe von Tschernobyl haben mein Verhältnis zur Atomkraft geprägt. Als Journalist setze ich mich mit ihr seit über 30 Jahren auseinander. Bereits 1991 drehte ich mit meiner Kollegin Heidi Knott einen halbstündigen Dokumentarfilm für den *Südwestfunk*, um den Zuschauer*innen fünf Jahre nach Tschernobyl vor Augen zu führen, welche Risiken auch für uns im Herzen Europas bestehen, wenn ein 1.500 Kilometer entferntes Kernkraftwerk explodiert.

In den 18 Jahren, die ich in der Redaktion von *natur* beziehungsweise *natur + kosmos* mitarbeiten durfte, gingen alle Atomthemen im Heft über meinen Schreibtisch, etliche habe ich selbst geschrieben. Was mich dabei immer wieder verwunderte, war die Erkenntnis, wie schwer es ist, mit gut recherchierten Beiträgen Politiker*innen und die breite Öffentlichkeit zu überzeugen. Ja mehr noch: wie wenig Interesse es auf Seiten der Leser*innen gibt, diese Geschichten überhaupt zur Kenntnis zu nehmen.

Uran und Uranbergbau wurden ab 2015 durch meine Mitarbeit bei der Nuclear Free Future Foundation und vor allem mit der Entwicklung und Produktion des 2019 erstmals erschienenen *Uranatlas* zu meinem neuen Thema. Seither ist der Rohstoff des Atomzeitalters zu einem zentralen Element meiner Schreibarbeit geworden. Der Atlas ist inzwischen in Englisch, Französisch, Tschechisch, Italienisch und Türkisch erschienen. Eine russische Übersetzung mit neuen Kapiteln zum Uranbergbau in Russland sowie zur Bedeutung des Atomkonzerns Rosatom und des atomar-industriellen Komplexes ist in Vorbereitung, während dieses Buch in Druck geht.

Bei der Frage, wem ich zur Entstehung dieses Buchs »Danke sagen« möchte, fallen mir viele Menschen ein, einige wenige will ich hier nennen: zunächst all diejenigen, die ich für dieses Buch interviewen durfte, für ihre Zeit und viele gute Informationen. Dann meine Kollegin Frauke Liesenborghs. Sie hat mich auf den Gedanken gebracht, das Buch überhaupt zu schreiben, und mich mit dem oekom verlag vernetzt. Die Zusammenarbeit mit meiner Lektorin Maike Braun war von ihrer ersten Rückmeldung bis zum Schluss leicht und konstruktiv. Jens Soentgen, der Herausgeber der Stoffgeschichten-Reihe, hat mich darauf hingewiesen, welche Bedeutung die Entdeckung von Uran für die Entwicklung der modernen Physik und Chemie hatte, und mich dazu inspiriert, mir die Uranexponate im Mineralogischen Museum der Uni Bonn anzuschauen. Mein Besuch im Museum brachte mich wiederum auf die Idee, mir auch im Detail zeigen zu lassen, was der Forschungsreaktor Garching für Medizin und Wissenschaft alles leistet.

Danken möchte ich auch Franza Drechsel von der Rosa Luxemburg Stiftung. Sie hat meine Idee bestärkt, die Problematik des Uranbergbaus am Beispiel Niger zu beschreiben. Mit dem Uranaktivisten Almoustapha Alhacen hat sie mich via Zoom verbunden und das Interview gedolmetscht.

Ein besonderer Dank gilt meiner Frau Jacqueline. Sie hat mich fast jeden Tag gefragt, wie ich mit dem Schreiben vorankomme, und mich auf diese Weise durch die einzelnen Kapitel begleitet. Ebenso danken möchte ich meinen Kindern Stella und Nils. Vor allem deshalb, weil sie mich auf andere Gedanken brachten, wenn in meinem Kopf alles um den Rohstoff Uran kreiste.

Das Schreiben des Buchs stand von Anfang an unter dem Eindruck des russischen Überfalls auf die Ukraine. Atomkraft rückte dadurch auf verschiedene Weise ins Zentrum der öffentlichen Diskussion: Das Kernkraftwerk Saporischschja mit seinen sechs Druckwasserreaktoren wurde immer wieder beschossen und Russland drohte mit Atombomben. Der Friedensforscher Sascha Hach hat mir in mehreren Gesprächen sehr dabei geholfen, die nukleare Bedrohung und die Reaktion der westlichen Staaten richtig einzuordnen. Deutschland debattierte derweil über die Verlängerung der AKW-Laufzeiten und musste seine Abhängigkeit von Öl, Kohle und Gas aus Russland zur Kenntnis nehmen. Dass wir und halb Europa auch von russischem Uran und russischen Brennelementen abhängig sind, kam dabei den wenigsten in den Sinn.

Gerade deshalb erscheint dieses Buch zur richtigen Zeit. Ich hoffe, dass Sie, verehrte Leserinnen und Leser, genügend Argumente gegen die weitere Nutzung von Atomkraft erhalten haben, um sich in Diskussionen über die Zukunft der Atomkraft kritisch einmischen zu können. Kernenergie ist und bleibt eine Hochrisikotechnologie, im zivilen wie im militärischen Bereich.

Wir Menschen haben das Atomzeitalter begonnen, nur wir Menschen können es beenden. Am besten JETZT!

ANMERKUNGEN

Einleitung: Uran – ein zwiespältiges Verhältnis

1 The United States Strategic Bombing Survey (1946): The Effects of Atomic Bombs on Hiroshima and Nagasaki, Chairman's Office.

2 Greenpeace (2017): Erinnerung an Atombombenabwurf auf Hiroshima [www.greenpeace.de/frieden/erinnerung-atombombenabwurf-hiroshima].

3 O. V. (2016): Putin soll Mord an Kreml-Kritiker Litwinenko gebilligt haben, in: Spiegel Online, 21. 01. 2016 [www.spiegel.de/politik/ausland/wladimir-putin-soll-mord-an-litwinenko-gebilligt-haben-a-1073121.html].

4 Bernhard Weidenbach (2021): Vergleich der Nuklearwaffenarsenale der USA und der UdSSR in den Jahren von 1950 bis 1990, in: Statista [https://de.statista.com/statistik/daten/studie/935948].

5 O. V. (2021): Kahl (Bayern), in: AtomkraftwerkePlag [https://atomkraftwerkeplag.fandom.com/de/wiki/Kahl_(Bayern)].

Kapitel 1: Die Entdeckung des Urans

1 Nebenbei bemerkt: Die Mineralogische Staatssammlung München, die der Autor zunächst allein deshalb besuchen wollte, weil er seit einem Vierteljahrhundert in München lebt, hat alle uranhaltigen Mineralien mit dem Verweis auf deren Strahlung ausgemustert.

2 Andrea Westhoff (2019): Apotheker Hennig Brand entdeckte den Phosphor, in: Deutschlandfunk, 31. 10. 2019 [www.deutschlandfunk.de/vor-350-jahren-apotheker-hennig-brand-entdeckte-den-phosphor-100.html].

3 Vgl. Stefan Emeis (2021): Phosphor.

4 Ernst Gottfried Fischer, zitiert nach: Hans-Georg Bartel (2017): Martin Heinrich Klaproth und die Archäometrie, S. 119.

5 Johann Wolfgang von Goethe (1831): Faust II, Vers 11936 f.

6 Hans-Georg Bartel (2017): Martin Heinrich Klaproth und die Archäometrie, S. 119.

7 Aus: Hermann Kopp (1869): Beiträge zur Geschichte der Chemie, S. 302.

8 Tom Zoellner (2009): Uranium, S. 17.

9 Aus: Hermann Kopp (1869): Beiträge zur Geschichte der Chemie, S. 301.

10 Robert Josef Schwankner et al. (2005): Strahlende Kostbarkeiten, S. 160.

11 Rudolf Geipel: Hintergrundwissen zum Themenbereich Uranglas [https://docplayer.org/21761410-Hintergrundwissen-zum-themenbereich-uranglas.html].

12 Markus Liechti: Warum Uranglas fluoresziert [www.uranglas.ch/warum-uranglas-fluoresziert/]

13 Volkskundemuseum Wien (2019): Annagelb und Eleonorengrün: die

Faszination des Uranglases, 24. 09.–15. 12. 2019.

14 Jens Soentgen (2015): Wie man mit dem Feuer philosophiert, S. 246.
15 Ebd., S. 247.
16 Ebd., S. 247 f.
17 Marie Curie (1922/2016): Selbstbiographie. Schriftenreihe des Antiquariats Wimbauer Buchversand. Dritter Band, Norderstedt, S. 52.
18 Stephanie Cooke (2010): Atom, S. 24.
19 Jens Soentgen (2015): Wie man mit dem Feuer philosophiert, S. 245.
20 Tom Zoellner (2009): Uranium, S. 5.
21 Nuclear Free Future Foundation et al. (2022): Uranatlas, S. 12.
22 Tom Zoellner (2009): Uranium, S. 5.
23 Ebd., S. 3–4.

Kapitel 2: Zeitenwende: Die Entdeckung der Kernspaltung

1 Enrico Fermi, zitiert nach O. V.: Manhattan-Project [www.cosmos-indirekt.de/Physik-Schule/Manhattan-Projekt].
2 Manfred Popp (2018): Langsame oder schnelle Neutronen? Der Mythos der deutschen Atombombe. Ringvorlesung zum Gedächtnis an Lise Meitner Freie Universität Berlin, 29. Oktober 2018, S. 4.
3 Ebd., S. 3.
4 Dirk Eidemüller (2017): Ein schwarzer Tag, in: Spektrum, 01. 12. 2017 [www.spektrum.de/news/ein-schwarzer-tag/1521533].
5 Nuclear Free Future Foundation et al. (2022): Uranatlas, S. 18.
6 Nuclear Free Future Foundation et al. (2022): Uranatlas, S. 46.

Kapitel 3: Atomkraft: Die Euphorie der ersten Jahre

1 Dwight D. Eisenhower: Atoms For Peace Speech [www.youtube.com/watch?v=oxGSfOd1Dpc].
2 O. V. (2022): Uran, in: RP-Energie-Lexikon [www.energie-lexikon.info/uran.html].
3 Stephanie Cooke (2010): Atom, S. 12.
4 Ernst Bloch (1959): Das Prinzip Hoffnung, S. 775.
5 O. V. (1957): Euratom-Vertrag [www.europarl.europa.eu/about-parliament/de/in-the-past/the-parliament-and-the-treaties/euratom-treaty].
6 Vertrag zur Gründung der Europäischen Atomgemeinschaft
7 Greenpeace (2022): Tschernobyl. Radioaktiv verseucht für tausende von Jahren [www.greenpeace.de/klimaschutz/energiewende/atomausstieg/tschernobyl].
8 Nuclear Free Future Foundation et al. (2022): Uranatlas, S. 22.
9 Bulletin des Presse- und Informationsamtes der Bundesregierung. 06. 10. 1954, Nr. 188. Bonn: Deutscher Bundesverlag, S. 6.
10 Großbritannien, Frankreich und die USA behielten sich lediglich das Recht vor, über eine mögliche Wiedervereinigung des geteilten Deutschlands mitzubestimmen.
11 O. V. (2012): USA lagerten heimlich Atomwaffen in Deutschland, in: Spiegel online, 4. März 2012 [www.spiegel.de/politik/deutschland/neue-aktenfunde-usa-lagerten-heimlich-atomwaffen-in-deutschland-a-819147.html].
12 Christoph Gunkel (2011): Atomstrom, ja bitte!, in: Spiegel online, 20. Juni 2011 [www.spiegel.de/geschichte/deutschlands-erstes-

akw-atomstrom-ja-bitte-a-947242.html].

13 H. Mandel (1961): Planung des Versuchskraftwerks Kahl, in: Die Atomwirtschaft, S. 29 [www.kernd.de/kernd-wAssets/docs/presse/ATW-01-1961-Dossiers-VAK-Kahl.pdf].

14 O. V. (2018): Areva und Siemens einigen sich mit Firmen über Fertigstellung des Kernkraftwerks Olkilouto 3 [www.energie-chronik.de/180309.htm].

15 Nuclear Free Future Foundation et al. (2022): Uranatlas, S. 54.

Kapitel 4: Uran im Dienst von Wissenschaft, Nuklearmedizin und Gesundheit

1 Danny Kringiel (2017): Verführt vom Schimmer des Todes, in: Spiegel online, 13. 09. 2017 [www.spiegel.de/geschichte/goiania-unfall-1987-nuklearkatastrophe-in-brasilien-a-947734.html].

2 FRM II / TUM (o. J.): Molybdän-99/Technetium-99 m als wichtigstes Radioisotop in der Diagnostik [www.frm2.tum.de/frm2/industrie-medizin/radioisotopen-produktion/molybdaen-99/].

3 Harald Kohler (2020): 1000 Jahre Gastein – Ein Tal voller Geschichte [www.gastein.com/blog/1000-jahre-gastein-ein-tal-voller-geschichte/].

4 Ebd.

5 O. V. (2018): Geschichte des Gasteiner Heilstollens [www.gasteiner-heilstollen.com/de/blog/geschichte-des-gasteiner-heilstollens/].

6 Ebd.

7 Bundesamt für Strahlenschutz (o. J.): Radon-Heilkuren [www.bfs.de/DE/themen/ion/umwelt/radon/wirkungen/heilkuren.html].

8 Elmar H. Willebrand (2020): Endlich schmerzfrei, in: Naturheilkunde Journal, 6/2020.

9 Barbra E. Erickson (2007): The therapeutic use of radon: a biomedical treatment in Europe; an »alternative« remedy in the United States, in: Dose-response: a publication of International Hormesis Society. Band 5, Nummer 1, S. 48–62.

Kapitel 5: Uranbergbau in Niger

1 Izindaba: Die ökologische Katastrophe des Uranabbaus im Niger [https://afrique-europe-interact.net/226-0-Uranabbau-Niger---kolog-folgen.html].

2 Jobst Kraus: Arlit, ein zweites Paris [www.ezef.de/publikationen/arlit-ein-zweites-paris/55].

3 Siehe Izindaba: Die ökologische Katastrophe des Uranabbaus im Niger [https://afrique-europe-interact.net/226-0-Uranabbau-Niger---kolog-folgen.html].

4 Wise Uranium Project (o. J.): Niger [http://www.wise-uranium.org/uoafr.html].

5 World Nuclear Association (2022): Uranium in Niger [https://world-nuclear.org/information-library/country-profiles/countries-g-n/niger.aspx].

6 Matteo Maillard (2018): Niger: « A Arlit, les gens boivent de l'eau contaminée par la radioactivité », in: Le Monde Afrique, frei übersetzt [www.lemonde.fr/afrique/article/2018/02/26/niger-a-arlit-les-gens-boivent-de-l-eau-contaminee-par-la-radioactivite_5262875_3212.html].

7 Greenpeace (2010): Left in the Dust, S. 6 [https://media.greenpeace.org/archive/Report--Left-in-the-Dust-27MZIFIXELWO.html].

8 Email von Orano, vom 19. 05. 2022, frei übersetzt.
9 Ebd.
10 Nuclear Energy Agency/OECD (o. J.): Environmental Acitivities in Uranium Mining and Milling, 1999, S. 20; dazu auch »The applicable radiation dose standard for workers is 20 mSv/a (averaged over 5 years) in: Wise Uranium Project (o. J.): Radiation Exposure for Uranium Industry Workers [www.wise-uranium.org/ruxfw.html].
11 Cordula Meyer (2013): Der gelbe Fluch, in: Der Spiegel, 13/2010, S. 112.
12 Wise (2016): Areva [www.wiseinternational.org/labels/areva].
13 Stand vom 26. Januar 2023.
14 Human Development Reports (o. J.): Human Development Insights [https://hdr.undp.org/en/countries/profiles/NER].
15 Zur neokolonialen Abhängigkeit Nigers siehe Raphaël Granvaud (2012): Areva en Afrique: Une face cachée du nucléaire français, Coédition Agone/Survie; La France et l'Uranium Nigérien (2022), in: Atlas de L'Uranium, S. 28–29; Nuclear Free Future Foundation et al. (2022): Vom nationalen Mythos verblendet, in: Uranatlas, S. 28–29.
16 Wise Uranium Project: Akouta (Cominak) [www.wise-uranium.org/umopne.html#AKOUTA].
17 Franza Drechsel von der Rosa Luxemburg Stiftung hat das Zoom-Interview gedolmetscht. Besten Dank für ihre Arbeit.
18 CRIIRAD (2005): Impact de l'exploitation de l'uranium par les filiales de COGEMA-AREVA au NIGER [www.criirad.org/wp-content/uploads/2017/08/notecriiradarlit.pdf].

Kapitel 6: Die gesundheitlichen Folgen

1 Nuclear Free Future Foundation et al. (2022): Uranatlas, S. 11.
2 Bruno Schrep (1995): Die Leute müssen sterben, in: Der Spiegel, Nr. 13/1995.
3 Georgius Agricola, zitiert nach Hans Kiefer / Wilfried Koelzer (1986): Strahlen und Strahlenschutz, Springer Verlag, S. 100.
4 O. V. (o. J.): Schneeberger Krankheit, in: Bionity.com [www.bionity.com/de/lexikon/Schneeberger_Krankheit.html].
5 Walther Hesse, Friedrich Hugo Härting (1986): Der Lungenkrebs, die Bergkrankheit in den Schneeberger Gruben, S. 301.
6 Nuclear Free Future Foundation et al. (2022): Uranatlas, S. 11.
7 Bundesamt für Strahlenschutz (2022): Wismut Uranbergarbeiter-Kohortenstudie [www.bfs.de/DE/bfs/wissenschaft-forschung/projekte/wismut/wismut_node.html#:~:text=Die%20Lungenkrebssterblichkeit%20bei%20Wismut%2DBesch%C3%A4ftigten,2018).]
8 Aus der Studie »Radon in Wohnungen«, für die das BfS zwischen 2019 und 2021 die Radonbelastung in 6000 Wohnungen jeweils ein Jahr lang messen ließ. Mehr zur Studie unter www.bfs.de/DE/themen/ion/umwelt/radon/karten/studie.html.
9 IPPNW-Pressemitteilung vom 31. August 2010.
10 Claus Biegert/Elke Stolhofer (1993): Der Tod, der aus der Erde kommt, S. 11–19.
11 Ebd., S. 30.
12 Ebd., S. 10.
13 Der Autor kennt Claus Biegert seit Mitte der 1990er-Jahre. Damals ar-

beitete er zusammen mit ihm in der *natur*-Redaktion. 2019 brachte er gemeinsam mit ihm den Uranatlas heraus.
14 Krüger Nationalpark (o. J.): Geschichte Johannesburg in Südafrika [www.kruger-national-park.de/pages/deutsch/reisefuehrer/laenderinfos/suedafrika/johannesburg/geschichte.php?searchresult=1&sstring=Geschichte+Johannesburg#wb_851].
15 Nuclear Free Future Foundation et al. (2022): Uranatlas, S. 37
16 Tom Zoellner (2009): Uranium, S. 131.
17 Congressional Research Service (2022): The Radiation Exposure Compensation (RECA): Compensation Related to Exposure to Radiation from Atomic Weapons Testing and Uranium Mining [https://sgp.fas.org/crs/misc/R43956.pdf].
18 Nuclear Free Future Foundation et al. (2022): Uranatlas, S. 18.
19 Ebd.
20 Ebd.
21 Ebd., S. 26.
22 Siehe Wise Uranium Project (2020): Decommissioning Projects – Kazakhstan [www.wise-uranium.org/udkz.html].
23 Ebd.
24 1 amerikanisches Pound=453,59 Gramm
25 Tom Zoellner (2009): Uranium, S. 260 f.
26 Wise Uranium Project (o. J.): Azelik [www.wise-uranium.org/umopne.html#AZELIK].
27 Nuclear Free Future Foundation et al. (2022): Uranatlas, S. 34.
28 Per Mail am 10. Oktober 2022.
29 Vortrag über die Langzeitfolgen des Uranabbaus in Sachsen und Thüringen, Festival der Zukunft, Berlin, 10. September 2015.
30 Nuclear Free Future Foundation et al. (2022): Uranatlas, S. 25.
31 Martin Wiegers (2013): Krebsangst – Hilfe, unsere Straße strahlt!, in: Bild, 13. 01. 2013.
32 Siehe www.strahlungsfreies-waldsachsen.de/
33 Nuclear Free Future Foundation et al. (2022): Uranatlas, S. 26 f.
34 Ebd., S. 28 f.
35 Office of Legacy Management (2017): Working Group Addresses Abandoned Uranium Mines [www.energy.gov/lm/articles/working-group-addresses-abandoned-uranium-mines].
36 Nuclear Free Future Foundation et al. (2022): Uranatlas, S. 19.
37 Ebd., S. 36.
38 Ebd., S. 20.

Kapitel 7: Die militärische Nutzung von Uran

1 Stephanie Cooke (2010): Atom, S. 11 f.
2 O. V. (2011): 5. April 1951 – Ehepaar Rosenberg zum Tod verurteilt, in: WDR, 05. 04. 2011 [www1.wdr.de/stichtag/stichtag5444.html].
3 Renate Domnick (2003): Glänzendes Gold – Vergiftetes Land [www.gfbv.it/3dossier/ind-nord/shoshone.html].
4 Angelika Wilmen (2008): Die Ökobilanz von Atomwaffen [www.ippnw.de/atomwaffen/gesundheitsfolgen/artikel/de/die-oekobilanz-von-atomwaffen.html].
5 ICAN Deutschland e.V/IPPNW Deutsche Sektion (2019): Eine globale humanitäre Katastrophe. Klimawissenschaftler warnen vor den Folgen eines Atomkrieges zwischen Indien und Pakistan,

S. 44 [www.icanw.de/wp-content/uploads/2019/10/2019-10-08_studie-robock-etal.pdf]; Nuclear Free Future Foundation et al. (2022): Uranatlas, S. 44

6 Wolfgang Behringer (2007): Kulturgeschichte des Klimas, S. 59.

7 Ebd., S. 111.

8 Ebd., S. 214–216.

9 O. V. (2012): Auf Kuba stationierte sowjetische Atomwaffen während der Kubakrise vom 16. bis zum 28. Oktober 1962 [https://de.statista.com/statistik/daten/studie/1176641/umfrage/auf-kuba-stationierte-sowjetische-atomwaffen/].

10 O. V. (2011): Vermehrte Einlagerungen von Strontium-90 aus dem Fallout der oberirdischen Waffentests bei Krebstoten, in: Strahlentelex, Nr. 576-5772011, S. 6 [www.strahlentelex.de/Stx_11_576_S06-07.pdf].

11 Xanthe Hall (o. J.): Millionen Krebstote durch Atomtests [www.ippnw.de/atomwaffen/gesundheitsfolgen/atomtests/artikel/de/millionen-krebstote-durch-atomtests.html].

12 United Nations Office for Disarmament Affairs (o. J.): Treaty on the Non-Proliferation of Nuclear Weapons (NPT) [www.un.org/disarmament/wmd/nuclear/npt/text].

13 The White House (2009): Remarks By President Barack Obama In Prague As Delivered [https://obamawhitehouse.archives.gov/the-press-office/remarks-president-barack-obama-prague-delivered].

14 SIPRI-Pressemitteilung vom 13. Juni 2022.

15 Die Rede ist von »fundamental purpose« statt »sole purpose«. Das bedeutet, dass eigentlich nur auf einen Nuklearangriff mit Atomwaffen reagiert werden kann. Aber der Vorbehalt für andere Extremsituationen bleibt.

16 BÜNDNIS 90/Die Grünen (2021): Bundestagswahlprogramm 2021, S. 249 [https://cms.gruene.de/uploads/documents/Wahlprogramm-DIE-GRUENEN-Bundestagswahl-2021_barrierefrei.pdf]; SPD (2021): Das Zukunftsprogramm der SPD, S. 63 [www.spd.de/fileadmin/Dokumente/Beschluesse/Programm/SPD-Zukunftsprogramm.pdf]; FDP (2021): Nie gab es mehr zu tun. Wahlprogramm der Freien Demokraten, S. 52 [www.fdp.de/sites/default/files/2021-08/FDP_BTW2021_Wahlprogramm_1.pdf].

17 ICBUW (o. J.): Uranium weapons: The problem [www.icbuw.eu/en/the-problem/].

18 Nuclear Free Future Foundation et al. (2022): Uranatlas, S. 48.

19 Ebd., S. 49.

20 Ebd., S. 49.

21 David Hambling (2022): US arms maker ends production of controversial depleted uranium rounds, 8. Februar 2022 [www.newscientist.com/article/2307521-us-arms-maker-ends-production-of-controversial-depleted-uranium-rounds/].

22 Ilia Kukin (2022): Uranwaffen – Stand 2022 [www.icbuw.eu/uranwaffen-stand-2022/].

Kapitel 8: Der Ausstieg aus der Atomenergie

1 Daria Litvinova (2015): Human rights activist forced to flee Russia following TV ›witch-hunt‹, in: The Guardian, 20. Oktober 2015 [www.theguardian.com/world/2015/

oct/20/russia-activist-flee-nuclear-tv-witch-hunt].

2 Nuclear Free Future Foundation et al. (2022): Uranatlas, S. 40.

3 Stephanie Cooke (2010): Atom, S. 174.

4 Zitiert nach Ebd., S. 176.

5 Ebd., S. 175.

6 Nuclear Free Future Foundation et al. (2022): Uranatlas, S. 50.

7 Atommüllreport (2022): AKW Niederaichbach [www.atommuellreport.de/daten/detail/akw-niederaichbach.html].

8 Jan-Henrik Meyer (2021): Kleine Geschichte der Atomkraft-Kontroverse in Deutschland, in: APuZ, 20. Mai 2021 [www.bpb.de/shop/zeitschriften/apuz/333362/kleine-geschichte-der-atomkraft-kontroverse-in-deutschland/].

9 O. V. (o. J): AKW – KKW – Wyhl Chronik: 47 Jahre! Widerstand im Wyhler Wald, in Kaiseraugst, Marckolsheim und Gerstheim [www.bund-rvso.de/print.php?id=346].

10 Jochen Antz (2011): Sonnenenergie, in: Süddeutsche Zeitung Nr. 65, 19./20. März 2011, S. 3.

11 Ortrun Sadik (2020): Gorleben ist Geschichte [www.greenpeace.de/klimaschutz/energiewende/atomausstieg/gorleben-geschichte].

12 Nuclear Free Future Foundation et al. (2022): Uranatlas, S. 42.

13 Horst Hamm/Sebastian Pflugbeil (2006), in: natur+kosmos, Heft 4/2006, S. 43.

14 Ebd.

15 Nuclear Free Future Foundation et al. (2022): Uranatlas, S. 40.

16 Mycle Schneider/Antony Groggatt (2021): The World Nuclear Industry Status Report 2021, S. 176 f.; Mycle Schneider/Antony Groggatt (2022): The World Nuclear Industry Status Report 2022, S. 175 ff.

17 Ebd.

18 Katalyse Institut (o. J.): Schneller Brüter [http://umweltlexikon.katalyse.de/?p=1601].

19 Aus: Mycle Schneider (2009): Fast Breeder Reactors in France, in: Science & Global Security 17, S. 36–53, frei übersetzt.

20 Siehe Pavel Podvig (2016): Can the US-Russia plutonium disposition agreement be saved?, in: Bulletin of the Atomic Scientists, 28. April 2016 [https://thebulletin.org/2016/04/can-the-us-russia-plutonium-disposition-agreement-be-saved/]. Für die USA führte die Vernichtung des Materials in ein finanzielles Desaster. Wegen technischer und organisatorischer Probleme stiegen die kalkulierten Kosten des Entsorgungsprogramms auf rund eine Million US-Dollar pro Kilogramm Plutonium. 34 Tonnen Plutonium zu entsorgen würde damit 34 Milliarden US-Dollar kosten.

21 O. V. (2005): Statt unrealistischer atomarer Blütenträume Sonnenenergie direkt nutzen, in: EUROSOLAR Nachrichten Rückschau, 1. Juli 2005 [www.ngo-online.de/2019/09/16/eurosolar-nachrichten/].

22 Franz Alt (2009): Die Sonne schickt uns keine Rechnung, Piper, München.

23 Department of Energy (2022): DOE National Laboratory Makes History by Achieving Fusion Ignition [www.energy.gov/articles/doe-national-laboratory-makes-history-achieving-fusion-ignition].

24 Ebd.

25 O. V: (2022): USA verkünden »Durchbuch« bei Fusionsenergie

[www.solarify.eu/2022/12/12/367-usa-verkuenden-durchbruch-bei-fusionsenergie/].

26 Nuclear Free Future Foundation et al. (2022): Uranatlas, S. 43.

27 Martin Steinmüller-Schwarz (2018); »Lausbuben« gegen die Kernkraft, in: ORF.at, 5. November 2018 [https://orf.at/stories/3087241/].

28 Mycle Schneider et al. (2022): World Nuclear Industry Status Report, S. 283.

29 Zitiert nach Horst Hamm (2016): Ausgestrahlt, in: natur 2/2016, S. 44.

30 Ebd.

31 Nuclear Free Future Foundation et al. (2022): Uranatlas, S. 54 f.

32 O. V. (2021): Hope still alive for Byron, Dresden plants, in: Nuclear Newswire, 1. September 2021 [www.ans.org/news/article-3213/hope-still-alive-for-byron-dresden-plants/].

33 Zur Drucklegung des Buchs war dies absehbar. Aber nach der hitzig geführten Debatte um die Frage, ob die letzten Kernkraftwerke in Deutschland nicht doch länger laufen sollten, bleibt ein letzter Restzweifel.

34 Zitiert nach Horst Hamm (2021): Atommüll: Kein Ende in Sicht, in: natur 1/2021, S. 46.

35 Horst Hamm (2022): »Mehr intakte Ökosysteme«, in: natur 6/2022, S. 58.

36 Nuclear Free Future Foundation et al. (2022): Uranatlas, S. 38.

37 Siehe der offene Brief an Außenministerin Annalena Baerbock: Aktionsbündnis Münsterland gegen Atomanlagen et al. (2022): Urangeschäfte mit Russland beenden – Atomkraft hat keine Zukunft [www.nuclear-free.com/mediaportal/news/urangeschaefte-mit-russland-beenden.html].

38 Nuclear Free Future Foundation et al. (2022): Uranatlas, S. 57.

39 Leonard Göke et al. (2021): 100 Prozent erneuerbare Energien für Deutschland.

40 Ebd.

41 BMUV (2018): Gemeinsames Übereinkommen über die Sicherheit der Behandlung abgebrannter Brennelemente und über die Sicherheit der Behandlung radioaktiver Abfälle, S. 116 [www.bmuv.de/fileadmin/Daten_BMU/Download_PDF/Nukleare_Sicherheit/jc_6_bericht_deutschland_bf.pdf].

42 Ministerium für Umwelt, Klima und Energiewirtschaft Baden-Württemberg (2022): Entwicklung des Windenergieausbaus [https://um.baden-wuerttemberg.de/de/energie/erneuerbare-energien/windenergie/entwicklung-des-windenergieausbaus/].

43 Fraunhofer ISE (2022): Agri-Photovoltaik: Chance für Landwirtschaft und Energiewende, S. 7 [www.ise.fraunhofer.de/de/veroeffentlichungen/studien/agri-photovoltaik-chance-fuer-landwirtschaft-und-energiewende.html].

44 Ebd., S. 14.

45 Konstantin Ilgen (o. J.): Schwimmende Photovoltaik [www.ise.fraunhofer.de/de/leitthemen/integrierte-photovoltaik/schwimmende-photovoltaik-fpv.html].

46 Rewert Hoffer (2022): Alle reden von der deutschen Energiekrise – doch in Frankreich ist die Situation weitaus schlimmer, in: Neue Zürcher Zeitung, 29. Juli 2022 [www.

nzz.ch/wirtschaft/energiekrise-in-frankreich-droht-im-winter-ein-blackout-ld.1695806?reduced=true].

47 Stefan Brändle (2022): In Frankreich geht das Licht aus, in: Frankfurter Rundschau, 2. Dezember 2022 [www.fr.de/wirtschaft/in-frankreich-geht-das-licht-aus-91951133.html].

48 O. V. (2022): EDF verlangt staatliche Entschädigung in Milliardenhöhe, in: Spiegel online, 9. August 2022.

49 O. V. (2022): Neuer Solar-Rekord in Deutschland, in: tagesschau, 18. Juli 2022 [www.tagesschau.de/wirtschaft/technologie/photovoltaik-stromerzeugung-101.html]; Ulrike Koltermann (2022): Deutsche Solaranlagen hängen Frankreichs AKW ab, in: ntv, 8. Juli 2022 [www.n-tv.de/wirtschaft/Deutsche-Solaranlagen-haengen-Frankreichs-AKW-ab-article23450534.html].

50 Umweltbundesamt (2022): Energiesparende Gebäude [www.umweltbundesamt.de/themen/klima-energie/energiesparen/energiesparende-gebaeude#gebaude-wichtig-fur-den-klimaschutz].

51 Olvier Jorzik und Jana Kandarr (2017): Geothermie in deutschen Großstädten [www.eskp.de/energiewende-umwelt/geothermie-in-deutschen-grossstaedten-935907/].

52 Ermittelt vom Öko-Institut für die Nuclear Free Future Foundation, siehe Nuclear Free Future Foundation et al. (2022): Uranatlas, S. 56.

53 Klaus Wiegandt (2022): Drei Grad mehr, S. 30.

54 Mycle Schneider et al. (2021): World Nuclear Industry Status Report, S. 71–75.

55 Kerntechnik Deutschland e. V. (o. J.): Zahlen [www.kernd.de/kernd/themen/strom/Zahlen-und-Fakten/01_index.php].

56 Wissenschaftliche Dienste Deutscher Bundestag (2019): Sicherstellung der Stromversorgung bei Dunkelflauten, S. 10.

57 Deutsche Energie-Agentur (2021): dena-Leitstudie Aufbruch Klimaneutralität.

58 Öko-Institut (2017): Neue Reaktorkonzepte, S. 31.

59 Ebd., S. 110.

60 Wissenschaftliche Dienste Deutscher Bundestag (2020): Thorium – Flüssigsalzreaktoren, S. 8.

61 Öko-Institut (2017): Neue Reaktorkonzepte, S. 110.

62 Bundesamt für die Sicherheit der nuklearen Entsorgung (2021): Sicherheitstechnische Analyse und Risikobewertung einer Anwendung von SMR-Konzepten, S. 34 ff.

63 Rosatom (2022): Rosatom presents full Small Modular Reactors product line at EXPO [https://rosatom-europe.com/press-centre/news/rosatom-presents-full-small-modular-reactors-product-line-at-expo-2020/].

64 Gerit Schulze (2021): Rosatom setzt auf Mini-Reaktoren und schnelle Brüter [www.gtai.de/de/trade/russland/branchen/rosatom-setzt-auf-mini-reaktoren-und-schnelle-brueter-677596].

65 Bundesamt für die Sicherheit der nuklearen Entsorgung (2021): Sicherheitstechnische Analyse und Risikobewertung einer Anwendung von SMR-Konzepten, S. 46.

66 Öko-Institut (2017): Neue Reaktorkonzepte, S. 109.

67 Deutsche Übersetzung: Die Kernenergie ist eine zuverlässige,

sichere und konstante Quelle für saubere Energie. Sie ist absolut entscheidend, um uns von fossilen Brennstoffen, einschließlich russischem Öl und Gas, zu entwöhnen.

68 Pippa Stevens (2022): Prime Minister Boris Johnson says the UK will build one new nuclear plant a year, in: CNBC, 2. Mai 2022 [www.cnbc.com/2022/05/02/boris-johnson-uk-will-build-one-new-nuclear-plant-a-year.html].
69 Nuclear Free Future Foundation et al. (2022): Uranatlas, S. 28.
70 Euratom Supply Agency (o. J.): Market Observatory [https://euratom-supply.ec.europa.eu/activities/market-observatory_en].

Kapitel 9: Die ungelöste Endlagerfrage

1 Christian Blenker (2022): Endlager um die Ecke, in: tagesschau.de, 3. Juli 2022 [www.tagesschau.de/ausland/europa/finnland-atomkraft-endlager-101.html].
2 Deutscher Bundestag (2012): Antwort der Bundesregierung auf die Kleine Anfrage der Abgeordneten Sylvia Kotting-Uhl, Dr. Valerie Wilms, Harald Ebner, weiterer Abgeordneter und der Fraktion BÜNDNIS 90/Die Grünen, Drucksache 17/10548, S. 2 [https://dserver.bundestag.de/btd/17/105/1710548.pdf].
3 Zitiert nach Report Mainz (2011): Atommüllfässer im Atlantik laufen aus [www.scinexx.de/news/technik/atommuellfaesser-im-atlantik-laufen-aus/].
4 Rebecca Harms et al. (2019): Der Welt-Atommüllbericht, S. 26.
5 Bundesamt für die Sicherheit der nuklaren Entsorgung (o. J.): Rücknahme und Rücktransport radioaktiver Abfälle aus der Wiederaufarbeitung [www.base.bund.de/DE/themen/ne/abfaelle/rueckfuehrung/rueckfuehrung.html].
6 faz (2020): Söder kritisiert Atommüll-Endlager-Suche und Aus für Gorleben scharf [www.youtube.com/watch?v=LqpF3Mgl6kM].
7 BUND (2020): Studie zur Zwischenlagerung hoch radioaktiver Abfälle: Atommüll-Problem weiter ungelöst, Pressemitteilung vom 3. September 2020 [www.bund.net/service/presse/pressemitteilungen/detail/news/studie-zur-zwischenlagerung-hoch-radioaktiver-abfaelle-atommuell-problem-weiter-ungeloest/].
8 Zitiert nach Dennis Normill (2015): Atommüll ohne Plan, in: Süddeutsche Zeitung, 26. Januar 2015 [www.sueddeutsche.de/wissen/nuklearer-abfall-in-japan-atommuell-ohne-plan-1.2318852].
9 André Ballin (2016): Wohin mit dem atomaren Müll?, in: handelsblatt, 7. Juli 2016 [www.handelsblatt.com/politik/international/atomendlager-suche-russland/13840048-2.html]
10 Dave Sweeney (2017): Den Atommüll nach Downunder bringen, in: natur 3/2017, S. 53.

LITERATUR

Bartel, Hans-Georg (2017): Martin Heinrich Klaproth und die Archäometrie, in: Berliner Beiträge zur Archäometrie, Kunsttechnologie und Konservierungswissenschaft, 25/2017, S. 119–136.

Behringer, Wolfgang (2007): Kulturgeschichte des Klimas. Von der Eiszeit bis zur globalen Erwärmung, Deutscher Taschenbuch Verlag.

Biegert, Claus / Stolhofer, Elke (Hrsg.) (1993): Der Tod, der aus der Erde kommt. Zeugnisse nuklearer Zerstörung – Ureinwohner der Erde beim World Uranium Hearing, Verlag Anton Pustet.

Bloch, Ernst (1959): Das Prinzip Hoffnung, Suhrkamp Verlag.

Bundesamt für die Sicherheit der nuklearen Entsorgung (2021): Sicherheitstechnische Analyse und Risikobewertung einer Anwendung von SMR-Konzepten (Small Modular Reactors) [www.base.bund.de/SharedDocs/Downloads/BASE/DE/berichte/kt/gutachten-small-modular-reactors.pdf?__blob=publicationFile&v=2].

Cooke, Stephanie (2010): Atom. Die Geschichte des nuklearen Zeitalters, Kiepenheuer & Witsch.

Curie, Marie (1922/2016): Selbstbiographie. Schriftenreihe des Antiquariats Wimbauer Buchversand. Dritter Band.

Deutsche Energie-Agentur (Hrsg.) (2021): dena-Leitstudie Aufbruch Klimaneutralität. Eine gesamtgesellschaftliche Aufgabe [www.dena.de/newsroom/publikationsdetailansicht/pub/abschlussbericht-dena-leitstudie-aufbruch-klimaneutralitaet/].

Emeis, Stefan / Schlögl-Flierl, Kerstin (Hrsg.) (2021): Phosphor. Fluch und Segen eines Elements, oekom.

Göke, Leonard et al. (2021): 100 Prozent erneuerbare Energien für Deutschland: Koordinierte Ausbauplanung notwendig, in: DIW Wochenbericht 29 + 30 [www.diw.de/documents/publikationen/73/diw_01.c.821870.de/21-29-1.pdf].

Hesse, Walther / Härting, Friedrich Hugo (1879): Der Lungenkrebs, die Bergkrankheit in den Schneeberger Gruben, L. Schumacher.

Kiefer, Hans / Koelzer, Wilfried (1986): Strahlen und Strahlenschutz, Springer Verlag.

Kopp, Hermann (1869): Beiträge zur Geschichte der Chemie, F. Vieweg und sohn.

Harms, Rebecca et al. (2019): Der Welt-Atommüllbericht. Fokus Europa [https://worldnuclearwastereport.org/wp-content/themes/wnwr_theme/content/WNWR-Report-deutsche-Fassung-2209.pdf].

Nuclear Free Future Foundation et al. (Hrsg.) (2022): Uranatlas. Daten und Fakten über den Rohstoff des Atomzeitalters [www.rosalux.de/fileadmin/images/Ausland/Afrika/Uranatlas_2022_2.pdf].

Öko-Institut (2017): Neue Reaktorkonzepte. Eine Analyse des aktuellen Forschungsstands [www.oeko.de/fileadmin/oekodoc/Neue-Reaktorkonzepte.pdf].

Schneider, Mycle (2009): Fast Breeder Reactors in France, in: Science and Global Security 17 [http://www.princeton.edu/sgs/publications/sgs/archive/17-1-Schneider-FBR-France.pdf].

Schneider, Mycle / Fragott, Antony (2021): World Nuclear Industry Status Report 2021 [www.worldnuclearreport.org/IMG/pdf/wnisr2021-lr.pdf].

Schneider, Mycle / Fragott, Antony (2022): World Nuclear Industry Status Report 2022 [www.worldnuclearreport.org/IMG/pdf/wnisr2022-lr.pdf].

Schwankner, Robert Josef et al. (2005): Strahlende Kostbarkeiten, in: Physik in unserer Zeit, 4/2005, S. 160.

Soentgen, Jens (2015): Wie man mit dem Feuer philosophiert. Chemie und Alchemie für Furchtlose, Hammer Verlag.

Wiegandt, Klaus (Hrsg.) (2022): 3 Grad mehr. Ein Blick in die drohende Heißzeit und wie uns die Natur helfen kann, sie zu verhindern, oekom.

Wissenschaftliche Dienste Deutscher Bundestag (2019): Sicherstellung der Stromversorgung bei Dunkelflauten, WD 5-3000-167/18 [www.bundestag.de/resource/blob/627898/b65deea51fdb399e4b64f1182465658d/WD-5-167-18-pdf-data.pdf].

Wissenschaftliche Dienste Deutscher Bundestag (2020): Thorium – Flüssigsalzreaktoren. Sicherheitsaspekte, WD 8-3000-049/20 [www.bundestag.de/resource/blob/803686/9029c1122daec9568e97bd6b32fdd019/WD-8-049-20-pdf-data.pdf].

Zoellner, Tom (2009): Uranium. War, Energy, And the Rock that shaped the World, Viking.